스타토플 실전 SPEAKING 200% 활용법

무료 **토플자료게시판 이용 방법**

해커스인강(HackersIngang.com) 접속 ▶ 상단 메뉴 [수강후기] 클릭 ▶
상단의 [토플나눔터 → 토플자료실] 클릭하여 이용하기

무료 **스타강사의 토플공부전략 강의 보는 방법**

고우해커스(goHackers.com) 접속 ▶ TOEFL 메뉴 ▶
'토플공부전략' 클릭하여 보기

무료 **토플 스피킹/라이팅 첨삭 게시판 이용 방법**

고우해커스(goHackers.com) 접속 ▶ TOEFL 메뉴 ▶
'스피킹게시판' 또는 '라이팅게시판' 클릭하여 이용하기

무료 **토플 말하기 연습/쉐도잉 프로그램 이용 방법**

고우해커스(goHackers.com) 접속 ▶ TOEFL 메뉴 ▶
'쉐도잉&말하기연습' 클릭하여 이용하기

무료 **교재 MP3 이용 방법**

해커스인강(HackersIngang.com) 접속 후 로그인 ▶
상단 메뉴 [토플 → MP3/자료 → 문제풀이 MP3] 클릭하여
본 교재의 MP3 이용하기

* QR코드로 [MP3/자료] 이용하러 가기

스타토플 실전 SPEAKING

해커스인강

저자 **계정석** 선생님

George Mason University 졸업
2006~2010 파고다 토플 선생님
2010~ 현 해커스어학원 토플 선생님

목표점수 단기 달성을 위한 실전서

스타토플
실전 **SPEAKING**

개정 2판 3쇄 발행 2022년 1월 10일

개정 2판 1쇄 발행 2019년 8월 1일

지은이	계정석
펴낸곳	(주)챔프스터디
펴낸이	챔프스터디 출판팀

주소	서울특별시 서초구 강남대로61길 23 (주)챔프스터디
고객센터	02-566-0001
교재 관련 문의	publishing@hackers.com

ISBN	978-89-6965-143-3 (13740)
Serial Number	02-03-01

외국어인강 1위.
해커스인강
HackersIngang.com
해커스인강

- 토플 무료 학습자료가 가득한 **토플자료게시판**
- 토플길라잡이, 토플 Q&A 게시판 등 무료 콘텐츠

전세계 유학정보의 중심.
고우해커스
goHackers.com
고우해커스

- 무료 토플 말하기 연습 프로그램
- 토플 스피킹/라이팅 무료 첨삭 게시판 및 토플 공부전략 무료 강의
- 국가별 대학 및 전공별 정보, 유학Q&A 게시판 등 다양한 유학정보

[외국어인강 1위] 헤럴드 선정 2018 대학생 선호브랜드 대상 '대학생이 선정한 외국어인강' 부문 1위

스타토플 실전 Speaking은
토플 스피킹 시험에 대비하여 시험 전 실전 문제를 연습할 수 있도록 기획된 실전서입니다.

본 교재를 통해 토플 Speaking의 중급 수준 학습자부터 고득점을 원하는 학습자까지, **최신 토플 출제경향을** 완벽 반영한 지문과 문제를 풀어봄으로써 새롭게 변경된 토플 시험에서도 **목표 점수를 획득**할 수 있도록 하였습니다.

수년간 토플 시험을 연구하고 학생들을 가르치며 쌓인 노하우를 바탕으로 토플 Speaking의 **문제 유형별 맞춤 전략**과 **전략 적용 방법**을 제시하였습니다. 더불어 짧은 시간 안에 답변을 구성하기 위해 필수적인 구조 및 기본 표현들을 수록함으로써, 주어진 틀에 맞춰 답을 구성해 나가면 쉽게 논리적인 답변이 가능합니다.

또한, 후반부로 갈수록 난도가 높아지도록 **15회분의 실전모의고사**를 배치하였기 때문에 중급 수준의 실전 문제로 시작해 고난도의 문제까지 풀어볼 수 있습니다. 이를 통해 **실제 시험의 다양한 난이도**에 익숙해질 수 있을 뿐만 아니라, 고득점을 원하는 학습자들까지도 본 교재로 충분히 시험에 대비할 수 있습니다.

토플 Speaking에서는 많은 단어를 아는 것보다 자신의 생각과 의견을 정리해 짜임새 있는 내용으로 자연스럽게 전달하는 것이 중요합니다. 영어로 말하는 것에 대한 두려움이나 어려운 단어와 복잡한 문법으로 답변을 구성해야 한다는 고정관념을 버리고 이 책에서 제공되는 **짜임새 있는 아웃라인과 모범답안**을 익히면 실전 시험에서 보다 쉽게 고득점을 받을 수 있습니다.

『스타토플 실전 Speaking』 교재가 토플 학습에 있어 실전 수준으로 도약하고 고득점을 달성하는 데 **교두보로서의 역할**을 할 수 있기를 희망합니다.

계정석

CONTENTS

스타토플 실전 Speaking

해설집

문제집 [책속의 책]

선생님이 알려주는
iBT TOEFL Speaking 학습전략

토플 스타강사
계정석 선생님

1. 내용만큼 잘 전달하는 것이 중요합니다!

· 네이티브 발음으로 말할 필요는 없지만 끊김 없이 자연스러운 대화체 억양으로 말하는 것이 중요합니다.
· 너무 암기한 티가 나거나 부자연스러운 경우에도 높은 점수를 받기가 어렵습니다.
· 자신감 없는 목소리 또는 불분명한 발음이나 억양으로 인해 평가자가 한번에 이해하기 어려운 경우 바로 감점이 될 수 있습니다.

2. 타이머를 가지고 속도를 조절하며 연습합니다!

· 스피킹은 문제별로 시간 제한이 다르기 때문에 속도를 조절하는 것이 중요합니다.
· 집에서 연습할 때에도 자신의 말하는 속도를 측정하기 위해 타이머를 사용해서 녹음하시기 바랍니다.
· 시간 제한이 있다고 너무 신경쓰다 보면 오히려 긴장할 수 있기 때문에 유의합니다.

3. 자신의 목소리를 녹음해 들어봅니다!

· 녹음 내용을 첨삭받거나 피드백 받을 때 뿐만 아니라 혼자 연습할 때에도 자신의 녹음된 답변을 들어보는 것이 도움이 됩니다.
· 자신의 목소리나 억양이 자연스럽고 편안하게 들리는지 확인해 봅니다.

4. Q2~Q4에서는 노트테이킹이 중요합니다!

· 답변을 말할 때 핵심 내용이 기억나도록 하기 위한 단서들을 간단히 단어나 구 단위로 적으면 문장으로 말하는 데 도움이 됩니다.
· 영어나 한글, 기호나 약어 등을 이용해 자신에게 맞는 효율적인 노트테이킹을 연습합니다.
· 문제 유형별로 적합한 노트테이킹 틀에 맞춰 적는 연습을 해둡니다.

5. 긴장감을 풀고 자신감을 가지도록 합니다!

· 꼭 사실을 말하지 않더라도 내가 말하기 쉬운 내용의 답변을 하는 것이 좋습니다.
· 생각이 잘 나지 않는 경우에는 나의 경험담이 아닌 친구의 경험담처럼 답변을 해도 좋습니다.
· 답변이 생각나지 않는 경우를 대비해 유연하게 넘어갈 수 있는 긴급 답변들을 준비해 두는 것이 좋습니다.

iBT TOEFL 시험 소개

■ iBT TOEFL이란?

iBT(Internet-based test) TOEFL(Test of English as a Foreign Language)은 종합적인 영어 실력을 평가하는 시험으로 읽기, 듣기, 말하기, 쓰기 능력을 평가하는 독립형 문제 외에도, 듣기-말하기, 읽기-듣기-말하기, 읽기-듣기-쓰기와 같이 각 능력을 연계한 통합형 문제가 출제된다. 시험은 Reading, Listening, Speaking, Writing으로 구성되어 있으며, 네 개의 시험 영역 모두 노트테이킹을 허용한다. 문제를 풀 때 노트테이킹한 내용을 참고할 수 있다.

실시일	시험은 1년에 50회 정도 실시되며, 각 나라와 지역별로 시험일에 차이가 있음 [홈에디션] 시험은 일주일에 3~5일 실시되며, 시간대는 자유롭게 선택 가능함
시험 장소	시험은 전용 컴퓨터 단말기가 마련된 ETS Test Center에서 치러짐 [홈에디션] 시험은 요건을 충족하는 장비 및 환경이 갖춰진 공간에서 치러짐 (요건은 토플 공식 홈페이지에서 확인 가능)
접수 방법	인터넷 및 전화 접수: 응시일로부터 최소 7일 전 각각 인터넷 및 전화상으로 등록 [홈에디션] 응시일로부터 최소 4일 전 인터넷 상으로 등록
시험 비용	・시험 비용 US $210 ・추가 리포팅 비용 US $20 (대학당) ・시험 일자 변경 비용 US $60 ・취소한 성적 복원 비용 US $20 ・추가 등록 비용 US $40 (응시일로부터 2~7일 전에 등록할 경우) ・재채점 비용 (Speaking/Writing 영역만 가능) 한 영역당 US $80
지불 수단	・신용카드, 전자수표(e-check) 등
시험 등록 취소	・등록 취소는 웹사이트나 전화를 통해 가능 (환불 방법은 토플 공식 홈페이지에서 확인 가능) ・응시일 4일 전까지 환불 가능 (접수일로부터 7일 이내 취소 시 전액, 8일 후 취소 시 50% 환불)
시험 당일 주의사항	・공인된 신분증(여권, 운전면허증, 주민등록증, 군인신분증) 원본 반드시 지참 [홈에디션] ・ProctorU 프로그램 사전 설치 및 정상 작동 여부 확인 ・화이트보드 또는 플라스틱 투명 시트와 지워지는 마커 지참 가능 (일반 종이와 필기구 지참 불가) ・헤드폰 및 이어폰 사용 불가 ・휴대폰 혹은 손거울 지참
성적 및 리포팅	・시험 응시 후 바로 Reading/Listening 영역 비공식 점수 확인 가능 ・시험 응시일로부터 대략 6-10일 후에 온라인으로 성적 확인 가능 ・시험 접수 시, 자동으로 성적 리포팅 받을 기관 4개까지 선택 가능 ・성적표의 유효기간은 2년 ・MyBest Scores 제도 시행 (최근 2년간의 시험 성적 중 영역별 최고 점수 합산하여 유효 성적으로 인정)

iBT TOEFL 시험 구성

소요 시간	약 3시간 30분~45분
총점	120점
진행 순서	Reading(읽기), Listening(듣기), Speaking(말하기), Writing(쓰기) 순으로 진행

시험 영역	지문 및 문항 수	시험 시간	점수 범위
Reading	· 3~4개 지문 출제 　지문당 길이: 약 700단어 　지문당 10문항 출제	54~72분	0~30점
Listening	· 2~3개 대화 출제 　대화당 길이: 3분 　대화당 5문항 출제 · 3~4개 강의 출제 　강의당 길이: 3~5분 　강의당 6문항 출제	41~57분	0~30점

휴식 10분

Speaking	· 독립형 1문항 출제 · 통합형 3문항 출제	17분 · 준비: 15~30초 · 답변: 45~60초	0~30점
Writing	· 통합형 1문항 출제 · 독립형 1문항 출제	55분	0~30점

iBT TOEFL Speaking 시험 소개

■ iBT TOEFL Speaking 구성

Speaking 영역은 말하기 1개와 읽고 듣고 말하기 2개, 듣고 말하기 1개의 총 4개 문제에 답하게 된다.

말하기 문제
말하기에 대한 영어 구사 능력을 평가하는 유형으로, 응시자는 주어진 주제에 대해 자신의 지식과 경험을 바탕으로 논리적으로 답안을 말해야 한다.

읽고 듣고 말하기 & 듣고 말하기 문제
읽기, 듣기, 말하기를 연계하여 통합적인 영어 구사 능력을 평가하는 유형으로, 응시자는 특정 주제에 대해 읽고 들은 정보를 바탕으로 답안을 말해야 한다.

■ iBT TOEFL Speaking 문제 유형

문제 유형	유형 소개	소요 시간
1. 말하기	**Q1 말하기** 문제에 제시된 두 가지 사항 중 한 가지를 선택하거나, 주어진 진술에 대한 찬반 여부를 선택하고 그 이유를 설명하는 유형	준비: 15초 응답: 45초
2. 읽고 듣고 말하기	**Q2 읽고 듣고 말하기 (1) 대학 생활** 대학 생활과 관련된 주제에 대한 읽기 지문을 읽고, 대화를 들은 뒤 화자의 의견을 설명하는 유형	읽기: 45초/50초 준비: 30초 응답: 60초
	Q3 읽고 듣고 말하기 (2) 대학 강의 학술적인 주제에 대한 읽기 지문을 읽고, 강의를 들은 뒤 지문의 주제와 강의의 예를 연결하여 설명하는 유형	
3. 듣고 말하기	**Q4 듣고 말하기 - 대학 강의** 학술적인 주제에 대한 강의를 듣고, 강의의 중심내용을 예와 함께 설명하는 유형	준비: 20초 응답: 60초

iBT TOEFL Speaking 화면 구성

시험 시작 전 화면

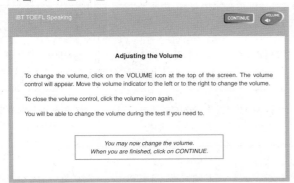 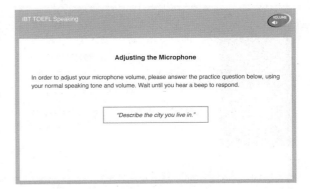

Volume 버튼을 클릭하면 음량을 조절할 수 있는 창이 나타난다. 헤드폰 음량은 시험 전과 시험을 보는 동안에도 Volume 버튼을 클릭하여 음량을 조절할 수 있다. 하지만, 마이크 음량은 시험 시작 전에만 조절할 수 있기 때문에, 마이크를 통해 화면에 나타난 질문에 대답한 후 녹음된 목소리의 음량이 너무 크거나 작지 않은지 반드시 확인해야 한다.

답안을 말하는 화면

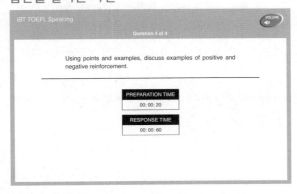

준비 시간이 주어진다는 Direction이 음성으로 제시되고, 남은 시간이 화면에 표시된다. 준비 시간이 끝나면, Q1은 45초, Q2~4는 60초의 시작을 알리는 Direction이 음성으로 제시되고, 삐소리가 나면 응답을 할 수 있다. 응답 시간이 끝나면 다음 화면으로 자동 전환된다.

학습 플랜

2주 완성 학습 플랜

	DAY 1	DAY 2	DAY 3	DAY 4	DAY 5
WEEK 1	실전모의고사 1-3 진행	실전모의고사 1-3 심화학습	실전모의고사 4-6 진행	실전모의고사 4-6 심화학습	실전모의고사 7-9 진행
WEEK 2	실전모의고사 7-9 심화학습	실전모의고사 10-12 진행	실전모의고사 10-12 심화학습	실전모의고사 13-15 진행	실전모의고사 13-15 심화학습

학습 플랜 활용 방법

1. 학습 플랜을 따라 하루에 실전모의고사 3회분을 제한된 시간 내에 진행한다.

2. 해설집의 모범 답안을 참고하여 자신의 답안 내용을 점검한다. 전체적인 답안의 구조와 전개 방식이 질문의 핵심 요구 사항에 부합하는지, 중요한 정보가 빠져 있지는 않은지를 등을 심화학습을 통해 확인한다.

3. MP3에 수록된 모범 답안을 듣고 자신의 발음, 강세, 억양을 점검한다. 또한 속도가 너무 느리지는 않았는지, 목소리가 너무 작지는 않았는지, 중간에 멈추거나 더듬거리는 부분이 많아 내용 전달이 잘 되지는 않았는지 등을 확인해 본다.

4. 모범 답안과 비교한 내용으로 SELF-EVALUATION LIST를 활용하여 자신의 부족한 부분과 개선할 부분을 확인하고 정리해 본다.

4주 완성 학습 플랜

	DAY 1	DAY 2	DAY 3	DAY 4	DAY 5
WEEK 1	실전모의고사 1 진행	실전모의고사 2 진행	실전모의고사 3 진행	실전모의고사 1-3 심화학습	실전모의고사 4 진행
WEEK 2	실전모의고사 5 진행	실전모의고사 6 진행	실전모의고사 4-6 심화학습	실전모의고사 7 진행	실전모의고사 8 진행
WEEK 3	실전모의고사 9 진행	실전모의고사 7-9 심화학습	실전모의고사 10 진행	실전모의고사 11 진행	실전모의고사 12 진행
WEEK 4	실전모의고사 10-12 심화학습	실전모의고사 13 진행	실전모의고사 14 진행	실전모의고사 15 진행	실전모의고사 13-15 심화학습

학습 플랜 활용 방법

1. 학습 플랜을 따라 하루에 실전모의고사 1회분을 제한된 시간 내에 진행한다.

2. 해설집의 모범 답안을 참고하여 자신의 답안 내용을 점검한다. 전체적인 답안의 구조와 전개 방식이 질문의 핵심 요구 사항에 부합하는지, 중요한 정보가 빠져 있지는 않은지를 등을 심화학습을 통해 확인한다.

3. MP3에 수록된 모범 답안을 듣고 자신의 발음, 강세, 억양을 점검한다. 또한 속도가 너무 느리지는 않았는지, 목소리가 너무 작지는 않았는지, 중간에 멈추거나 더듬거리는 부분이 많아 내용 전달이 잘 되지는 않았는지 확인해 본다.

4. 모범 답안과 비교한 내용으로 SELF-EVALUATION LIST를 활용하여 자신의 부족한 부분과 개선할 부분을 확인하고 정리해 본다.

goHackers.com

스타토플 실전 SPEAKING

iBT TOEFL Speaking
유형별 실전 전략

Q1. 말하기

유형 소개

말하기는 제시된 두 가지 사항 중 한 가지를 선택하여 그것에 대한 선호 혹은 찬성/반대 의견과 그 이유를 정리하여 말하는 유형이다. 15초의 답변 준비 시간과 45초의 응답 시간이 주어진다.

> **Question**
> Would you say that it's better for young children to be allowed access to the internet or to prevent children from using the internet until they are older?
> 어린 아이들이 인터넷에 접속하는 것을 허용하는 것이 더 낫다고 생각합니까? 아니면 그들이 나이가 더 들 때까지 인터넷을 사용하지 못하도록 하는 것이 낫다고 생각합니까?

실전 문제 풀이 전략

STEP 1 | 아웃라인 잡기

질문 내용을 명확히 파악한 뒤에 주어진 15초 동안 자신의 의견을 결정하고 뒷받침할 이유와 구체적 근거를 간략히 단어나 구로 적어둔다.

아웃라인 구조

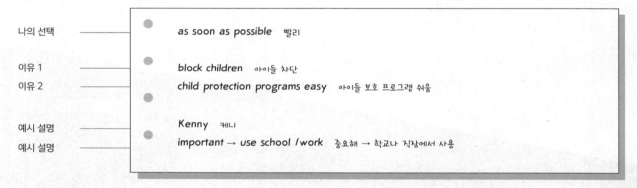

나의 선택	as soon as possible 빨리
이유 1	block children 아이들 차단
이유 2	child protection programs easy 아이들 보호 프로그램 쉬움
예시 설명	Kenny 케니
예시 설명	important → use school / work 중요해 → 학교나 직장에서 사용

STEP 2 | 말하기

작성한 아웃라인을 바탕으로 말하기 시간 45초 동안 말하기의 구조 및 기본 표현에 맞추어 답변한다. 먼저 나의 의견을 말하고 뒷받침할 이유와 구체적 근거를 들어 짜임새 있게 말한다.

말하기의 구조 및 기본 표현 1

서론	(나의 의견) **I happen to think that ~**
본론 1	(이유 1) **If I do** + 나의 의견 + **then I can do many things, such as** + 예시 주제
본론 2	(이유 2) **I think that this is** + 형용사 + **because** + 예시 주제
본론 3	(예시 설명) **Just last semester,** + 예시 설명 (예시 설명) **When I was younger,** + 예시 설명

말하기의 구조 및 기본 표현 2

서론	(나의 의견) **I would say that ~**
본론 1	(이유 1) **First of all, I think ~** (이유 1 설명) **What I mean is that ~**
본론 2	(이유 2) **Also, I think ~** (이유 2 설명) **In other words, ~**

말하기의 구조 및 기본 표현 3

서론	(나의 의견) **A lot of people might not agree with what I have to say, but I believe that~**
본론 1	(예시 설명) **My city, Seoul, has ~**
본론 2	(예시 설명) **So, I like to ~**
본론 3	(예시 설명) **One time, I ~**

▌모범 답안

🎧 유형별 실전 전략 Q1_R1.mp3

I happen to think that technology is so important that children should learn how to use it as soon as possible.

If children learn how to use the internet, **then they can do many things, such as** finding information online quickly or communicating with people.

I think that this is important **because** kids will need to do these things in school and work every day later.

When I was younger, my parents taught me how to use the internet early and I think that helped me a lot later in school.

해석 나는 기술이 매우 중요하기 때문에 아이들이 어떻게 기술을 사용하는지를 가능한 한 빨리 배워야만 한다고 생각한다.
    만약 아이들이 인터넷을 사용하는 방법을 배운다면, 그들은 온라인에서 정보를 빨리 찾거나 사람들과 소통하는 것과 같은 많은 것들을 할 수 있다.
    아이들은 나중에 학교와 직장에서 이러한 것들을 해야 할 필요가 있을 것이므로 나는 이것이 중요하다고 생각한다.
    내가 어렸을 때, 나의 부모님은 일찍 나에게 인터넷을 사용하는 방법을 가르쳐 주셨고, 나는 그것이 나중에 학교 활동에서 많이 도움이 되었다고 생각한다.

Q2. 읽고 듣고 말하기 // 대학 생활

■ 유형 소개

읽고 듣고 말하기(대학 생활)는 대학 생활 관련 주제에 대한 지문을 읽은 후 대화를 듣고 중심 화자의 의견을 정리하여 말하는 유형이다. 30초의 답변 준비 시간과 60초의 응답 시간이 주어진다.

Question

Briefly summarize the change that is mentioned in the school's announcement. State the woman's opinion of the change and explain the reasons that she gives for holding that opinion.

학교 공지에서 언급된 변화에 대해 간단히 요약해 말하세요. 그 변화에 대한 여자의 의견과 그녀가 그러한 의견을 가지는 이유를 설명하세요.

■ 실전 문제 풀이 전략

STEP 1 읽고 노트테이킹 하기

주어진 45초 또는 50초 동안 공지문이나 교내 신문 기사처럼 캠퍼스와 관련된 규정, 시설, 수업 등에 대해 읽으면서 노트테이킹한다.

읽기 지문

Open Pottery activities	공개 도예 활동
The pottery club on campus would like to increase student awareness of club activities. Starting next month there will be an open pottery activity every 2 weeks on Saturday. The club will provide all materials and students not in the club may participate. There is a limited number of spaces and students are asked to register with the club to make sure they have a seat at any of the events that they would like to join.	교내 도예 동아리는 동아리 활동에 대한 학생들의 인식을 높이기를 원합니다. 다음 달 부터 2주마다 토요일에 공개 도예 활동이 있을 것입니다. 이 동아리는 모든 재료를 제공할 것이며 도예 동아리가 아닌 학생들도 참여할 수 있습니다. 한정된 자리 수가 있으므로 학생들은 그들이 참여하기를 원하는 행사 중 어느 곳에서든 자리를 얻는 것을 분명히 하기 위해 동아리에 등록하는 것이 요구됩니다.

읽기 노트

- open pot. actv. → 2 weeks → sat   —— 주제
  공개 도예 활동 → 2주마다 → 토요일
- all mats → stdt x club partici 모든 재료 → 학생들 동아리 참여 x   —— 세부 사항

STEP 2 듣고 노트테이킹 하기

읽기 지문에 대한 중심 화자의 찬반 여부를 파악하고 그렇게 주장하는 두 가지 이유와 구체적인 근거를 듣고 노트테이킹한다.

대화 스크립트　　　　　　　　　🎧 유형별 실전 전략 Q2.mp3

W: Hey, did you hear we're going to have a some kind pottery event?
M: Yeah, I just read that this morning, I think it's a great idea.
W: You're into pottery? I didn't know that.
M: No, I'm not, that's the thing, I don't know anything about pottery. But, it said that the club would provide all of the stuff we need. I would love to see what it's like, but, I always hated that I would have to take a class

여: 저기, 일종의 도예 행사가 있을거라는 얘기 들었니?
남: 응, 오늘 아침 막 그것을 읽었는데, 나는 좋은 생각이라고 생각해.
여: 너는 도예를 좋아하니? 몰랐네.
남: 아니, 그게 아니라, 그게 문제야, 나는 도예에 관해 아무것도 몰라. 하지만, 그 동아리는 필요한 모든 것들을 제공해 줄 것이라고 했어. 나는 그것이 어떤 것인지 보고싶어, 하지만, 나는 수업을 들어야 한다거나 어떤 정말 비싼 장비들을 사

or buy some really expensive equipment. It's gonna be a great chance to see if pottery is something for me.

W: Well, yeah, but, it sounded like there won't be a lot of spots.

M: Sure, that makes sense, I mean it's free, right? I'm guessing the pottery club is paying for the materials themselves. And, well, whoever is paying for it, it's really nice of them. There needs to be some kind of registration, I mean, what if like 100 people show up?

야 하는 것을 항상 싫어했어. 그건 도예가 나를 위한 것인지 알 수 있는 좋은 기회가 될거야.

여: 음, 그래, 하지만, 자리가 많지 않은 것 같았는데.

남: 물론, 이해가 돼, 내 말은, 무료니까 그렇지? 내가 생각하기에 도예 동아리는 재료를 위한 비용을 직접 지불하고 있는 것 같아. 그리고, 음, 누구든 그것에 대한 비용을 지불하는 사람은, 정말 친절한 사람이야. 일종의 등록이 필요해, 내 말은, 만약 100명의 사람들이 나타나면 어쩌지?

듣기 노트

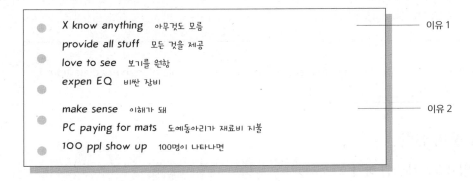

- X know anything 아무것도 모름 ——— 이유 1
- provide all stuff 모든 것을 제공
- love to see 보기를 원함
- expen EQ 비싼 장비
- make sense 이해가 돼 ——— 이유 2
- PC paying for mats 도예동아리가 재료비 지불
- 100 ppl show up 100명이 나타나면

STEP 3 말하기

30초의 답변 준비 시간 동안 읽기 지문과 대화에서 파악한 큰 주제와 주요사항에 대한 노트를 보고 말할 내용의 순서를 정리하고, 삐소리가 난 후 차분하게 60초 내로 짜임새 있게 말한다.

말하기의 구조 및 기본 표현

주제	**The reading says that the school will ~, The letter is about why it is good(bad) to ~**
화자의 의견	**The man/woman in the conversation thinks that this change(proposal) is a good(bad) idea and talks about why he/she thinks so.**
이유 1	**First, one of the things that he/she says is that ~**
이유 2	**Also, a second thing he/she mentions is that ~**

모범 답안

🎧 유형별 실전 전략 Q2_R2.mp3

The reading says the school will have an open pottery activity every 2 weeks on Saturdays. The pottery club will provide all of the materials and students not in the club can participate.

The man in the conversation thinks that this change is a good idea and talks about why he thinks so.

First, one of the things he says is that he doesn't know anything about pottery. But, they provide all of the stuff. And he said that he would love to see some pottery but doesn't want to buy expensive equipment.

Also, a second thing he mentions is that it makes sense to have a registration. The pottery club is paying for all of the materials and 100 people might show up.

해석 지문은 학교에서 2주마다 토요일에 공개 도예 활동을 열 것이라고 말한다. 도예 동아리는 모든 재료를 제공할 것이며 동아리에 속하지 않은 학생들도 참여할 수 있다.

대화에서 남자는 이러한 변화가 좋다고 생각하며 그가 그렇게 생각하는 이유에 대해 말한다.

첫 번째로, 그가 말한 것 중 한 가지는 그가 도예에 대해 아무것도 모른다는 점이다. 하지만, 그들은 모든 것들을 제공한다. 그리고 그는 그가 도자기들을 보는 것은 좋아하지만 비싼 장비들을 사는 것은 원하지 않는다고 말했다.

또한, 두 번째로 그가 언급한 것은 등록하는 것이 합리적이라는 점이다. 도예 동아리가 모든 재료비를 지불할 예정이고 100명의 사람들이 나타날지도 모른다.

유형 소개

읽고 듣고 말하기(대학 강의)는 학술적인 주제에 대한 지문을 읽은 후 그 지문의 주제와 관련된 교수의 강의를 듣게 된다. 읽기 지문의 주제를 교수가 강의에서 어떤 예시를 들어 설명했는지를 정리하여 말하는 유형이다. 30초의 답변 준비 시간과 60초의 응답 시간이 주어진다.

Question

Using points and examples presented in the lecture, explain an example of memory distortion.

강의에 제시된 요점과 예시를 이용해, 기억 왜곡에 대한 예시를 설명하세요.

실전 문제 풀이 전략

STEP 1 읽고 노트테이킹 하기

주어진 45초 또는 50초 동안 지문의 제목과 주제를 파악하고 관련 주요 정보를 간략히 노트테이킹한다. 읽기 지문은 다음에 나올 강의 내용의 기본 개념이나 배경 지식을 다루므로 내용을 잘 파악해 둔다.

읽기 지문

Memory Distortion	**기억 왜곡**
People are able to recall memories based on a number of different stimuli that recorded the memory during the initial event. All five senses work together to create a memory and what a person is able to remember will vary from individual to individual and can often contradict one another. These flawed recollections, referred to as memory distortions, are far from perfect and contain inaccuracies.	사람들은 최초의 사건 동안의 기억을 기록했던 많은 다른 자극들에 기반해 기억을 회상할 수 있다. 모든 오감들은 기억을 만들기 위해 함께 작용하고 한 사람이 기억할 수 있는 것은 사람마다 차이가 날 것이며 종종 서로 다를 수도 있다. 기억 왜곡이라고 불리는 이러한 결점이 있는 기억은 전혀 완벽하지 않고 부정확함을 포함한다.

읽기 노트

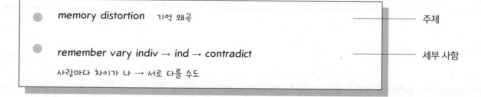

- memory distortion 기억 왜곡 ——————— 주제
- remember vary indiv → ind → contradict ——————— 세부 사항
  사람마다 차이가 나 → 서로 다를 수도

STEP 2 듣고 노트테이킹 하기

읽기 지문의 주제에 관해 교수가 언급하며 그 주제에 대한 두 가지 예시를 교수의 개인적인 경험이나 사례 혹은 반례를 제시하며 구체적인 설명을 한다. 각각의 포인트를 노트테이킹한다.

강의 스크립트

🎧 유형별 실전 전략 Q3.mp3

Ok, so, I had a really good example of this happened to me a couple months ago. I ran into a really good friend from high school. We got together for dinner and we were talking about some of the things we did in high school. And, one of the things we talked about was a trip to the beach with some of our other friends. And, I remember that we ate some really good burgers at a small restaurant called Danny's Burgers, but, my friend

좋습니다, 그러니까, 두어 달 전에 저에게 일어났던 이에 대해 매우 좋은 사례가 있습니다. 저는 정말 좋은 고등학교 때 친구를 우연히 마주쳤어요. 우리는 저녁을 먹기 위해 만났고 고등학교 시절에 했던 것들에 대해 이야기 하고 있었어요. 그리고, 우리가 얘기 나눴던 것들 중에 하나가 우리의 다른 친구들 몇몇과 함께 바다로 갔던 여행에 관한 것이었어요. 그런데, 저는 우리가 Danny's Burgers 라고 불리는 작은 음식점에서 정말 맛

said I was wrong and said the name of the restaurant was actually Serious Burgers. Well, we both laughed and argued about who was right. So, when I got home, I remembered that we took a picture in front of the store. I actually found the picture, but, it turned out the name of the restaurant was Burger Street. We were both absolutely positive that we were right, but, it turned out both of us were wrong.

있는 버거를 먹었다고 기억했지만, 제 친구는 제가 틀렸다고 말하며 그 음식점의 이름은 사실 Serious Burgers였다고 말했어요. 음, 저희 둘다 웃으며 누가 맞는지에 대해 논쟁했어요. 그래서, 제가 집에 왔을 때, 우리가 그 가게 앞에서 사진을 찍었던 것을 기억했지요. 저는 실제로 그 사진을 찾아냈는데, 그 음식점의 이름은 결국 Burger Street인 것으로 밝혀졌지요. 우리는 서로 우리가 맞다고 완전히 확신했지만, 결국 우리 둘다 틀렸던 것이었어요.

듣기 노트

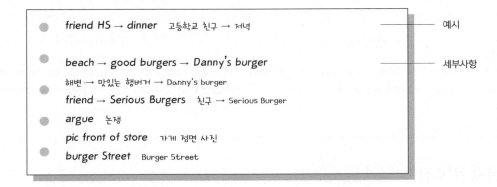

		예시
friend HS → dinner	고등학교 친구 → 저녁	
beach → good burgers → Danny's burger		세부사항
해변 → 맛있는 햄버거 → Danny's burger		
friend → Serious Burgers	친구 → Serious Burger	
argue	논쟁	
pic front of store	가게 정면 사진	
burger Street	Burger Street	

STEP 3 말하기

30초의 답변 준비 시간 동안 읽기 지문과 강의에서 파악한 큰 주제와 주요사항에 대한 노트테이킹을 보고 말할 내용의 순서를 정리하고, 삐소리가 난 후 차분하게 60초 내로 짜임새 있게 말한다.

말하기의 구조 및 기본 표현

주제	**The reading passage is about** + 읽기 지문 제목, **which is** + 제목 정의
예시제시	**The speaker gives one example of this in the lecture. /** **The speaker gives two examples of this in the lecture.**

■ 모범 답안

🎧 유형별 실전 전략 Q3_R3.mp3

The reading passage is about memory distortion, **which is,** when remembering varies from individual to individual and they contradict each other.
The speaker gives one example of this in the lecture.
He says that he met a friend from high school for dinner. They talked about a trip to the beach. They had good burgers at a restaurant called Danny's Burgers. But, his friend argued that the name was Serious Burgers. Later the man found a picture of the front of the store and the name was actually Burger Street. So, both of them were wrong even though each thought they were right.

해석   읽기 지문은 기억 왜곡에 관한 것으로, 이것은, 기억하는 것이 사람마다 다르고 서로 모순되는 것이다.
화자는 강의에서 이에 대한 예시 하나를 준다.
그는 그가 고등학교 때 친구를 저녁 식사를 먹기 위해 만났다고 말한다. 그들은 해변으로 갔던 여행에 대하여 이야기했다. 그들은 Danny's Burgers 라고 불리는 음식점에서 맛있는 햄버거를 먹었다. 하지만, 그의 친구는 그 이름이 Serious Burgers 라고 주장했다. 나중에 그 남자는 그 가게 정면 사진을 찾아냈고 그 이름은 실제로 Burger Street 이었다. 그래서, 비록 그들은 각자 그들이 맞다고 생각했지만 두 사람 모두 틀렸다.

■ 유형 소개

듣고 말하기(대학 강의)는 학술적인 주제에 대한 강의를 듣고 강의 내용의 주제와 관련된 두 가지 소주제와 그에 대한 예시를 각각 요약해 정리하여 말하는 유형이다. 20초의 답변 준비 시간과 60초의 응답 시간이 주어진다.

Question

Using points and examples from the lecture, discuss two things that help archaeologists decide on locations to dig. State the woman's opinion of the change and explain the reasons that she gives for holding that opinion.

강의에 제시된 주장과 예시를 이용하여, 고고학자들이 발굴하기 위한 장소를 결정하는 것을 돕는 두 가지에 대해 의논하세요. 그 변화에 대한 여자의 의견과 그녀가 그러한 의견을 가지는 이유를 설명하세요.

■ 실전 문제 풀이 전략

STEP 1 ■ 듣고 노트테이킹 하기

교수의 강의의 초반부에 제시되는 주제에 대한 두 가지 소주제를 파악하고 그와 관련한 각각의 예시에 대한 정보들을 간략히 노트테이킹한다.

강의 스크립트　　　　　　　　　　　　　　　🎧 유형별 실전 전략 Q4.mp3

When archaeologists dig up sites, they discover all kinds of information about our past. The thing is, before they even begin digging, how do they know where to dig? Well, there are a few different things that scientists can look at when deciding potential digging sites. That's what I want to talk to you about today.

One thing that scientists can look at are the surface features of the land in possible sites. For example, in the Netherlands, ancient peoples used to develop their settlements on hilltops. But, over time, those ancient sites have become buried underground. The thing is these people used to always dig giant steps into the land around these hills. So, scientists look for these steps because it's plainly obvious, once you look at these steps, that there is no other way that they could have been created other than by human hands.

Another way that scientists find sites is by looking at the plant life in the surrounding area. In Mexico, ancient peoples used to plant breadnut trees. These ancient civilizations used to harvest and eat the fruits and nuts that these trees produced. Even though the civilizations that first planted these trees have long since disappeared, the trees survived and continued to reproduce on through modern times. So, when looking for a dig site, archeologists first begin by looking for dense groupings of these breadnut trees.

고고학자들이 발굴을 할 때, 그들은 과거에 대한 모든 종류의 정보를 발견합니다. 문제는, 그들이 발굴을 시작하기도 전에, 어디를 발굴할지 어떻게 알까요? 음, 잠재적인 발굴지를 결정할 때 과학자들이 고려해야 할 몇 가지 다른 점들이 있습니다. 그것이 오늘 제가 여러분과 이야기하고 싶은 것입니다.

과학자들이 고려해야 할 첫 번째는 가능성 있는 현장의 지표면의 특징들입니다. 예를 들어, 네덜란드에서는, 고대 민족들이 그들의 정착지를 언덕배기에 만들곤 했지요. 하지만, 시간이 지나면서, 그러한 고대 현장은 지하에 묻히게 되었지요. 문제는 이 사람들이 이러한 언덕 주변에 있는 땅 속으로 거대한 계단을 항상 파내곤 했다는 것입니다. 그래서, 당신이 이 계단을 보기만 하면, 사람의 손 외에 그것들이 만들어질 수 있었던 방법이 없다는 것이 분명히 명백하기 때문에 과학자들은 이 계단을 찾습니다.

과학자들이 현장을 찾는 또 다른 방법은 주변 지역에 있는 식물을 보는 것입니다. 멕시코에서는, 고대 민족들은 빵나무를 심었지요. 이 고대 문명들은 이 나무가 생산한 열매들과 견과들을 수확하여 먹었습니다. 비록 이 나무를 처음으로 심었던 문명은 사라진 지 오래지만, 이 나무는 살아남아 근대를 거쳐 계속 번식했습니다. 그러므로, 발굴지를 찾을 때, 과학자들은 먼저 이러한 빵나무들이 빽빽하게 무리 지어 있는 곳을 찾는 것부터 시작합니다.

듣기 노트

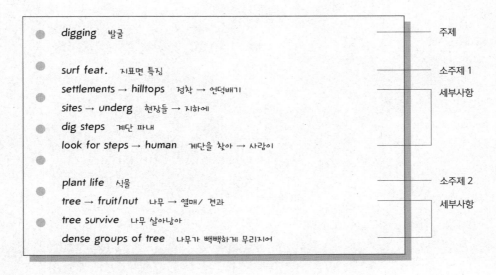

digging 발굴		주제
surf feat. 지표면 특징		소주제 1
settlements → hilltops 정착 → 언덕배기		세부사항
sites → underg 현장들 → 지하에		
dig steps 계단 파내		
look for steps → human 계단을 찾아 → 사람이		
plant life 식물		소주제 2
tree → fruit/nut 나무 → 열매 / 견과		세부사항
tree survive 나무 살아남아		
dense groups of tree 나무가 빽빽하게 무리지어		

STEP 2 말하기

듣기에서 적은 내용을 바탕으로 20초의 답변 준비 시간 동안 말할 내용의 순서를 정리하고, 삐소리가 난 후 차분하게 60초 내로 짜임새 있게 말한다.

말하기의 구조 및 기본 표현

주제	**The lecture is about ~**
예시 1	**First, he/she talks about ~**
예시 1 근거	세부사항 1 + 2
예시 2	**Second, he/she talks about ~**
예시 2 근거	세부사항 1 + 2

■ 모범 답안

🎧 유형별 실전 전략 Q4_R4.mp3

The lecture is about 2 factors for deciding digging sites.

First, she talks about surface features. She says that ancient people make settlements on hilltops, but now the settlements are underground. Also, the people made steps into the land and scientists look for these steps because only humans could make them.

Second, she talks about plant life. She says that a type of tree made fruits and nuts that ancient Mexican people ate. Also, even though the civilization disappeared, the trees still survive so scientists look for dense groups of these types of trees.

해석   강의는 발굴지를 결정하는 두 가지 요인들에 관한 내용이다.

첫 번째로, 그녀는 지표면의 특징들에 관해 이야기한다. 그녀는 고대 사람들이 언덕배기에 정착하지만, 현재는 정착지가 지하에 있다고 말한다. 또한, 사람들은 땅 속으로 계단들을 만들었고 오직 사람들만이 계단들을 만들 수 있었기 때문에 과학자들은 이 계단들을 찾는다.

두 번째로, 그녀는 식물에 관해 이야기한다. 그녀는 한 종류의 나무가 고대 멕시코 사람들이 먹었던 열매들과 견과들을 만들었다고 말한다. 또한, 문명은 사라졌지만, 나무들은 여전히 살아남아서 과학자들은 이러한 종류의 나무가 빽빽하게 무리 지어 있는 곳을 찾는다.

실전모의고사 01

SELF-EVALUATION LIST

Question

Do you think it's better for students to begin their first job while they are still in high school or should they wait until they have finished their education before finding a job?

당신은 학생들이 여전히 고등학교에 재학하는 동안 첫 직장을 시작하는 것이 더 좋다고 생각합니까? 아니면 직장을 구하기 전에 그들이 공부를 마칠 때까지 기다려야 한다고 생각합니까?

■ 아웃라인

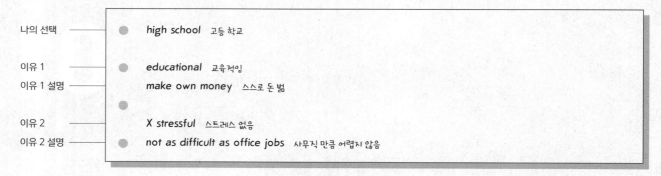

나의 선택	● *high school* 고등 학교
이유 1	● *educational* 교육적임
이유 1 설명	*make own money* 스스로 돈 벎
이유 2	● *X stressful* 스트레스 없음
이유 2 설명	● *not as difficult as office jobs* 사무직 만큼 어렵지 않음

■ 모범 답안

I think it's better for students to begin their first job while they are still in high school.

First of all, it's educational. **What I mean is that** students can have a chance to learn how to make their own money for the time when they are still young.

Also, another reason is because it's not stressful. **In other words,** part-time jobs aren't as difficult as office jobs because the work is meant for students still in school.

해석   나는 학생들이 여전히 고등학교에 재학하는 동안 첫 직장을 시작하는 것이 더 좋다고 생각한다.

우선, 그것은 교육적이다. 무슨 의미인가 하면, 학생들이 아직 어릴 때 스스로 돈을 버는 방법을 배울 수 있는 기회를 가질 수 있다는 것이다.

또한, 또 다른 이유는 스트레스가 없기 때문이다. 다시 말해서, 아르바이트는 아직 재학 중인 학생을 위한 일이기 때문에 사무직만큼 어렵지 않다.

어휘   educational[èdʒukéiʃənl] 교육적인   stressful[strésfəl] 스트레스가 많은   part-time job 아르바이트, 시간제 근무   office job 사무직

선생님이 알려주는 점수보장 TIP

모범 답안을 크게 읽으며 자신의 답안을 녹음해 보는 것이 좋습니다. 녹음된 답안을 들어 보며 예상처럼 억양이 자연스럽고 유창하게 들리는지 확인하는 것이 좋습니다.

Q2. 멘토링 프로그램

* 녹색으로 하이라이트된 부분은 지문의 주요 부분으로 노트에 작성해야 하는 부분입니다.

■ 읽기 지문

New Mentoring Program for Business Majors

After working with a number of former graduates in the area, the business department is happy to announce a new summer mentoring program. Students will be able to sign up for spots to work with local graduates during the summer session. They will be able to learn networking skills and meet new people in fields related to their majors. Also, they will be able to receive valuable advice from mentors about how to proceed with their careers shortly after graduation.

해석   **경영학 전공자들을 위한 새로운 멘토링 프로그램**

이 지역의 많은 이전의 졸업생들과 함께 협력한 이후에, 경영학부는 새로운 여름 멘토링 프로그램을 알리게 되어 기쁘게 생각합니다. 학생들은 여름 학기 동안 지역 졸업생들과 함께 일할 수 있는 자리에 신청할 수 있을 것입니다. 학생들은 인적 네트워크 형성 기술을 배울 수 있을 것이며 전공과 관련된 분야의 새로운 사람들을 만날 수 있을 것입니다. 또한, 그들은 멘토로부터 졸업 이후에 바로 경력을 계속 이어갈 수 있는 방법에 대한 소중한 조언도 얻을 수 있을 것입니다.

어휘   **former**[fɔ́ːrmər] 이전의, 과거의   **announce**[ənáuns] 알리다, 발표하다   **sign up for** ~을 신청하다, ~을 가입하다
        valuable advice 소중한 조언   **proceed with** ~을 계속하다, ~을 진행하다

■ 대화 스크립트

🎧 실전모의고사 01_Q2.mp3

W : Hey, did you hear about the new mentoring program? It sounds good right?

M : I read it really quickly. It's good? Why's that?

W: Meeting local business people is so important for us because a lot of times when students graduate, we don't really know who to talk to next. But now, we can meet potential bosses. And, maybe if we do a good job, we can get recommendations for being hired later.

M: Ah, I didn't know that. Yeah, that does sound like a good idea.

W: Yeah, and, another thing it said is that we can get advice directly from the mentors. That's really nice of them because I'm sure they're really busy too. But, I mean, they'll be able to tell us exactly what they did after college. And, I dunno, it'd be a big help for me because I don't have anyone in my family that has a business degree.

해석   여: 저기, 새로운 멘토링 프로그램에 대해 들었니? 좋은 것 같아, 그렇지?
      남: 난 너무 빨리 읽었어. 좋아? 왜 그런데?
      여: 학생들이 졸업할 때 많은 경우 우리는 다음에 누구와 의논해야 하는지 정말 모르기 때문에, 지역 사업가들을 만나는 것은 우리에게 매우 중요해. 하지만 이제는, 앞으로 우리 사장님이 되실 분들을 만날 수도 있어. 그리고, 만약에 우리가 훌륭히 잘해낸다면, 나중에 취업되기 위한 추천서를 받을 수 있을 거야.
      남: 아, 그건 몰랐어. 그래, 그건 정말 좋은 생각인 것 같아.
      여: 응, 그리고, 그것이 말하는 또 다른 점은 우리가 멘토로부터 직접 조언을 얻을 수 있다는 거야. 그분들께서 정말 바쁘시다는 것을 잘 알고 있기 때문에, 그렇게 해주신다니 그분들은 정말 친절하신 분들이야. 하지만, 내 말은, 그분들께서 대학을 졸업한 이후에 정확히 무엇을 하셨는지 우리에게 말씀해 주실 수 있어. 그리고, 아마도, 우리 가족 중에 경영학 학위를 가지신 분이 없기 때문에, 나에게 큰 도움이 될 거야.

어휘   **recommendation**[rèkəməndéiʃən] 추천서, 추천   **directly**[diréktli] 직접, 즉시   **degree**[digríː] 학위, 등급

■ 읽기 노트

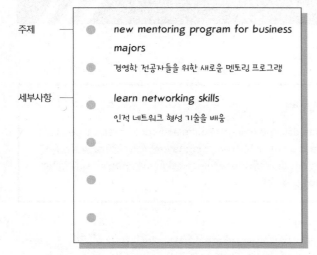

주제 ── ● **new mentoring program for business majors**
경영학 전공자들을 위한 새로운 멘토링 프로그램

세부사항 ── ● **learn networking skills**
인적 네트워크 형성 기술을 배움

■ 듣기 노트

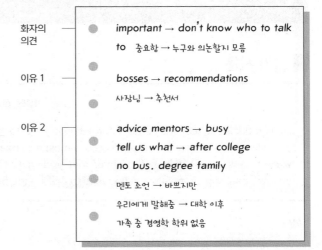

화자의 의견 ── ● **important → don't know who to talk to** 중요함 → 누구와 의논할지 모름

이유 1 ── ● **bosses → recommendations**
사장님 → 추천서

이유 2 ── ● **advice mentors → busy**
tell us what → after college
no bus. degree family
멘토 조언 → 바쁘지만
우리에게 말해줌 → 대학 이후
가족 중 경영학 학위 없음

■ 모범 답안

🎧 실전모의고사 01_R2.mp3

The reading says that school will have a new mentoring program for business majors because they will be able to learn networking skills.

The woman in the conversation thinks that this change is a good idea and talks about why she thinks so.

First, one of the things that she says is that it's important because they don't know who to talk to. But, they can meet bosses and get recommendations.

Also, a second thing she mentions is that they can get advice from mentors even though the mentors are really busy. They can tell students what they did after college.

해석　지문은 경영학 전공자들이 인적 네트워크 형성 기술을 배울 수 있기 때문에 학교에서 경영학 전공자들을 위한 새로운 멘토링 프로그램을 열 것이라고 말한다.

대화에서 여자는 이러한 변화가 좋다고 생각하며 그녀가 그렇게 생각하는 이유에 대해 말한다.

첫 번째로, 그녀가 말하는 것 중 한 가지는 그들이 누구와 의논해야 하는지 모르기 때문에, 그 프로그램이 중요하다는 것이다. 하지만, 그들은 사장님들을 만나서 추천서를 받을 수 있다.

또한, 두 번째로 그녀가 언급하는 것은 비록 멘토들이 정말 바쁘더라도, 그들이 멘토들로부터 조언을 얻을 수 있다는 것이다. 그들은 학생들에게 그들이 졸업 후에 무엇을 했는지 말해줄 수 있다.

선생님이 알려주는 점수보장 TIP

대화 문제에서 음원의 말하기 속도에는 약간의 차이가 있을 수 있지만 어려운 수준의 단어를 포함하는 대화 내용은 없습니다. 따라서 리스닝 영역의 대화 유형(conversations) 듣기를 연습한다면 스피킹 영역의 대화 문제를 준비하는 데는 무리가 없습니다.

Q3. 정보 편향

■ 읽기 지문

Information Bias

Making decisions requires certain information in order to mitigate risk and to increase the accuracy or relevance of the action that is taken. However, decisions must also be made in a timely fashion. Information bias occurs when too much time is used in gathering information regarding a pending decision because the decision maker places a higher priority on having information as opposed to making the decision promptly.

해석

정보 편향

결정을 내리는 것은 위험을 완화하고 취해진 행동의 타당성이나 정확성을 높이기 위해서 특정한 정보를 필요로 한다. 하지만, 결정은 또한 반드시 적절한 시기에 이루어져야 한다. 정보 편향은 의사 결정자가 즉시 결정을 내리는 것이 아니라 정보를 모으는 것에 더 높은 우선순위를 두기 때문에, 보류 중인 결정에 대한 정보를 모으는 데 너무 많은 시간이 사용될 때 발생한다.

어휘 mitigate[mítgèit] 완화시키다 accuracy[ǽkjurəsi] 정확도, 정확 in a timely fashion 적절한 시기, 제때에
pending[péndiŋ] 미해결의, 보류 중인 priority[praió:rəti] 우선순위, 우선 사항 opposed to ~에 반대하다
promptly[prámptli] 지체 없이, 즉시

■ 강의 스크립트

🎧 실전모의고사 01_Q3.mp3

I can think of a really good example of this back when I was in college. I was looking to buy my first car. And, well—I'm sure you know what I'm talking about—I was very excited. But, I also didn't have a huge amount of money to spend.

So, I was looking at used cars. And, well, as soon as I got started looking, I found this really great car. I think it was an old red sports car. It had low miles, looked like it was in great condition, and, well, it wasn't that expensive. So, I thought, maybe I'll find something even better if I keep looking. And well, I spent the next few days going over ads in magazines and in the newspaper, um, as well as online, and, you know, nothing was better than that first red car. So, after about a week, I decided to buy the car and I called the owner. But, as it turned out, the car had been sold already and that, um, someone else had thought it was a great deal too.

해석 제가 예전에 대학교에 재학 중일 때 있었던 이에 대한 정말 좋은 예가 생각이 납니다. 저는 저의 첫 번째 자동차를 사려고 찾아보고 있는 중이었어요. 그리고, 음, 여러분은 분명 제가 무슨 말을 하는지 아시겠죠, 저는 매우 흥분되었습니다. 하지만, 전 쓸 거액의 돈도 없었죠.

그래서, 중고차를 알아봤습니다. 그리고, 음, 알아보기 시작하자마자, 저는 정말 훌륭한 자동차를 발견했습니다. 제 생각에는 오래된 빨간 스포츠카였던 것 같습니다. 그것은 주행거리도 짧았고, 상태도 좋아 보였고, 그리고, 음, 그리 비싸지도 않았어요. 그래서, 저는, 계속 찾아보면 더 좋은 자동차를 찾을 수 있을 거라고 생각했지요. 그리고 음, 저는 온라인뿐만 아니라 잡지와 신문 광고를 살펴보느라 며칠을 보내었고, 음, 그리고, 그러니까, 첫 번째 빨간 자동차보다 더 나은 차는 없었어요. 그래서, 약 일주일 후에, 저는 그 자동차를 사기로 결정하였고 차 주인에게 전화했습니다. 하지만, 알고 보니, 그 자동차는 이미 팔렸고, 음, 다른 누군가가 역시 그 자동차의 가격이 매우 저렴하다고 생각했던 겁니다.

어휘 used[ju:st] 중고품의, 사용된 turn out 밝혀지다, 드러나다

■ 읽기 노트

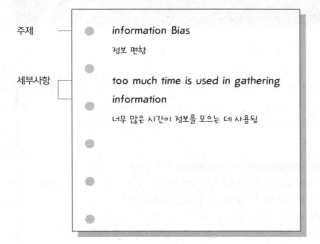

주제 — information Bias
정보 편향

세부사항 — too much time is used in gathering information
너무 많은 시간이 정보를 모으는 데 사용됨

■ 듣기 노트

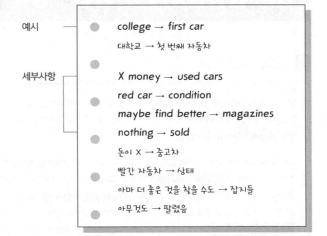

예시 — college → first car
대학교 → 첫 번째 자동차

세부사항 — X money → used cars
red car → condition
maybe find better → magazines
nothing → sold
돈이 X → 중고차
빨간 자동차 → 상태
아마 더 좋은 것을 찾을 수도 → 잡지들
아무것도 → 팔렸음

■ 모범 답안

🎧 실전모의고사 01_R3.mp3

The reading passage is about Information Bias, **which is** when too much time is used in gathering information.

The speaker gives one example of this in the lecture.

She says that when she was in college, she was buying her first car. She didn't have a lot of money, so she looked at used cars. She found a red car in good condition. She thought maybe she could find a better one, so she looked at magazines. She didn't find anything better. But, the red car was already sold.

해석   읽기 지문은 정보 편향에 관한 것이며, 이것은 정보를 모으는 데 너무 많은 시간이 사용되는 것을 말한다.

화자는 강의에서 이에 대한 예시 하나를 준다.

그녀는 그녀가 대학교에 재학 중일 때, 첫 번째 자동차를 사려고 했다고 말한다. 그녀는 돈이 많지 않아서, 중고차를 알아봤다. 그녀는 좋은 상태의 빨간 자동차 한 대를 발견했다. 그녀는 아마도 더 좋은 자동차를 찾을 수 있을 거라 생각해서, 잡지들을 살펴보았다. 그녀는 더 나은 자동차를 찾지 못했다. 그러나, 그 빨간 자동차는 이미 팔렸다.

선생님이 알려주는 점수보장 TIP

일반적으로 Q3과 Q4 문제들은 Q1, Q2보다 템플릿이 더 짧습니다. 그 이유는 이 두 문제는 강의 내용을 이해하여 전달하는 것이 긴 템플릿을 외우는 것 보다 더 중요하기 때문입니다.

Q4. 습관을 바꾸는 방법 - 강화

강의 스크립트

It's often difficult for people to change their really long-term habits. A way to do this is something referred to in psychology as reinforcement. Let's talk about two different types of reinforcement, positive reinforcement and negative reinforcement.

In positive reinforcement, you would do a pleasurable action when doing something good. For example, a student that normally finishes assignments late may decide to change this behavior. So, he might keep a jar—um, piggy bank if you will—next to his desk and he puts 5 dollars into it every day that he finishes an assignment early. At the end of the semester, he could use the money in the jar to buy whatever he wanted. Um, let's say, maybe he could buy a new video game or go out for an expensive dinner with his friends. And, well, this reward would be something to look forward to and it would reinforce finishing assignments early.

Next, in negative reinforcement, you would do something that is not enjoyable to negatively reinforce an undesirable behavior. Mmm, let's take the example of the piggy bank again. But, this time, every time the student finished an assignment late, he would put 5 dollars into the jar. And, after the end of the semester, this time, he would have to give the entire jar to his little brother, or, maybe to his parents. And, well, he certainly wouldn't enjoy doing this because not only would he be losing his money, but it would also be a little embarrassing if there was a lot of money, right? And, that's what we mean when we say negative reinforcement.

해석   사람들은 흔히 그들이 가진 매우 장기적인 습관을 바꾸는 것을 어려워합니다. 이렇게 습관을 바꾸는 한 방법은 심리학에서 강화라고 불리는 것입니다. 긍정적 인 강화와 부정적인 강화라는, 두 가지 다른 유형의 강화에 대해 이야기해 보겠습니다.

     긍정적인 강화에서는, 뭔가 좋은 일을 할 때 당신은 즐거운 행동을 할 것입니다. 예를 들어, 과제를 주로 늦게 끝내는 어떤 학생이 이 행동을 바꾸기로 결심할 수 있습니다. 그래서, 그는 병이나, 음, 혹은 돼지 저금통을 책상 옆에 두고 있다면, 과제를 일찍 끝내는 날마다 5달러씩 넣는 겁니다. 학기 말에, 그는 병 안에 있는 돈을 사용해 사고 싶었던 어떤 것이든 살 수 있습니다. 음, 이를테면, 아마 그는 새로운 비디오 게임을 살 수도 있고, 아니면 친구들과 비싼 저녁을 먹으러 갈 수도 있습니다. 그리고, 음, 이러한 보상은 그가 고대하는 어떤 것일 수도 있기 때문에 그것은 과제를 일찍 끝내는 행동을 강화시켜 줄 것입니다.

     다음으로, 부정적인 강화에서는, 여러분이 바람직하지 않은 행동을 부정적으로 강화하기 위해 즐겁지 않은 무엇인가를 할 것입니다. 음, 다시 돼지 저금통의 예를 들어 봅시다. 하지만, 이번에는, 학생이 매번 과제를 늦게 마칠 때마다, 병에 5달러씩 넣을 것입니다. 그리고, 학기가 끝난 후에, 이번에는, 그는 병을 통째로 남동생이나 부모님에게 주어야만 할 것입니다. 그러면, 음, 그는 이렇게 하는 것을 분명히 좋아하지 않을 텐데 그 이유는 만약 그곳에 많은 돈이 있다면, 그는 그의 돈을 잃게 될 뿐 만 아니라 조금 창피하기도 할 것이기 때문입니다. 그렇죠? 그리고, 그것이 우리가 부정적인 강화를 말할 때 의미하는 것입니다.

어휘   reinforcement[rìːinfɔ́ːrsmənt] 강화   pleasurable[pléʒərəbl] 즐거운   jar[dʒaːr] (잼·꿀 등을 담아두는) 병   **piggy bank** 돼지 저금통
     look forward to ~을 고대하다, 기대하다   undesirable[ʌndizaiərəbl] 바람직하지 않은, 원하지 않는
     embarrassing[imbǽrəsiŋ] 창피한, 난처한, 당혹스러운

■ 듣기 노트

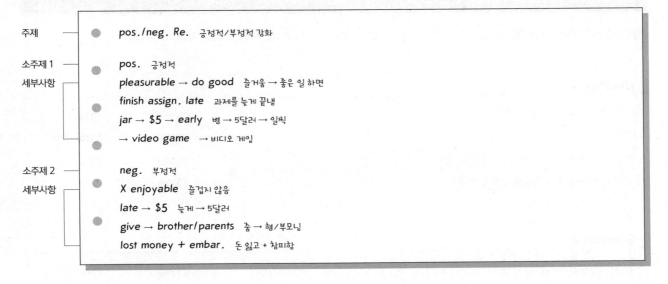

주제 — ● **pos./neg. Re.** 긍정적/부정적 강화

소주제 1 — ● **pos.** 긍정적

세부사항 — ● **pleasurable → do good** 즐거움 → 좋은 일 하면
● **finish assign. late** 과제를 늦게 끝냄
● **jar → $5 → early** 병 → 5달러 → 일찍
● **→ video game** → 비디오 게임

소주제 2 — ● **neg.** 부정적

세부사항 — ● **X enjoyable** 즐겁지 않음
● **late → $5** 늦게 → 5달러
● **give → brother/parents** 줌 → 형/부모님
  lost money + embar. 돈 잃고 + 창피함

■ 모범 답안

🎧 실전모의고사 01_R4.mp3

The lecture is about positive and negative reinforcement.

First, he talks about positive reinforcement. **He says that** in positive reinforcement, people will do something pleasurable when they do something good. For example, if a student wants to stop finishing assignments late, they can keep a jar. They put in 5 dollars each time they finish early. They can use this money later to buy a video game.

Second, he talks about negative reinforcement. **He says that** in negative reinforcement, people will do something they do not enjoy if they do something bad. For example, they can add 5 dollars to a jar each time they finish late. They would give the money later to their brother or parents. They would lose money and it's embarrassing.

해석   강의는 긍정적인 강화와 부정적인 강화에 관한 내용이다.

첫 번째로, 그는 긍정적인 강화에 대해 이야기한다. 그는 긍정적인 강화에서, 사람들은 어떤 좋은 일을 하면 무언가 즐거운 것을 할 것이라고 말한다. 예를 들어, 학생이 과제를 늦게 마치는 것을 그만두고 싶다면, 그들은 병 하나를 둘 수 있다. 그들은 일찍 과제를 마칠 때마다 5달러씩 넣는다. 그들은 이 돈을 나중에 비디오 게임을 사는 데 쓸 수 있다.

두 번째로, 그는 부정적인 강화에 대해 이야기한다. 그는 부정적인 강화에서, 만약 사람들이 무언가 나쁜 일을 하면, 그들이 즐겁지 않은 어떤 일을 할 것이라고 말한다. 예를 들어, 그들이 과제를 늦게 마칠 때마다 그들은 병에 5달러씩 넣을 수 있다. 그들은 나중에 남동생이나 부모님에게 그 돈을 주어야 할 것이다. 그들은 돈을 잃게 될 것이며 이것은 창피한 일이다.

앞서 학습한 내용을 바탕으로 자신의 답안에 대해 다음 사항을 점검하고 앞으로 개선해야 할 점을 확인해 보세요.

Question 1

하나의 특정한 예시를 잘 설명했는가?	☐ Yes	☐ No
자연스러운 대화체 억양을 사용했는가?	☐ Yes	☐ No
말하는 도중 멈추거나 머뭇거리지 않았는가?	☐ Yes	☐ No
안정되고 편안하게 말하도록 노력했는가?	☐ Yes	☐ No

Question 2

자연스러운 억양을 사용하였는가?	☐ Yes	☐ No
노트테이킹이 순조롭게 대답하는 데 도움이 되는가?	☐ Yes	☐ No
너무 빠르거나 성급하게 느껴지지 않는가?	☐ Yes	☐ No
듣기의 대화를 이해하는 데 집중하였는가?	☐ Yes	☐ No

Question 3

지문을 읽는 동안 관련 주제의 개념과 정의를 이해하고 적었는가?	☐ Yes	☐ No
임의로 추측해서 말하지 않고 확실한 세부사항만을 말했는가?	☐ Yes	☐ No
읽기 지문과 듣기의 예시 간의 관계를 정확히 이해했는가?	☐ Yes	☐ No
노트테이킹한 것을 보고 문법 실수 없이 문장으로 조리 있게 말했는가?	☐ Yes	☐ No

Question 4

제한 시간 안에 두 번째 예시의 설명까지 마쳤는가?	☐ Yes	☐ No
임의로 추측해서 말하지 않고 확실한 세부사항만을 말했는가?	☐ Yes	☐ No
답변의 서론에서 너무 많은 시간을 쓰지 않았는가?	☐ Yes	☐ No
노트테이킹한 것을 보고 문법 실수 없이 문장으로 조리 있게 말했는가?	☐ Yes	☐ No

스타토플 실전 SPEAKING

실전모의고사
02

Q1. 재학 중 아르바이트

Question

State whether you agree or disagree with the following statement: **Students do not learn anything useful doing part-time jobs while they are still in school.**

당신이 다음 진술에 동의하는지 혹은 반대하는지 서술하세요. 학생들은 재학 중에 아르바이트를 하는 것을 통해 도움이 될 만한 어떤 것도 배우지 않는다.

■ 아웃라인

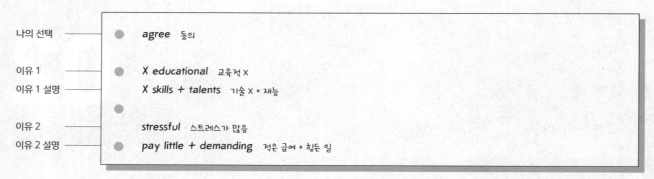

나의 선택	● *agree* 동의
이유 1	● *X educational* 교육적 X
이유 1 설명	*X skills + talents* 기술 X + 재능
	●
이유 2	*stressful* 스트레스가 많음
이유 2 설명	● *pay little + demanding* 적은 급여 + 힘든 일

모범 답안

I agree that students do not learn anything useful doing part-time jobs while they are still in school.

First of all, it's not educational. **What I mean is** that students don't learn skills or talents that will help them get a job at a major company later.

Also, another reason is because it's stressful. **In other words,** part-time jobs pay very little money but the work can be very demanding. This is especially true if their boss is a mean person.

해석   나는 학생들이 재학 중에 아르바이트를 하는 것을 통해 도움이 될 만한 어떤 것도 배우지 않는다는 것에 동의한다.

우선, 그것은 교육적이지 않다. 무슨 의미인가 하면, 학생들은 나중에 그들이 큰 회사에 취업하도록 도와줄 기술이나 재능을 배우지 않는다는 것이다.

또한, 또 다른 이유는 그것이 스트레스가 많은 일이기 때문이다. 다시 말해서, 아르바이트는 매우 적은 급여를 지불하지만 그 일은 매우 힘들 수 있다. 만약 사장이 못된 사람이라면, 이것은 특히 사실이다.

어휘   **useful**[júːsfəl] 유용한, 도움이 되는   **talent**[tǽlənt] 재능   **major**[méidʒər] 큰, 주요한   **demanding**[dimǽndiŋ] 힘든, 부담이 큰, 요구가 많은
mean[miːn] 성질이 나쁜, 비열한, 인색한

선생님이 알려주는 점수보장 TIP

말할 때에는 속도에 주의해야 합니다. 긴장할 경우 템플릿에서 외운 내용이 너무 빠르거나 부자연스럽게 들릴 수 있으며 이는 감점 요인이 됩니다.

Q2. 학생 잡지의 변동 사항

* 녹색으로 하이라이트된 부분은 지문의 주요 부분으로 노트에 작성해야 하는 부분입니다.

■ 읽기 지문

Change to Student Magazine

The university would like to get more students involved in the making of its monthly school magazine. Starting next semester, a new section will be created for students' creative writing submissions and will be open to all majors. This will give students a chance to get creative and share their short stories with other students. Additionally, the school will be offering a small prize to the highest voted short story by the student body.

해석
학생 잡지의 변동 사항
대학은 월간 학교 잡지를 만드는 데 더 많은 학생들이 참여하기를 원합니다. 다음 학기부터는, 새로운 난이 학생들의 창작 작문 제출을 위해 만들어질 것이며 모든 전공자들에게 열릴 것입니다. 이는 학생들이 창의적인 사람이 되고 그들의 단편 소설들을 다른 학생들과 공유하는 기회를 줄 것입니다. 게다가, 학교는 전체 학생들에 의해 가장 많은 투표를 받은 단편 소설에 소정의 상을 제공할 것입니다.

어휘 **get involved in** ~에 참여하다, ~에 관여하다   **monthly**[mʌ́nθli] 월간, 한 달에 한 번의, 월례   **submission**[səbmíʃən] 제출
student body (집합적) 전체 학생, 학생 총수

■ 대화 스크립트

🎧 실전모의고사 02_Q2.mp3

M: Hey, did you hear that we're adding a student short story section in the magazine?
W: Yeah, I think it's great!
M: Haha, OK, why?
W: Well, I mean, it's open to all majors. That means I can get a chance to read a short story written by a chemistry major one month and one by a political science major the next month. It'll be different all the time. And, it would be really neat to be able see the creative side of other students.
M: I guess that's true, it'd be more boring if it was only open to English majors.
W: Yeah. And, also, I actually like that they're having a small monthly contest. I mean, if students can vote on the stories, it just helps in getting people more involved. Right now, the magazine is fine and all. But, it doesn't have any reader participation. I just hope the voting system is simple. But, for now, I'm really looking forward to it.

해석 남: 저기, 너는 학교 잡지에 학생 단편 소설란이 추가된다는 소식 들었니?
여: 응, 나는 그것이 좋다고 생각해!
남: 하하, 알겠어, 왜?
여: 음, 내 말은, 단편 소설란은 모든 전공자에게 열려 있잖아. 그것은 내가 어떤 달은 화학 전공자가 쓴 단편 소설을 읽고 다음 달은 정치학 전공자가 쓴 글을 읽을 수 있는 기회를 가질 수 있다는 것을 의미해. 소설이 항상 다를 거야. 그리고, 다른 학생들의 창의적인 면을 볼 수 있다는 것은 정말 멋질 거야.
남: 그 말이 맞는 것 같아, 만약 단편 소설란이 영어 전공자에게만 열리면 더 지루할 거야.
여: 그래. 그리고, 또한, 나는 사실 그들이 작은 월간 경연 대회를 열 것이라는 점도 마음에 들어. 그러니까, 만약 학생들이 소설에 관해 투표할 수 있다면, 사람들을 더 참여시키는 데 도움이 될 거야. 현재로써는, 잡지는 괜찮고 좋아. 하지만, 독자들의 참여가 전혀 없는 상황이야. 나는 단지 투표 시스템이 단순하길 바라. 하지만, 지금으로써는, 정말 기대하고 있어.

어휘 **chemistry major** 화학 전공자   **neat**[niːt] 멋진, 깔끔한   **participation**[pɑːrtìsəpéiʃən] 참여, 참가

■ 읽기 노트

주제 — ● new section will be created for Stdt creative submissions
● 새로운 난이 학생들 창작물 제출을 위해 만들어질 것임

세부사항 — ● get creative
● small prize
더 창의적이 되도록
소정의 상

■ 듣기 노트

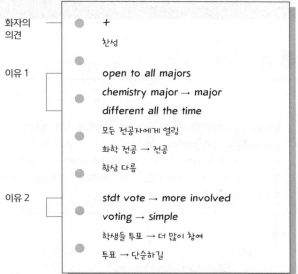

화자의 의견 — ● +
찬성
●
이유 1 — ● open to all majors
● chemistry major → major different all the time
모든 전공자에게 열림
화학 전공 → 전공
항상 다름
●
이유 2 — ● stdt vote → more involved voting → simple
학생들 투표 → 더 많이 참여
투표 → 단순하길

■ 모범 답안

🎧 실전모의고사 02_R2.mp3

The reading says that school will create a new section for creative submissions because it will let students get creative and they can win a small prize.

The woman in the conversation thinks that this change is a good idea and talks about why she thinks so.

First, one of the things that she says is that it's open to all majors. She can read stories by Chemistry majors and other majors. It will always be different.

Also, a second thing she mentions is that they're having a small monthly contest. Students will get more involved by voting. She also wants the voting system to be simple.

해석　지문은 학생들이 창의적인 사람이 되게 해주고 소정의 상을 탈 수 있기 때문에 학교가 창작물 제출을 위한 새로운 난을 만들 것이라고 말한다.

대화에서 여자는 이러한 변화가 좋다고 생각하며 그녀가 그렇게 생각하는 이유에 대해 말한다.

첫 번째로, 그녀가 말하는 것 중 한 가지는 단편 소설란이 모든 전공자에게 열려 있다는 점이다. 그녀는 화학 전공자와 다른 전공자가 쓴 이야기를 읽을 수 있다. 이야기가 항상 다를 것이다.

또한, 두 번째로 그녀가 언급하는 것은 그들이 작은 월간 경연 대회를 열 것이라는 점이다. 학생들은 투표를 함으로써 더 참여하게 될 것이다. 그녀는 또한 투표 시스템이 단순하기를 원한다.

선생님이 알려주는 점수보장 TIP

Q2에서는 억양과 끊김 없이 부드럽게 말하는 것이 점수 향상에 큰 영향을 줍니다. 따라서 Q2에서는 긴 템플릿을 활용하는 것이 도움이 됩니다.

읽기 지문

Dead Reckoning

Dead reckoning is a navigational strategy that a variety of organisms, ranging from insects to animals, can use to correctly determine their location. The organism must be aware of their starting position and the speed and direction that they have moved away from their starting location. With no other external clues, they are able to find their way back to their initial starting point. Humans are capable of dead reckoning to some degree, though not at the level observed in other organisms.

해석

추측 항법

추측 항법이란 곤충에서 동물에 이르는 다양한 유기체들이 그들의 위치를 정확하게 알아내기 위해 사용할 수 있는 항해 전략입니다. 유기체는 그들의 출발 지점과 출발 지점에서 그들이 이동했던 속도와 방향에 대해 반드시 알고 있어야 합니다. 어떠한 다른 외부적인 단서 없이, 그들은 최초의 출발 지점으로 되돌아 갈 수 있습니다. 인간들은 다른 유기체에서 관찰되는 정도의 수준은 아니지만, 어느 정도 추측 항법을 할 수 있습니다.

어휘 **navigational**[nævəɡéiʃənl] 항해의 **strategy**[strǽtədʒi] 전략 **ranging from A to B** A에서 B에 이르는
determine[ditə́ːrmin] 알아내다, 밝히다 **external clue** 외부적인 단서 **be capable of** ~할 수 있다

강의 스크립트

🎧 실전모의고사 02_Q3.mp3

OK, so let's look at an example of this. There is a type of ant that lives in Tunisia that leaves its nest to find food. It can travel over a hundred meters but then return back to its nest correctly; every single time. Scientists performed a variety of tests to see how the ants were able to get back to their nest. There were no scent trails because of high winds and the area had no visual clues because it was a desert. Ants were trapped in a box for several hours to see if the ants could find their way back home even if the sun had moved, because—just maybe—they were using the sun's position as a guide. But even after the sun had moved, ants were able to find their way back to the nest with perfect accuracy. It's really pretty amazing but it appears that even though an ant's brain is just a couple of neurons, it somehow stores information about the distance that it has travelled only using the direction it took and the speed that it traveled in that direction.

해석 좋아요, 추측 항법에 대한 예시를 봅시다. 먹이를 찾기 위해서 그들의 집을 떠나는 튀니지에 사는 개미의 한 종류가 있습니다. 이 개미는 백 미터 이상을 이동하더라도 집으로 정확하게 다시 돌아올 수 있습니다, 매번 말이죠. 과학자들은 어떻게 개미가 그들의 집으로 다시 돌아오는지 보기 위해서 다양한 실험을 수행했습니다. 그곳에는 거센 바람으로 인해 냄새 자취도 없고 사막이다 보니 어떠한 시각적인 단서도 없었지요. 심지어 태양이 움직인 후에도 개미들이 집으로 돌아가는 길을 찾을 수 있는지 보기 위해 개미들은 몇 시간 동안이나 박스 안에 갇혀 있었어요, 왜냐하면, 아마도, 그들이 태양의 위치를 길잡이로 사용하고 있었기 때문이었습니다. 하지만 태양이 움직인 후에도, 개미들은 완벽히 정확하게 집으로 돌아가는 길을 찾을 수 있었습니다. 이것은 정말 놀랍습니다만, 비록 개미의 뇌가 단지 몇 개의 신경 세포들로만 이루어져 있을지라도, 개미가 택했던 방향과 그 방향으로 이동했던 속도만을 이용해 개미가 이동한 거리에 관한 정보를 어떤 방법으로든 저장하는 것으로 보입니다.

어휘 **a variety of** 다양한, 여러 가지의 **scent**[sent] (동물·사람 등이 지나간 뒤에 남기는) 냄새 **accuracy**[ǽkjurəsi] 정확 **neuron**[njúərɑn] 신경 세포
distance[dístəns] 거리 **direction**[dirékʃən] 방향

■ 읽기 노트

주제 ─ ● dead Reckoning
추측 항법

세부사항 ─ ● nav. Strat. → variety of Org.
→ use to correctly det. location
항해 전략 → 다양한 유기체
● → 위치를 정확하게 알아내기 위해 사용

■ 듣기 노트

예시 ─ ● ant → leave nest, find food
개미 → 집을 떠나, 먹이를 찾아

세부사항 ─ ● return every time
● X scent trail
X visual clues → desert
● sun move → find home
brain stores info → distance
매번 돌아 옴
● 냄새 자취 X
시각적 단서 X → 사막
● 태양 움직여도 → 집을 찾음
뇌에 정보를 저장 → 거리

■ 모범 답안

🎧 실전모의고사 02_R3.mp3

The reading passage is about dead reckoning, **which is** a navigational strategy used by a variety of organisms. It can be used to correctly determine location.

The speaker gives one example of this in the lecture.

He says that there is an ant in the desert that leaves its nest, finds its food, and returns home every time. The ant can do this even with no scent trail. Also, it lives in a desert, so there are no visual clues. Even when the sun moved, it could still find its way home. The ant's brain can store information about the distance it travels from the nest.

해석   읽기 지문은 추측 항법에 관한 것이며, 이것은 다양한 유기체들에 의해 사용되는 항해 전략이다. 이것은 위치를 정확하게 알아내기 위해 사용될 수 있다.

화자는 강의에서 이에 대한 예시 하나를 준다.

그는 집을 떠나 먹이를 찾아 매번 집으로 돌아오는 사막에 사는 개미가 있다고 말한다. 이 개미는 심지어 냄새 자취 없이도 이렇게 할 수 있다. 또한, 그것은 사막에 살기 때문에, 그곳에는 시각적인 단서들이 없다. 심지어 태양이 움직였을 때에도, 개미는 여전히 집으로 가는 길을 찾을 수 있었다. 개미의 뇌는 집에서부터 그것이 이동한 거리에 대한 정보를 저장할 수 있다.

선생님이 알려주는 점수보장 TIP

응시자들이 많이 하는 실수 중 하나는 노트 테이킹의 내용이 너무 복잡해 이를 활용하여 말로 설명하기 어렵다는 것입니다. 이 때에는 당황하지 말고 침착하게 노트테이킹의 내용 중 전달이 어려운 부분은 생략하는 것이 좋습니다.

Q4. 포식자에 대처하는 방법

강의 스크립트

🎧 실전모의고사 02_Q4.mp3

One of the top priorities of animals in the wild is the ability to avoid predators. Obviously the best way to avoid a predator is not to be near one. But, predators are masters of sneaking and ambushing. I want to talk about what happens when a predator is detected. Let's look at how two different animals deal with predators.

First, the deer is a common animal found throughout forests and they have very highly refined senses of smell, hearing, and sight. But, one of the first things they do is that if a predator has wandered into an area with a deer, it will stand completely still. It won't move at all and doesn't make any noise in the hope that a predator will simply miss it and move away. A mature buck's sense of smell is about 1,000 times better than a human's. Chances are they'll smell a predator before it smells the deer. And, while standing still, the predator might just walk right past it.

The African gazelle has evolved a different mechanism for avoiding predators. These animals are very fast. Their bodies are like highly wound springs and when a predator is detected, they run. In fact, they can reach speeds of up to 100 km/hr in short bursts and comfortably run at speeds of 60 km/hr. Predators can't maintain those kinds of speeds. While running, they jump into the air on all four legs and many scientists believe this behavior is a way of showing off to predators. It's basically saying "I'm in very good shape; you don't want to chase me."

해석 야생 동물들에게 최우선 순위 중 하나는 포식자를 피하는 능력입니다. 포식자를 피하는 최선의 방법은 당연히 포식자 근처에 있지 않는 것입니다. 하지만, 포식자들은 몰래 다가가서 매복하여 습격하는 데 일인자입니다. 저는 포식자가 발견될 때 어떤 일이 일어나는지 이야기해 보고자 합니다. 서로 다른 두 동물이 어떻게 포식자에 대처하는지 살펴보도록 합시다.

첫 번째로, 사슴은 숲 전역에서 발견되는 일반적인 동물이며 그들은 매우 고도로 정교한 후각, 청각, 시각을 가지고 있습니다. 하지만, 만약 포식자가 사슴이 있는 곳으로 어슬렁어슬렁 다가오면, 사슴이 첫 번째로 하는 일 중 하나는 완전히 가만히 서 있는 것입니다. 포식자가 그냥 지나쳐 가길 바라며 조금도 움직이지 않고 어떠한 소리도 내지 않을 것입니다. 다 자란 수사슴의 후각은 인간의 후각보다 천 배 정도 뛰어납니다. 아마 포식자가 사슴의 냄새를 맡기 전에 사슴이 포식자의 냄새를 맡을 것입니다. 그리고, 가만히 서 있는 동안, 포식자는 그냥 지나쳐 걸어갈 수도 있습니다.

아프리카 가젤은 포식자를 피하기 위한 다른 방법을 진화시켰습니다. 이 동물들은 매우 빠릅니다. 그들의 몸은 고도로 감긴 스프링과 같아서 포식자가 발견되면, 그들은 달립니다. 사실, 그들은 단시간에 시속 100킬로미터의 속도까지 도달할 수 있으며 시속 60킬로미터의 속도로 수월하게 달릴 수 있습니다. 포식자들은 이러한 속도를 유지할 수 없습니다. 뛰는 동안, 그들은 네 다리를 모두 공중으로 날아 올리는데 많은 과학자들은 이러한 행동이 포식자에게 과시하기 위한 한 방법이라고 생각합니다. 이것은 기본적으로 "난 매우 컨디션이 좋은 상태니까, 나를 뒤쫓아오고 싶지 않을 거야"라는 것을 의미합니다.

어휘 predator[prédətər] 포식자 sneak[sni:k] 몰래 다가가다 ambush[æmbuʃ] 매복하여 습격하다 detect[ditékt] 발견하다, 탐지하다
refined[rifáind] 정교한 still[still] 가만히 mature[mətjúər] 다 자란, 성숙한 mechanism[mékənizm] 방법, 체계
wind[waind] 감다, 돌리다 (과거형 wound) in short bursts 단시간 안에, 짧은 시간 안에 show off 과시하다, 자랑하다
chase[tʃeis] 뒤쫓다, 추격하다

■ 듣기 노트

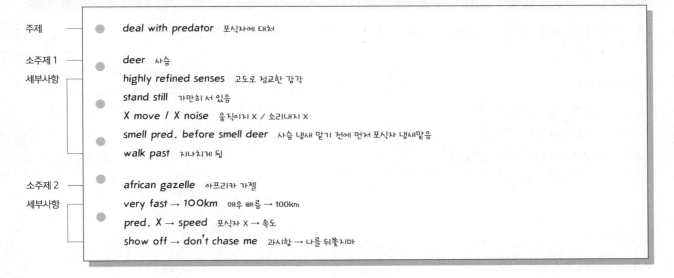

주제   ━━   ●   *deal with predator*   포식자에 대처

소주제 1   ━━   ●   *deer*   사슴

세부사항   *highly refined senses*   고도로 정교한 감각

●   *stand still*   가만히 서 있음

X move / X noise   움직이지 X / 소리내지 X

●   *smell pred. before smell deer*   사슴 냄새 맡기 전에 먼저 포식자 냄새맡음

walk past   지나치게 됨

소주제 2   ━━   ●   *african gazelle*   아프리카 가젤

세부사항   *very fast → 100km*   매우 빠름 → 100km

●   *pred. X → speed*   포식자 X → 속도

show off → don't chase me   과시함 → 나를 뒤쫓지마

■ 모범 답안

🎧 실전모의고사 02_R4.mp3

The lecture is about how the deer and gazelle react to predators.

First, she talks about deer. **She says that** deer have very highly refined senses. If it sees a predator, it stands completely still. It doesn't move and it doesn't make noise. It can smell predators before it smells the deer. So, the predator will just walk past.

Second, she talks about the African gazelle. **She says that** they are very fast. They can reach speeds up to 100 kilometers per hour. Predators cannot run at this speed. Gazelles also show off to predators. They tell predators not to chase them.

해석   강의는 사슴과 가젤이 어떻게 포식자에게 반응하는지에 관한 내용이다.

첫 번째로, 그녀는 사슴에 대해 이야기한다. 그녀는 사슴이 매우 고도로 정교한 감각을 가지고 있다고 말한다. 만약 사슴이 포식자를 보면, 그것은 완전히 가만히 서 있는다. 그것은 움직이지 않으며 소리를 내지 않는다. 포식자들이 사슴의 냄새를 맡기 전에 사슴이 포식자의 냄새를 맡을 수 있다. 그래서, 그 포식자는 그냥 지나쳐 가게 될 것이다.

두 번째로, 그녀는 아프리카 가젤에 대해 이야기한다. 그녀는 가젤들이 매우 빠르다고 말한다. 그들은 시속 100킬로미터의 속도까지 도달할 수 있다. 포식자들은 이 속도로 달릴 수 없다. 가젤은 또한 포식자들에게 과시한다. 그들은 포식자들에게 그들을 뒤쫓지 말라고 말한다.

앞서 학습한 내용을 바탕으로 자신의 답안에 대해 다음 사항을 점검하고 앞으로 개선해야 할 점을 확인해 보세요.

Question 1

하나의 특정한 예시를 잘 설명했는가?	☐ Yes	☐ No
자연스러운 대화체 억양을 사용했는가?	☐ Yes	☐ No
말하는 도중 멈추거나 머뭇거리지 않았는가?	☐ Yes	☐ No
안정되고 편안하게 말하도록 노력했는가?	☐ Yes	☐ No

Question 2

자연스러운 억양을 사용하였는가?	☐ Yes	☐ No
노트테이킹이 순조롭게 대답하는 데 도움이 되는가?	☐ Yes	☐ No
너무 빠르거나 성급하게 느껴지지 않는가?	☐ Yes	☐ No
듣기의 대화를 이해하는 데 집중하였는가?	☐ Yes	☐ No

Question 3

지문을 읽는 동안 관련 주제의 개념과 정의를 이해하고 적었는가?	☐ Yes	☐ No
임의로 추측해서 말하지 않고 확실한 세부사항만을 말했는가?	☐ Yes	☐ No
읽기 지문과 듣기의 예시 간의 관계를 정확히 이해했는가?	☐ Yes	☐ No
노트테이킹한 것을 보고 문법 실수 없이 문장으로 조리 있게 말했는가?	☐ Yes	☐ No

Question 4

제한 시간 안에 두 번째 예시의 설명까지 마쳤는가?	☐ Yes	☐ No
임의로 추측해서 말하지 않고 확실한 세부사항만을 말했는가?	☐ Yes	☐ No
답변의 서론에서 너무 많은 시간을 쓰지 않았는가?	☐ Yes	☐ No
노트테이킹한 것을 보고 문법 실수 없이 문장으로 조리 있게 말했는가?	☐ Yes	☐ No

실전모의고사
03

SELF-EVALUATION LIST

Q1. 프로젝트 그룹 지정

Question

For group projects, do you think teachers should assign groups or that students should be allowed to make their own?

그룹 프로젝트를 위해서, 당신은 교수님들이 그룹들을 지정해 주어야 한다고 생각합니까? 아니면 학생들이 스스로 그룹을 정하도록 허용해 주어야 한다고 생각합니까?

■ 아웃라인

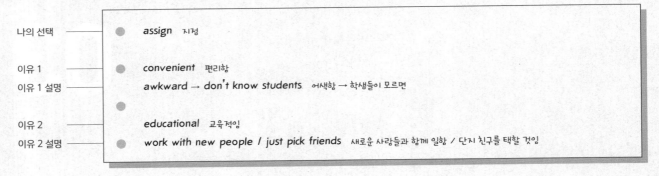

나의 선택 ── ● **assign** 지정

이유 1 ── ● **convenient** 편리함
이유 1 설명 ── **awkward → don't know students** 어색함 → 학생들이 모르면
●
이유 2 ── ● **educational** 교육적임
이유 2 설명 ── ● **work with new people / just pick friends** 새로운 사람들과 함께 일함 / 단지 친구를 택할 것임

■ 모범 답안

I think that teachers should assign groups for group projects.

First of all, it's more convenient. **What I mean is that** it's very awkward to make groups in classes when students don't know each other very well.

Also, another reason is because it's educational. **In other words,** a student would be able to learn how to work with new people. Most students will just pick their friends when given the chance to pick their own groups.

해석   나는 교수님들이 그룹 프로젝트를 위한 그룹을 지정해 주어야 한다고 생각한다.

우선, 그것은 더욱 편리하다. 무슨 의미인가 하면, 학생들이 서로를 매우 잘 모르는 경우에 수업 중 그룹을 정하는 것은 매우 어색하다.

또한, 또 다른 이유는, 그것은 교육적이기 때문이다. 다시 말해서, 학생은 어떻게 새로운 사람들과 함께 일하는지를 배울 수 있을 것이다. 학생들에게 스스로 그룹의 일원들을 선택할 기회가 주어지면 대부분의 학생들은 단지 그들의 친구들을 선택할 것이다.

어휘   **assign**[əsáin] 지정하다   **awkward**[ɔ́:kwərd] 어색한, 서투른   **educational**[èdʒukéiʃən] 교육적인   **pick**[pik] 선택하다, 고르다

선생님이 알려주는 점수보장 TIP

단어와 발음 사이에 갑작스럽게 끊기는 현상이 있을 때 감점의 요인이 됩니다. 너무 빠르게 말할 경우 오히려 더 끊김 현상이 생길 수 있으므로, 대답을 할 때는 여유를 가지고 천천히 대답하는 것이 좋습니다.

Q2. 컴퓨터실 사용 방침

* 녹색으로 하이라이트된 부분은 지문의 주요 부분으로 노트에 작성해야 하는 부분입니다.

■ 읽기 지문

Dear administration,

My name is Dane Markel, and I'm currently a junior at the school. There should be a strict policy that students only do school related activities in the computer lab. The last time I went to the lab, more than half of the machines were being used by students to play some game called *League of Legends*. First of all, it's really distracting. Also, I think that if students were required to only do schoolwork in the lab, it would also be a lot quieter for everyone else trying to do their work.

해석　관계자께,

제 이름은 Dane Markel입니다, 그리고 저는 현재 이 학교 3학년 학생입니다. 저는 학생들이 컴퓨터실에서 학교 관련 활동들만 해야 한다는 엄격한 방침이 있어야 한다고 생각합니다. 지난번에 컴퓨터실에 갔을 때, 기계들의 반 이상이 *리그 오브 레전드*라는 게임을 하는 학생들에 의해 사용되고 있었습니다. 무엇보다, 그것은 너무 산만하게 합니다. 또한, 저는 학생들이 컴퓨터실에서 학교 공부만 하도록 요구된다면, 다른 모든 사람들에게 그들의 공부를 하기에 훨씬 더 조용해 질 것이라고 생각합니다.

어휘　currently[kə́:rəntli] 현재, 지금　junior[dʒú:njər] (4년제 대학의) 3학년 학생　strict[stríkt] 엄격한　policy[páləsi] 방침, 정책
distracting[distrǽktiŋ] (정신을) 산만하게 하는, 집중할 수 없는

■ 대화 스크립트

🎧 실전모의고사 03_Q2.mp3

W: Hey, did you read the letter that junior wrote about the lab?
M: Yeah, I did. But, I totally disagree.
W: What? Really? I thought it made sense.
M: Yeah, it does. But the thing is no one plays video games in the lab until really late at night; like past midnight. The lab's open 24 hours a day. The kids that play video games wait until students are gone. So the guy that wrote the letter probably went late at night. Also, they always sit together. He should've just sat in the part of the lab that's empty where there were no students.
W: What about the sound, though? Isn't it loud if everyone is playing games?
M: Not at all, I mean, they talk together. But, any study group that makes presentations in the lab gets about that loud. He makes it sound like they're yelling in the lab, and they really don't. The level of noise they make is completely acceptable.

해석　여: 저기, 3학년생이 컴퓨터실에 관해 쓴 편지를 읽어 보았니?
남: 응, 읽었어. 하지만, 난 완전히 반대야.
여: 뭐라고? 정말? 난 그것이 일리가 있다고 생각했어.
남: 그래, 일리가 있어. 하지만 문제는 컴퓨터실에서 매우 늦은 밤이 되기 전까지는 아무도 비디오 게임을 하지 않는다는 거야, 자정이 넘어서까지 말이야. 컴퓨터실은 하루 24시간 열려 있어. 비디오 게임을 하는 아이들은 학생들이 갈 때까지 기다려. 그 편지를 쓴 남자는 아마 밤늦게 컴퓨터실에 갔을 거야. 또한, 그들은 항상 같이 붙어 앉아. 그는 컴퓨터실에 학생이 없어 비어 있는 공간에 앉았어야만 했어.
여: 하지만, 소리는 어떻게 할 거야? 모두가 게임을 하면 시끄럽지 않을까?
남: 전혀, 내 말은, 그들은 함께 이야기를 해. 하지만, 컴퓨터실에서 발표하는 어떤 스터디 그룹이라도 그 정도로는 시끄러워진다고. 그는 마치 그들이 컴퓨터실에서 소리를 지르고 있는 것 같이 말하는데, 그들은 사실 그렇게 하지는 않아. 그들이 만드는 소음의 수준은 완전히 허용할 만한 수준이야.

어휘　make sense 일리가 있다, 말이 되다　presentation[prèzəntéiʃən] 발표　acceptable[əkséptəbl] 허용할 수 있는, 용인되는

■ 읽기 노트

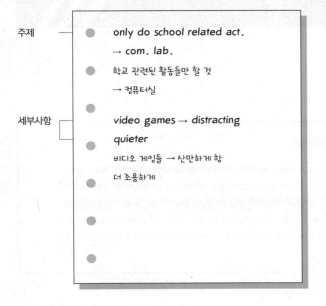

주제 ──
- only do school related act.
  → com. lab.
- 학교 관련된 활동들만 할 것
  → 컴퓨터실

세부사항 ──
- video games → distracting
- quieter
- 비디오 게임들 → 산만하게 함
- 더 조용하게

■ 듣기 노트

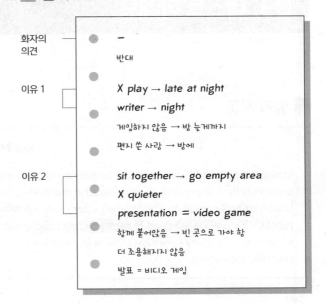

화자의
의견 ──
- –
- 반대

이유 1 ──
- X play → late at night
- writer → night
- 게임하지 않음 → 밤 늦게까지
- 편지 쓴 사람 → 밤에

이유 2 ──
- sit together → go empty area
- X quieter
- presentation = video game
- 함께 붙어앉음 → 빈 곳으로 가야 함
- 더 조용해지지 않음
- 발표 = 비디오 게임

■ 모범 답안

🎧 실전모의고사 03_R2.mp3

The letter is about why it is good if only school related activities were done in the computer lab because students playing video games are distracting and the lab would be quieter.

The man in the conversation thinks that this proposal is a bad idea and talks about why he thinks so.

First, one of the things that he says is that no one plays video games until very late at night. Also, the students that play video games sit together. The person who wrote the letter should have sat in the empty area of the lab.

Also, a second thing he mentions is that the lab would not be any quieter. He says that making presentations in the lab is as loud as students playing games.

해석   편지는 비디오 게임을 하는 학생들이 산만하게 하며 컴퓨터실이 더 조용해질 것이므로 컴퓨터실에서 학교 관련 활동들만 하도록 한다면 왜 좋은지에 관한 것이다.

대화에서 남자는 이러한 변화가 좋지 않다고 생각하며 그가 그렇게 생각하는 이유에 대해 말한다.

첫 번째로, 그가 말하는 것 중 한 가지는 정말 밤늦게까지 비디오 게임을 하는 사람이 없다는 점이다. 또한, 비디오 게임을 하는 학생들은 함께 붙어 앉는다. 이 편지를 쓴 사람은 컴퓨터실의 비어 있는 공간에 앉았어야만 했다.

또한, 두 번째로 그가 언급하는 것은 컴퓨터실이 더 조용해지지는 않을 것이라는 점이다. 그는 컴퓨터실에서 발표하는 것이 비디오 게임을 하는 학생들만큼 시끄럽다고 말한다.

선생님이 알려주는 점수보장 TIP

대화 문제에서도 끊기는 현상은 감점의 요인이 됩니다. 또한 노트테이킹을 할 때에는 많이 쓰는 것이 대답을 하는데 도움이 되는지, 요점만 간략하게 쓰는 것이 도움이 되는지 본인의 성향에 적합한 방식을 선택해야 합니다. 긴 노트테이킹을 하는 것이 반드시 가장 좋은 방법은 아닐 수 있습니다.

Q3. 테스트 마케팅

읽기 지문

Test Marketing

In many situations before a product is released to consumers, companies will attempt to analyze where the best position is for that product to be released in the market. In these cases, companies will often engage in a practice known as *test-marketing*. This is when a company will select a group of individuals that are most likely to buy the product. They will invite them to try the product and ask for feedback. Depending on the type of feedback that they receive, the company may even choose to make alterations to the final product to make it even more appealing to potential consumers.

해석

테스트 마케팅

많은 경우 한 제품이 소비자에게 출시되기 전에, 회사들은 그 제품이 시장에 출시되기에 가장 좋은 위치가 어디인지 분석하기를 시도할 것입니다. 이러한 경우에, 회사들은 주로 *테스트 마케팅*이라고 알려진 관행에 참여할 것입니다. 이것은 바로 회사가 그 제품을 살 가능성이 높은 사람들로 구성된 하나의 집단을 선정해야 하는 경우입니다. 회사는 상품을 시연해 보기 위해 그들을 초대하고 피드백을 요청할 것입니다. 그들이 받는 피드백의 종류에 따라, 회사는 잠재적인 고객들에게 제품을 훨씬 더 매력적으로 만들기 위해 심지어 최종 제품을 수정하도록 결정할 수 있습니다.

어휘   release[rilíːs] 출시하다, 공개하다   attempt[ətémpt] 시도하다, ~해 보다   analyze[ǽnəlàiz] 분석하다, 조사하다
engage in ~에 참여하다, ~에 관여하다   practice[prǽktis] 관행, 관례   be most likely to 가장 ~할 것 같다
ask for ~을 요청하다, ~을 묻다   alteration[ɔ̀ːltəréiʃən] 수정, 변경, 개조   appealing[əpíːliŋ] 매력적인, 마음을 끄는

강의 스크립트

🎧 실전모의고사 03_Q3.mp3

I actually had an experience with this once. When I helped open a new steakhouse in an area, we invited some people in the area to come and try food from our menu for free. When we were planning our menu and thinking about what would be popular with customers, we thought that the steaks would easily be the most popular thing on the menu. And, they were. But, what we didn't expect was that people said equally good things about the ribs. We weren't even sure if we were going to put the ribs on our final menu. But, we just wanted to see how people would react to it. Well, people loved them. But, people said that they wished that the ribs came with more sauces. And well, we just didn't predict that kind of response. Making a few sauces wasn't too hard for our chef. So, by the time we opened, we had an easy-to-see area for the ribs on our menu. And, it came with 4 sauces. I think that by the end of the first month, our ribs were selling almost as much as the steaks.

해석   저는 실제로 이런 경험이 한 번 있습니다. 제가 어떤 지역의 새로운 스테이크 하우스가 개점하는 것을 도와주었을 때, 우리는 이 지역에 있는 몇몇 사람들을 초대하여 와서 메뉴에 있는 음식을 무료로 시식하도록 하였습니다. 우리가 메뉴를 계획하고 무엇이 손님들에게 인기가 있을지 생각했을 때, 우리는 스테이크가 메뉴에서 틀림없이 가장 인기가 있을 것이라고 생각했습니다. 그리고, 스테이크는 인기가 있었습니다. 하지만, 저희가 예상하지 못했던 것은 사람들이 갈비에 대해서도 좋은 점들을 똑같이 말한 것입니다. 우리는 갈비를 우리의 최종 메뉴에 넣어야 할지 말아야 할지를 확신하지 못했습니다. 하지만, 우리는 단지 사람들이 어떻게 갈비에 반응하는지 보기를 원했습니다. 음, 사람들은 갈비를 좋아해 주었습니다. 하지만, 그들은 갈비가 더 많은 소스와 함께 나오기를 바란다고 말했습니다. 그리고 음, 우리는 그런 종류의 대답을 단지 예측하지 못했던 것입니다. 몇 가지 소스를 만드는 것은 우리 요리사에게 그리 어렵지 않았습니다. 그래서, 우리가 개점할 무렵에, 우리는 우리의 메뉴판에 갈비를 보기 쉬운 곳에 두었습니다. 그리고, 갈비는 4가지 소스와 함께 나왔습니다. 제 생각에 첫 번째 달 말까지, 우리 가게의 갈비는 거의 스테이크만큼 많이 팔렸습니다.

어휘   equally[íːkwəli] 똑같이, 마찬가지로   predict[pridíkt] 예측하다, 예상하다

읽기 노트

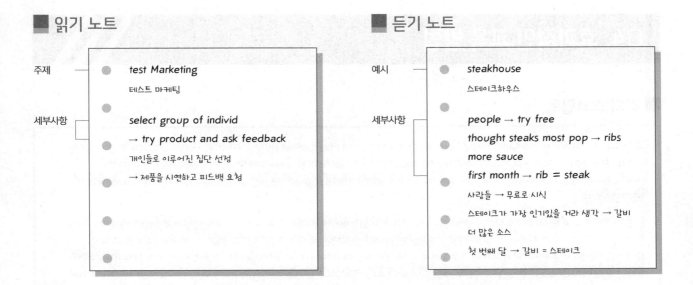

주제	● test Marketing 테스트 마케팅
세부사항	● select group of individ → try product and ask feedback 개인들로 이루어진 집단 선정 → 제품을 시연하고 피드백 요청

듣기 노트

예시	● steakhouse 스테이크하우스
세부사항	● people → try free thought steaks most pop → ribs more sauce first month → rib = steak 사람들 → 무료로 시식 스테이크가 가장 인기있을 거라 생각 → 갈비 더 많은 소스 첫 번째 달 → 갈비 = 스테이크

모범 답안

🎧 실전모의고사 03_R3.mp3

The reading passage is about test marketing, **which is** selecting a group of individuals to try a product and ask for feedback.

The speaker gives one example of this in the lecture.

She says that she had an experience at a steakhouse. They invited people to try food for free. They thought the steaks would be the most popular food, but many people liked the ribs. But, they said that the ribs should have more sauces. The steakhouse made the change and after the first month, the ribs sold as much as the steaks.

해석   읽기 지문은 테스트 마케팅에 관한 것이며, 이것은 제품을 시연하고 피드백을 요청하기 위해 개인들로 이루어진 하나의 집단을 선정하는 것이다.

화자는 강의에서 이에 대한 예시 하나를 준다.

그녀는 스테이크 하우스에서 일한 경험이 있다고 말한다. 그들은 사람들을 초대하여 음식을 무료로 시식하도록 하였다. 그들은 스테이크가 가장 인기 있는 음식일 것이라 생각했지만, 많은 사람들이 갈비를 좋아했다. 하지만, 그들은 갈비에 더 많은 소스가 있어야 한다고 말했다. 스테이크 하우스는 수정을 했고 첫 번째 번째 달 이후에, 갈비는 스테이크만큼 많이 팔렸다.

선생님이 알려주는 점수보장 TIP

채점자가 내용을 이해만 할 수 있다면 강의 문제에서는 끊김 현상(pausing)이 감점 요인이 되지 않습니다. 대화하듯이 이야기하는 것 보다 강의 내용을 정확하게 전달하는 것이 더욱 중요합니다.

Q4. 효과적인 교육 방법

■ 강의 스크립트

🎧 실전모의고사 03_Q4.mp3

Effective methods of education vary from student to student and it takes quite a bit of experimentation for teachers to find the right fit for their students. It's also important for teachers to evaluate their students and to provide useful feedback. For today, I want to talk about two methods of evaluation that yield positive results in a variety of applications.

First, teachers should provide evaluations within a short period of time. This way the students can remember what they did and try to adjust. For example, if a history teacher gives students an essay test, then the test should be graded, corrected, and returned to the student as quickly as possible. In one case, the paper is returned the same day. Here the student is likely to have very little difficulty understanding the corrections fully. But, let's say the paper is returned to the student after two weeks. Well, the student will probably have a harder time remembering what they were thinking about two weeks ago.

OK, the second method is any evaluations should focus on the errors in the work and not on the student. So, back to that history essay test. Maybe the student presented an example that didn't really have anything to do with the topic. Well, the teacher should not tell the student that they did not understand the assignment because that would make the student feel like they are being negatively evaluated. Instead, the teacher should say that the example is not very relevant to this topic. Even better, the teacher could offer different ways to make a more appropriate example.

해석 효과적인 교육 방법은 학생마다 각기 다르며 선생님들이 학생들에게 맞는 방법을 찾는 데 어느 정도 약간의 실험이 필요합니다. 선생님들이 그들의 학생들을 평가하고 도움이 되는 피드백을 주는 것 또한 중요합니다. 오늘은, 다양한 적용 상황에서 긍정적인 결과들을 낼 수 있는 두 가지 평가 방법에 대해 이야기해 보고자 합니다.

첫째, 선생님들은 짧은 시간 내에 평가를 제공해야 합니다. 이렇게 하면 학생들은 그들이 했던 것을 기억하고 바로잡기 위해 노력할 수 있습니다. 예를 들어, 만약 역사 선생님이 학생들에게 논술 시험을 낸다면, 그 시험지는 가능한 한 빨리 성적이 매겨지고, 교정되어, 학생들에게 돌려줘야 합니다. 어떤 경우, 시험지가 당일에 돌려 보내지기도 합니다. 이렇게 하면 학생들이 교정 사항들을 완전히 이해하는 데 거의 어려움이 없을 것입니다. 그런데, 시험지가 학생들에게 2주 후에 반환된다고 해 봅시다. 글쎄요, 학생은 아마 2주 전에 그들이 무엇을 생각하고 있었는지 기억해 내는 데 어려움이 있을 것입니다.

네, 두 번째 방법은 어떠한 평가라도 학생이 아닌 학생의 과제의 실수에 집중해야 합니다. 그럼, 다시 역사 논술 시험 이야기로 돌아가 보겠습니다. 아마 그 학생은 주제와 전혀 상관이 없는 예시를 제시할지도 모릅니다. 그럼, 선생님은 학생에게 학생이 과제를 이해하지 못했다고 말해서는 안 되는데, 그 이유는 학생들이 부정적으로 평가받고 있다고 느끼도록 만들 수 있기 때문입니다. 대신에, 선생님은 그 예시가 주제와 그다지 관련이 없다고 말해야 합니다. 더 좋은 방법으로, 선생님이 더 적절한 예시를 만드는 다른 방법들을 제시해 줄 수 있습니다.

어휘 vary[vέəri] 각기 다르다, 달라지다   evaluate[ivǽljuèit] 평가하다   yield[ji:ld] (결과 등을) 내다, 산출하다, 생산하다
application[ӕpləkéiʃən] 적용, 응용   adjust[ədʒʎst] 바로잡다, 조정하다   present[pri:zɛ́nt] 제시하다, 제출하다
relevant[réləvənt] 관련 있는, 적절한   appropriate[əpróuprièit] 적절한

■ 듣기 노트

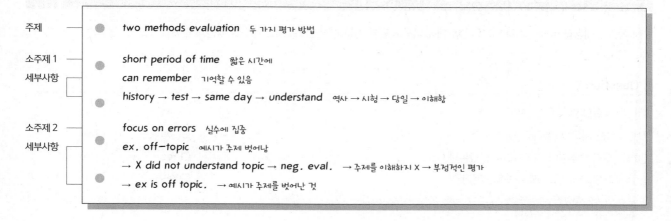

주제 ── ● two methods evaluation 두 가지 평가 방법

소주제 1 ── ● short period of time 짧은 시간에
세부사항 ──┐ can remember 기억할 수 있음
          └─ ● history → test → same day → understand 역사 → 시험 → 당일 → 이해함

소주제 2 ── ● focus on errors 실수에 집중
세부사항 ──┐ ex. off-topic 예시가 주제 벗어남
          │ → X did not understand topic → neg. eval. → 주제를 이해하지 X → 부정적인 평가
          └─ ● → ex is off topic. → 예시가 주제를 벗어난 것

■ 모범 답안

🎧 실전모의고사 03_R4.mp3

The lecture is about two methods of evaluation.

First, he talks about providing evaluations in a short time. **He says that** students can remember more easily. For example, if there is a history test, the teacher should return the test within the same day. The student will understand the corrections. But, after two weeks, they will have a harder time understanding.

Second, he talks about focusing on errors. **He says that** if an example is off topic, the teacher should not say the student didn't understand the topic. The student will feel negative feelings. They should just say the example was off topic.

해석   강의는 평가의 두 가지 방법에 관한 내용이다.

첫 번째로, 그는 짧은 시간 내에 평가를 제공하는 것에 대해 이야기한다. 그는 학생들이 더 쉽게 기억할 수 있다고 말한다. 예를 들어, 역사 시험이 있다면, 선생님은 당일에 시험지를 돌려주어야만 한다. 학생들은 수정 사항들을 이해할 것이다. 하지만, 2주가 지나면, 그들은 이해하는 데 더욱 어려움을 갖게 될 것이다.

두 번째로, 그는 실수에 집중하는 것에 대해 이야기한다. 그는 만약 예시가 주제에서 벗어난다면, 선생님은 학생이 주제를 이해하지 못했다고 말해서는 안 된다고 말한다. 그 학생은 부정적인 감정을 느낄 것이다. 그들은 단지 그 예시가 주제에서 벗어난 것이라고 말해야 한다.

앞서 학습한 내용을 바탕으로 자신의 답안에 대해 다음 사항을 점검하고 앞으로 개선해야 할 점을 확인해 보세요.

Question 1

하나의 특정한 예시를 잘 설명했는가?	☐ Yes	☐ No
자연스러운 대화체 억양을 사용했는가?	☐ Yes	☐ No
말하는 도중 멈추거나 머뭇거리지 않았는가?	☐ Yes	☐ No
안정되고 편안하게 말하도록 노력했는가?	☐ Yes	☐ No

Question 2

자연스러운 억양을 사용하였는가?	☐ Yes	☐ No
노트테이킹이 순조롭게 대답하는 데 도움이 되는가?	☐ Yes	☐ No
너무 빠르거나 성급하게 느껴지지 않는가?	☐ Yes	☐ No
듣기의 대화를 이해하는 데 집중하였는가?	☐ Yes	☐ No

Question 3

지문을 읽는 동안 관련 주제의 개념과 정의를 이해하고 적었는가?	☐ Yes	☐ No
임의로 추측해서 말하지 않고 확실한 세부사항만을 말했는가?	☐ Yes	☐ No
읽기 지문과 듣기의 예시 간의 관계를 정확히 이해했는가?	☐ Yes	☐ No
노트테이킹한 것을 보고 문법 실수 없이 문장으로 조리 있게 말했는가?	☐ Yes	☐ No

Question 4

제한 시간 안에 두 번째 예시의 설명까지 마쳤는가?	☐ Yes	☐ No
임의로 추측해서 말하지 않고 확실한 세부사항만을 말했는가?	☐ Yes	☐ No
답변의 서론에서 너무 많은 시간을 쓰지 않았는가?	☐ Yes	☐ No
노트테이킹한 것을 보고 문법 실수 없이 문장으로 조리 있게 말했는가?	☐ Yes	☐ No

스타토플 실전 SPEAKING

실전모의고사

04

SELF-EVALUATION LIST

Q1. 대도시 vs. 작은 마을

Question

Do you agree or disagree with the following statement: **Big cities provide a higher quality of life than small towns.**

다음 진술에 동의합니까 아니면 반대합니까: 대도시가 작은 마을보다 더 높은 삶의 질을 제공한다.

■ 아웃라인

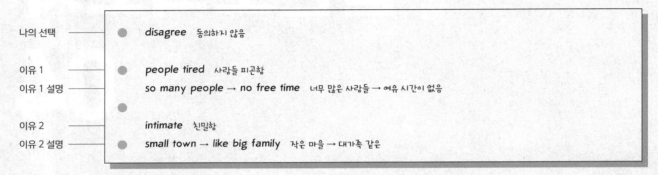

나의 선택	● *disagree* 동의하지 않음
이유 1	● *people tired* 사람들 피곤함
이유 1 설명	*so many people → no free time* 너무 많은 사람들 → 여유 시간이 없음
	●
이유 2	*intimate* 친밀함
이유 2 설명	● *small town → like big family* 작은 마을 → 대가족 같은

모범 답안

I disagree that big cities provide a higher quality of life.

First of all, people in big cities always seem tired. **What I mean is that** there are so many people. You have so many different relationships to manage so that you never really have any free time.

Another reason is because small towns are more intimate. **In other words,** I come from a small town, and everyone knows everyone. It feels more like a really big family. That's just not possible in very big cities.

해석 나는 대도시가 더 높은 삶의 질을 제공한다는 사실에 동의하지 않는다.

우선, 대도시의 사람들은 항상 피곤해 보인다. 무슨 의미인가 하면, 대도시에는 사람들이 너무 많다. 당신은 관리해야 할 너무 많은 서로 다른 관계들을 갖고 있기 때문에 결코 어떠한 여유 시간도 가지지 못한다.

또 다른 이유는, 작은 마을이 좀 더 친밀하기 때문이다. 다시 말해서, 나는 작은 마을에서 왔는데, 그곳에서는 모든 사람들이 서로를 알고 있다. 그것은 마치 대가족과 같은 느낌이다. 이런 것들이 매우 큰 도시에서는 불가능하다.

어휘 provide[prəváid] 제공하다 quality[kwáləti] 질, 품질 tired[taiərd] 피곤한 relationship[riléiʃənʃip] 관계
manage[mǽnidʒ] 관리하다, 운영하다 intimate[íntəmət] 친밀한

선생님이 알려주는 점수보장 TIP

Q1은 준비 시간이 매우 짧습니다. 그 시간 안에 노트테이킹을 할 수 없을 가능성이 높습니다. 대신 그 시간 동안 어떤 예시를 준비해서 설명할 것인지 미리 준비하는 것이 좋습니다. Q1에서 구체적인 예시 하나는 반드시 제공되어야 합니다.

Q2. 학생 개인 트레이너 프로그램

* 녹색으로 하이라이트된 부분은 지문의 주요 부분으로 노트에 작성해야 하는 부분입니다.

■ 읽기 지문

New Program for Student Trainers in the School Gym

The university has decided to begin a student personal trainer program in the student gym. In order to increase physical awareness at school, the university would like to ask students to help other students learn how to properly exercise and maintain healthy lifestyles. One of the benefits is that work will be paid at the standard university pay rate, so this is not a volunteer position. Secondly, all hires will be allowed to bring immediate family members to work out at the gym for free.

해석

학교 체육관의 학생 트레이너들을 위한 새로운 프로그램

우리 대학은 학생 체육관에서 학생 개인 트레이너 프로그램을 시작하기로 결정하였습니다. 학교에서 신체 상태에 대한 관심을 높이기 위하여, 대학은 학생들에게 올바르게 운동하고 건강한 생활 방식을 유지하는 방법을 다른 학생들이 배울 수 있도록 도와주기를 요청하고자 합니다. 이 일의 혜택 중 하나는 이 일은 표준 대학 임금률에 따라 보수를 받게 되므로, 이것이 자원봉사직은 아니라는 것입니다. 두 번째로, 모든 고용된 학생들은 직계 가족들을 데려와 체육관에서 무료로 운동하는 것이 허용될 것입니다.

어휘 awareness[əwɛ́ərnis] 관심, 인식 properly[prápərli] 올바르게, 적절하게 pay rate 임금률 immediate family member 직계 가족

■ 대화 스크립트

🎧 실전모의고사 04_Q2.mp3

M: So, it looks like we're gonna have personal trainers in the gym?

W: Yeah. But, I mean, it doesn't really sound like a good idea to me.

M: What? Why not?

W: Well, teaching people how to work out—I mean, you're gonna need some pretty committed student employees. But, the standard university pay rate is really low. I think it's like 8 bucks an hour. And, well, students can make a lot more just working for a real gym. So, I dunno, I don't know if any people would be that enthusiastic to work for our gym, you know?

M: Oh, you're right, I didn't even think about that. They could just go work for the gym downtown. But, they can get their family in for free, right?

W: Mm-hmm, I mean, that's great. But the problem is the gym is always crowded right now anyway. And that's just students that are using it. I think that if you bring more people to work out, people are gonna start complaining about the long lines.

해석 남: 그러니까, 학교 체육관에 개인 트레이너들이 생기게 된다는 것 같은데?

여: 그래. 하지만, 그게, 나에게는 사실 좋은 생각 같이 들리진 않아.

남: 뭐라고? 왜 좋지 않아?

여: 음, 사람들에게 어떻게 운동하는지 가르친다는 것은, 내 생각엔, 정말 헌신적인 학생 직원들이 필요할 거야. 하지만, 표준 대학 임금률은 매우 낮아. 내 생각에 한 시간에 8달러 정도였던 것 같아. 그리고, 음, 학생들은 일반 체육관에서 일하는 것만으로도 돈을 훨씬 더 많이 벌 수 있어. 그러니까, 글쎄, 학교 체육관에서 일하는 데 누가 그렇게 열정적일지 나는 모르겠단 말이야.

남: 아, 네 말이 맞아, 나는 그것에 대해 생각해 본 적조차 없어. 그들은 그냥 시내에 있는 체육관에 일하러 갈 수 있어. 하지만, 그들은 그들의 가족을 무료로 데리고 올 수도 있어, 그렇지?

여: 음, 내 말은, 그것은 좋지. 하지만 문제는 체육관이 어쨌든 지금도 항상 복잡하다는 거야. 그리고 그게 학생들만 이용하고 있는데도 말이지. 내 생각에 만약 더 많은 사람들을 데려와서 운동한다면, 사람들은 긴 줄을 기다리는 것에 대해 불평하기 시작할 거야.

어휘 committed[kəmitid] 헌신적인, 열정적인 enthusiastic[krɑ́udid] 열정적인 crowded[krɑ́udid] 복잡한, 붐비는

■ 읽기 노트

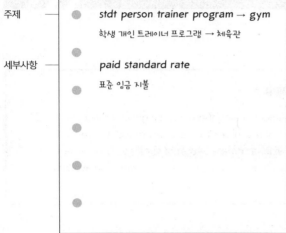

주제	● stdt person trainer program → gym
	학생 개인 트레이너 프로그램 → 체육관
세부사항	● paid standard rate
	표준 임금 지불

■ 듣기 노트

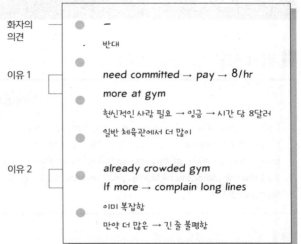

화자의 의견	● —
	● 반대
이유 1	● need committed → pay → 8/hr
	more at gym
	헌신적인 사람 필요 → 임금 → 시간 당 8달러
	일반 체육관에서 더 많이
이유 2	● already crowded gym
	If more → complain long lines
	이미 복잡함
	만약 더 많은 → 긴 줄 불평함

■ 모범 답안

🎧 실전모의고사 04_R2.mp3

The reading says the school will have a student personal trainer program at the student gym. It will pay the standard rate.

The woman in the conversation thinks that this change is a bad idea and talks about why she thinks so.

First, one of the things that she says is that they need committed students but the pay rate is only 8 bucks an hour. Students make more money working at a regular gym.

Also, a second thing she mentions is that gym is always crowded right now. If more people use the gym, people will start complaining about the long lines.

해석   지문은 학교가 학생 체육관에서 학생 개인 트레이너 프로그램을 열 것이라고 말한다. 학교는 표준 임금률로 지불할 것이다.

대화에서 여자는 이러한 변화가 좋지 않다고 생각하며 그녀는 그렇게 생각하는 이유에 대해 말한다.

첫 번째로, 그녀가 말하는 것 중 한 가지는 그들은 헌신적인 학생들을 필요로 하지만 임금률이 시간당 8달러밖에 되지 않는다는 점이다. 학생들은 일반 체육관에서 일하면 더 많은 돈을 번다.

또한, 두 번째로 그녀가 언급하는 것은 체육관이 지금도 항상 복잡하다는 점이다. 만약 더 많은 사람들이 체육관을 사용한다면, 사람들은 긴 줄을 기다리는 것에 대해 불평하기 시작할 것이다.

선생님이 알려주는 점수보장 TIP

준비하는 시간이 Q1보다 길기 때문에 대화 문제에서는 노트테이킹을 보며 실제 대답을 하는 것 처럼 한 번 연습해 보는 것이 좋습니다.

Q3. 통합 농업

■ 읽기 지문

Integrated Farming

Farmers will often raise animals and crops on the same farm but neglect seeing them as a single unified entity. Farmers will use resources to raise their animals and a separate set of resources to raise their crops. However, in integrated farming, all farming activities are combined together in order to create a form of synergy. This will ensure that the overall costs of farming will reduce while simultaneously resulting in higher productivity from the available resources.

해석

통합 농업

농부들은 주로 같은 농장에서 동물과 농작물을 키우지만 그들을 하나의 통일된 개체로 생각하지는 않는다. 농부들은 동물들을 키울 자원을 사용할 것이며 그들의 농작물을 키우기 위한 별개의 자원을 사용할 것이다. 하지만, 통합 농업에서는, 모든 농업 활동이 시너지의 형태를 만들어 내기 위해 모두 결합된다. 이것은 이용 가능한 자원으로부터 더 높은 생산성을 야기하는 동시에 농업의 전반적인 비용이 감소되는 것을 보장해 줄 것이다.

어휘 integrated[íntəgrèitid] 통합된 raise[réiz] 키우다, 기르다 neglect[niglékt] ~하지 않다, 도외시하다 unified entity 통일된 개체 combine[kəmbáin] 결합하다 synergy[sinərdʒi] 시너지, 시너지 효과, 동반 상승 효과 ensure[enʃúər] 보장하다, 반드시 ~하게 하다 simultaneously[sàiməltéiniəsli] 동시에 productivity[pròudʌktívəti] 생산성

■ 강의 스크립트

🎧 실전모의고사 04_Q3.mp3

Right, so we need some examples of this. There was a small farm in Africa that attracted the interest of experts in integrated farming from all over the world. The farm contained several different species ranging from fish to pigs and cows to crops and had its own nearby water supply. The waste from the animals was used to fertilize the crops and the crops could be used to feed the fish and the animals in a completely self-sustaining system. And of course, any extra that was produced could be used by humans.

Another example was a farm in Vermont. This farm had a large variety of animals on their farm and they also grew crops. One type of animal on the farm was miniature dairy goats. These animals were especially good at getting rid of blackberry bushes, which are pests that grow very quickly. Well, something unexpected happened, it turned out that by having the goats eat the blackberry bushes, their milk tasted better, which also meant that it sold more. Oh, and the farmer didn't have to treat his fields with any pesticides.

해석 좋습니다, 이에 대한 몇몇 예시가 필요하겠네요. 전 세계 통합 농업 전문가들의 관심을 끌었던 아프리카의 한 작은 농장이 있었습니다. 그 농장에는 물고기에서 돼지와 소, 그리고 농작물에 이르는 몇몇 다른 종들이 있었고 농장 소유의 인근 상수도도 있었습니다. 완전 자급자족 시스템으로 동물에서 나오는 오물은 농작물에 비료로 주었고 농작물들은 물고기와 동물에게 먹이로 주기 위해 사용되었습니다. 그리고 물론, 생산되고 남은 여분은 인간에 의해 사용될 수 있었습니다.

또 다른 예시는 버몬트에 있는 한 농장입니다. 이 농장에는 다양한 많은 종류의 동물들이 있었고 그들은 농작물도 재배했습니다. 농장의 동물 중 하나는 작은 낙농업 염소였습니다. 이 동물들은 블랙베리 덩굴을 제거하는 데 특히 효과적이었는데, 이 덩굴은 매우 빨리 성장하는 해충이었습니다. 그런데, 예상치 못한 일이 일어났는데, 염소들에게 블랙베리 덩굴을 먹게 함으로써, 염소 우유의 맛이 좋아졌음이 밝혀졌고, 이는 또한 우유가 더 많이 팔렸다는 것을 의미했지요. 오, 그리고 농부는 그의 밭에 어떠한 농약 처리도 할 필요가 없었습니다.

어휘 attract[ətrǽkt] 관심을 끌다, 마음을 끌다 fertilize[fə́:rtəlàiz] 비료를 주다 self-sustaining 자급자족의, 자립하는 dairy goat 낙농업 염소 treat[tri:t] (화학 물질을 써서) 처리하다 pesticides[péstisàid] 농약, 살충제

■ 읽기 노트

주제 —
- integrated Farming
  통합 농업

세부사항 —
- all farm. activ. toge. → synergy
  모든 농업 활동 함께 → 시너지

■ 듣기 노트

예시 1 —
세부사항 —
- farm Africa.
  fish / pigs /crops → water
- waste → crops → fish
  extra → humans
- 아프리카 농장
  물고기/ 돼지/ 농작물 → 물
- 오물 → 농작물 → 물고기
  여분 → 인간

예시 2 —
세부사항 —
- farm V
- goats → blackberry → milk taste
  X pesticides
- V 농장
- 염소들 → 블랙베리 → 우유 맛
- 농약 X

■ 모범 답안

🎧 실전모의고사 04_R3.mp3

The reading passage is about integrated farming, **which is** combining all farming activities together to make synergy.

The speaker gives two examples of this in the lecture.

First, he talks about a farm in Africa. He says the farm had fish, pigs, crops, and water. The waste from the pigs was useful for crops and the crops could be fed to the fish. Any extra stuff went to humans.

Second, he talks about another farm. He said that farmers used goats to eat blackberry bushes, which are pests. After eating blackberries, the goat's milk tasted better. Also, the farmers did not have to use pesticides.

해석　읽기 지문은 통합 농업에 관한 것이며, 이것은 시너지를 만들어 내기 위해 모든 농업 활동을 결합시키는 것이다.

화자는 강의에서 이에 대한 두 가지의 예시를 준다.

첫 번째로, 그는 아프리카에 있는 농장에 대해 이야기한다. 그는 농장에 물고기, 돼지, 농작물, 그리고 물이 있었다고 말한다. 돼지의 오물은 농작물에 유용하였고 그 농작물은 물고기에게 먹이로 줄 수 있었다. 남은 여분은 모두 인간에게로 갔다.

두 번째로, 그는 또 다른 농장에 대해 이야기한다. 그는 농부들이 염소들을 이용해 블랙베리 덩굴을 먹게 했다고 말했는데, 이 덩굴은 해충이었다. 블랙베리를 먹은 뒤, 염소의 우유는 맛이 더욱 좋아졌다. 또한, 농부들은 농약을 사용할 필요가 없었다.

Q4. 제품을 잘 팔리게 하는 방법

■ 강의 스크립트

🎧 실전모의고사 04_Q4.mp3

So, we know that companies produce products that are often very similar. No matter how well you design them, some products just look like each other. And, when this happens, there are a few ways that companies can make their products more marketable. I want to talk to you about two of these ways.

First, companies can advertise that they use higher quality materials. For example, eyeglasses can vary a lot in style. But, really, they all share the same basic design. And, when you walk into a store, all of the different eyeglasses kind of just blend together. Well, a company may advertise that they use very strong light-weight metals in their frames that last for a very long time. A customer might try them on just because of that fact. And, after trying it on, if they like it, they very well might buy it.

Another way that a company can make their product stand out is by saying that it has a unique feature. OK, so, let's talk about coffee. No matter what, bags of coffee beans all look the same, right? So, in this example, a company might say that they have a patented roasting technique that no other producer can use. They can say that this roasting technique produces the smoothest tasting coffee ever. Well, that's interesting, right? So, that might make a customer curious to try the coffee. And, if they taste it, and it tastes good, well, then they'll buy it.

해석 | 음, 우리는 회사들이 종종 매우 유사한 제품들을 생산한다는 것을 알고 있습니다. 아무리 제품을 잘 만든다 해도, 어떤 제품들은 서로 똑같아 보이기도 합니다. 그리고, 이런 일이 발생할 때, 회사가 그들의 제품들을 더 잘 팔리도록 하는 몇 가지 방법들이 있습니다. 저는 이러한 방법들 중에 두 가지 방법에 대해 여러분께 이야기하고자 합니다.

첫째로, 회사는 그들이 더 좋은 품질의 재료를 사용한다고 광고할 수 있습니다. 예를 들어, 안경은 스타일이 굉장히 다양합니다. 하지만, 실제로, 그것들은 모두 같은 기본적인 디자인을 가지고 있습니다. 그리고, 가게 안으로 들어가보면, 모든 다른 안경들이 서로 섞여 있을 뿐입니다. 음, 한 회사는 그들이 매우 오랫동안 지속되는 매우 강력하고 가벼운 금속을 그들의 안경테에 사용한다고 홍보할지도 모릅니다. 고객은 단지 그 사실 때문에 안경을 써 볼지도 모르죠. 그리고, 안경을 써 본 뒤, 안경이 맘에 들면, 그들은 안경을 살 가능성이 큽니다.

회사가 그들의 제품을 돋보이게 하는 또 다른 방법은 그 제품이 독특한 특징을 가지고 있다고 말하는 것입니다. 좋습니다, 그럼, 커피에 대해 이야기해 볼까요. 많은 커피 열매들은 모두, 어떻든 간에, 똑같아 보이겠죠? 그럼, 이 경우에, 회사는 그들이 어떤 생산자도 사용할 수 없는 특허받은 로스팅 기술을 가지고 있다고 말할 수 있습니다. 그들은 이 로스팅 기법이 가장 부드러운 커피를 생산해 낸다고 말하겠지요. 네, 흥미롭네요, 그렇죠? 그럼, 그 말은 고객들이 커피를 시음하도록 호기심을 가지게 만들 수 있습니다. 그리고, 만약 그들이 커피를 맛보고, 그리고 커피 맛이 좋으면, 음, 그러면 그들은 커피를 사겠죠.

어휘 | marketable[máːrkitəbl] 잘 팔리는, 시장성이 있는 advertise[ǽdvərtàiz] 광고하다, 홍보하다 vary[vέəri] 다양하다, 서로 다르다
blend[blend] 섞이다 light-weight 가벼운, 경량의 stand out 돋보이다, 부각되다 patented[pǽtəntid] 특허받은

■ 듣기 노트

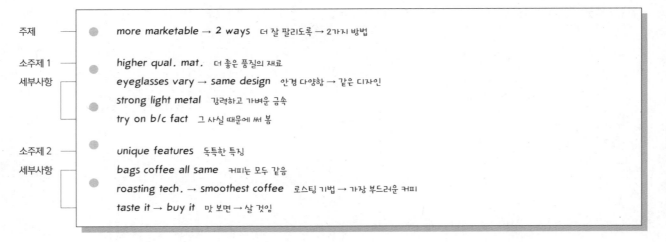

주제	● more marketable → 2 ways 더 잘 팔리도록 → 2가지 방법
소주제 1	● higher qual. mat. 더 좋은 품질의 재료
세부사항	eyeglasses vary → same design 안경 다양함 → 같은 디자인
	● strong light metal 강력하고 가벼운 금속
	try on b/c fact 그 사실 때문에 써 봄
소주제 2	● unique features 독특한 특징
세부사항	bags coffee all same 커피는 모두 같음
	● roasting tech. → smoothest coffee 로스팅 기법 → 가장 부드러운 커피
	taste it → buy it 맛 보면 → 살 것임

■ 모범 답안

The lecture is about two ways that companies make products more marketable.

First, she talks about higher quality materials. **She says that** eyeglasses vary a lot but have the same basic design. An eyeglass company can say that they use strong, light metals in their eyeglasses. A customer will try the glasses because of this fact.

Second, she talks about unique features. **She says that** bags of coffee all look the same. A company can say that they have special roasting technology and it makes the smoothest coffee. A customer will taste it, and if they like it, they'll buy it.

해석   강의는 회사가 제품들을 더 잘 팔리도록 만드는 두 가지 방법에 관한 내용이다.

첫 번째로, 그녀는 더 좋은 품질의 재료들에 대해 이야기한다. 그녀는 안경은 매우 다양하지만 같은 기본적인 디자인을 가지고 있다고 말한다. 한 안경 회사는 그들이 강력하고, 가벼운 금속을 그들의 안경에 사용한다고 말할 수 있다. 고객은 이 사실 때문에 그 안경을 써 볼 것이다.

두 번째로, 그녀는 독특한 특징들에 대해 이야기한다. 그녀는 많은 커피가 모두 똑같아 보인다고 말한다. 한 회사는 그들이 특별한 로스팅 기술을 가지고 있고 그것이 가장 부드러운 커피를 만든다고 말할 수 있다. 고객은 커피 맛을 볼 것이며, 만약 그들이 그것을 좋아한다면, 그들은 커피를 살 것이다.

선생님이 알려주는 점수보장 TIP

준비하는 시간 동안 노트테이킹을 보고 말로 전달하여 설명할 수 있는지 노트테이킹의 내용을 확인해 봅니다. 설명하기 어렵거나 전달하기 어려운 내용이라고 판단될 시에는 그에 관련한 정보는 생략하고 대답하는 것이 좋습니다.

앞서 학습한 내용을 바탕으로 자신의 답안에 대해 다음 사항을 점검하고 앞으로 개선해야 할 점을 확인해 보세요.

Question 1

하나의 특정한 예시를 잘 설명했는가?	☐ Yes	☐ No
자연스러운 대화체 억양을 사용했는가?	☐ Yes	☐ No
말하는 도중 멈추거나 머뭇거리지 않았는가?	☐ Yes	☐ No
안정되고 편안하게 말하도록 노력했는가?	☐ Yes	☐ No

Question 2

자연스러운 억양을 사용하였는가?	☐ Yes	☐ No
노트테이킹이 순조롭게 대답하는 데 도움이 되는가?	☐ Yes	☐ No
너무 빠르거나 성급하게 느껴지지 않는가?	☐ Yes	☐ No
듣기의 대화를 이해하는 데 집중하였는가?	☐ Yes	☐ No

Question 3

지문을 읽는 동안 관련 주제의 개념과 정의를 이해하고 적었는가?	☐ Yes	☐ No
임의로 추측해서 말하지 않고 확실한 세부사항만을 말했는가?	☐ Yes	☐ No
읽기 지문과 듣기의 예시 간의 관계를 정확히 이해했는가?	☐ Yes	☐ No
노트테이킹한 것을 보고 문법 실수 없이 문장으로 조리 있게 말했는가?	☐ Yes	☐ No

Question 4

제한 시간 안에 두 번째 예시의 설명까지 마쳤는가?	☐ Yes	☐ No
임의로 추측해서 말하지 않고 확실한 세부사항만을 말했는가?	☐ Yes	☐ No
답변의 서론에서 너무 많은 시간을 쓰지 않았는가?	☐ Yes	☐ No
노트테이킹한 것을 보고 문법 실수 없이 문장으로 조리 있게 말했는가?	☐ Yes	☐ No

스타토플 실전 SPEAKING

▍실전모의고사

05

SELF-EVALUATION LIST

Question

Do you think it's better to have a job where you make a lot of money but have only a little free time or a job that pays little but allows you to have a lot of free time?

당신은 돈은 많이 벌지만 여유 시간이 거의 없는 직업을 선호합니까? 아니면 돈은 적게 주지만 당신이 많은 여유 시간을 가질 수 있게 해주는 직업을 선호합니까?

■ 아웃라인

나의 선택	● *little money* 적은 돈
이유 1	● *rewarding* 보람 있음
이유 1 설명	*X point can't spend / cooking* 쓰지 못한다면 소용 X / 요리
	●
이유 2	*great life X money* 멋진 삶 돈 X
이유 2 설명	● *seoul* 서울

■ 모범 답안

🎧 실전모의고사 05_R1.mp3

I think it's better to have a job that pays little but allows you to have a lot of free time.

First of all, having a lot of free time is rewarding. **What I mean is that** having a lot of money is great, but there's no point if you can't spend it. If you have free time, you can learn lots of free things online, such as cooking.

Another reason is because you can have a great life without a lot of money. **In other words,** the cost of living in my city, Seoul, is very reasonable considering it is a big city.

해석 나는 돈은 적게 주지만 당신이 많은 여유 시간을 가지도록 해주는 직업이 더 낫다고 생각한다.

우선, 많은 여유 시간을 가진다는 것은 보람 있다. 무슨 의미인가 하면, 많은 돈을 가진다는 것은 좋지만, 만약 당신이 돈을 쓰지 못한다면 소용이 없다. 당신이 여유 시간이 있다면, 당신은 온라인에서 요리와 같은 많은 것들을 무료로 배울 수 있다.

또 다른 이유는, 당신은 많은 돈이 없더라도 멋진 삶을 살 수 있기 때문이다. 다시 말해서, 내가 살고 있는 도시, 서울의 생활비는 대도시임을 고려하면 매우 합리적이기 때문이다.

어휘 **free time** 여유 시간, 자유 시간, 여가   **rewarding**[riwɔ́ːrdiŋ] 보람 있는, 보답이 있는   **cost of living** 생활비, 생계비
reasonable[ríːzənəbl] 합리적인, 사리에 맞는   **consider**[kənsídər] 고려하다

선생님이 알려주는 점수보장 TIP

복잡한 문법과 어려운 단어는 Q1에서 사용할 필요가 없습니다. 대신 쉬운 단어를 사용하더라도 반드시 명확한 예시를 활용해야 합니다.

* 녹색으로 하이라이트된 부분은 지문의 주요 부분으로 노트에 작성해야 하는 부분입니다.

■ 읽기 지문

New Swimming Pool

For the past 2 years, the school has been building an indoor swimming pool in the area next to the main gym. We're excited to announce that the pool is now ready and will be open next semester. This means that, from now on, students will have the chance to swim right here on campus. Also, we have decided to allow the swim club to organize any school-wide swim events. The club has already submitted a number of events and we look forward to seeing you there!

해석

새로운 수영장

지난 2년간, 학교는 주 체육관 옆 구역에 실내 수영장을 건축해 오고 있었습니다. 우리는 이제 수영장이 준비되어 다음 학기에 개장하게 된다는 사실을 공지하게 되어 매우 기쁩니다. 이것은, 이제부터, 학생들이 이곳 캠퍼스에서 수영할 기회를 가질 수 있음을 의미합니다. 또한, 학교에서는 수영 동아리가 학교 전체 수영 행사를 개최하는 것을 허가하도록 결정하였습니다. 수영 동아리는 이미 많은 행사 제안서를 제출하였으며 우리는 여러분을 그곳에서 뵙기를 고대하고 있습니다!

어휘 announce[ənáuns] 공지하다, 알리다, 발표하다 organize[ɔ́ːrgənàiz] 개최하다, 준비하다 school-wide 학교 전체 submit[səbmít] 제출하다
look forward to ~을 고대하다, ~을 기대하다

■ 대화 스크립트

🎧 실전모의고사 05_Q2.mp3

W: Wow, the pool's finally done.
M: Yeah, I'm so excited!
W: Oh? Why? I didn't know you liked swimming.
M: Yeah, well, that's cuz right now, the only way that we can go for a swim at all was to take the bus into the city and use the city's recreation center. That takes just under an hour each way. But the new pool is pretty close to the dorms; so even the walk isn't that far. I know a lot of students are gonna use it—but still, it's not gonna be as crowded as the main city pool.
W: I see, I didn't know that.
M: The other thing is that we can go to events made by the swim club. I know a couple of the guys in that club and they're really into swimming. In the summer we're gonna have a really big barbecue behind the gym and the pool is gonna be right next door. I'm really looking forward to that.
W: Yeah. Hey, that sounds like it'll be a lot of fun.

해석 여: 와우, 수영장이 결국 완성되었네.
남: 응, 정말 신난다!
여: 오, 왜? 난 네가 수영을 좋아하는지 몰랐어.
남: 응, 그건, 왜냐면 현재로써는, 수영하러 갈 수 있는 유일한 방법이 시내로 버스를 타고 가서 시민 회관을 사용해야만 했기 때문이야. 편도로 한 시간 좀 못 되게 걸리지. 하지만 새로운 수영장은 기숙사에서 꽤 가깝기 때문에, 심지어 걸어가도 그리 멀지 않아. 많은 학생들이 수영장을 이용하겠지만, 그래도, 시민 회관 수영장만큼 붐비지는 않을 거야.
여: 그랬구나, 몰랐어.
남: 다른 점은 수영 동아리에서 여는 행사에 참여할 수 있다는 거야. 수영 동아리에 몇몇 친구들을 아는데 정말 수영을 좋아하거든. 여름에 체육관 뒤에서 아주 큰 바비큐도 할 텐데 수영장이 바로 옆에 있을 거라니. 정말 기대돼.
여: 그래. 야, 그거 정말 재미있을 것 같아.

어휘 crowded[kráudid] 붐비는, 복잡한

■ 읽기 노트

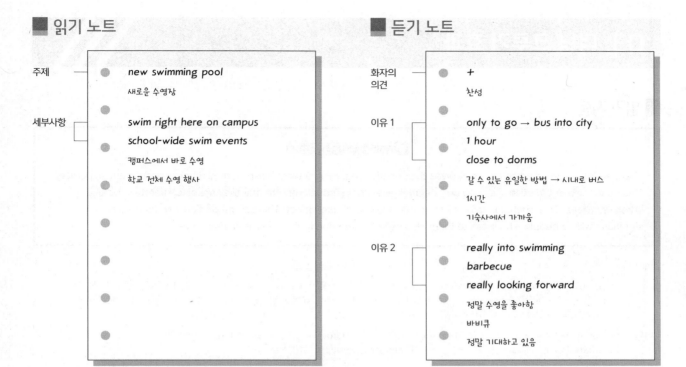

주제
- *new swimming pool*
  새로운 수영장

세부사항
- *swim right here on campus*
- *school-wide swim events*
  캠퍼스에서 바로 수영
  학교 전체 수영 행사

■ 듣기 노트

화자의 의견
- +
  찬성

이유 1
- *only to go → bus into city*
- *1 hour*
- *close to dorms*
  갈 수 있는 유일한 방법 → 시내로 버스
  1시간
  기숙사에서 가까움

이유 2
- *really into swimming*
- *barbecue*
- *really looking forward*
  정말 수영을 좋아함
  바비큐
  정말 기대하고 있음

■ 모범 답안

🎧 실전모의고사 05_R2.mp3

The reading says the school will have a new swimming pool on the campus. Students will be able to swim right there on campus. Also, there will be school-wide swim events.

The man in the conversation thinks that this change is a good idea and talks about why he thinks so.

First, one of the things that he says is that the only way to go swimming before was to take a bus into the city. Going there takes one hour. Also, the new pool is located very close to the dorms.

Also, a second thing he mentions is that the people organizing the events are really into swimming. One of the events will be a barbecue next to the pool. The man is really looking forward to the barbecue.

해석 지문은 학교가 캠퍼스에 새로운 수영장을 열 것이라고 말한다. 학생들은 캠퍼스에서 바로 수영할 수 있을 것이다. 또한, 학교 전체 수영 행사도 있을 것이다.

대화에서 남자는 이러한 변화가 좋다고 생각하며 그가 그렇게 생각하는 이유에 대해 말한다.

첫 번째로, 그가 말하는 것 중 한 가지는 이전에는 수영하러 가는 유일한 방법이 시내로 버스를 타고 가는 것이라는 점이다. 그곳에 가는 것은 한 시간이 걸린다. 또한, 새로운 수영장은 기숙사에 매우 가깝게 위치해 있다.

또한, 두 번째로 그가 언급하는 것은 행사를 준비하는 사람들이 정말 수영을 좋아한다는 점이다. 행사 중 하나는 수영장 옆에서 하는 바비큐일 것이다. 남자는 바비큐를 정말 기대하고 있다.

선생님이 알려주는 점수보장 TIP

응시자들이 자주 하는 실수는 노트테이킹의 내용을 보면 길고 복잡한 문장을 구성해야 한다고 오해하는 것입니다. 짧고 명확한 문장을 사용해도 점수에는 큰 차이가 없습니다.

Q3. 더닝 크루거 효과

■ 읽기 지문

Dunning-Kruger Effect

There are many times when a person gives their opinion regarding a topic in which they do not possess any expertise. This occurs when the person's position or status gives them the impression that they are also experts in totally unrelated areas. This is what is referred to as the Dunning-Kruger effect. This can be particularly dangerous in situations where people who listen to them also believe them due to their elevated status or position.

해석   **더닝 크루거 효과**

사람들은 그들이 전문 지식을 전혀 갖고 있지 않는 주제에 관해서 자신의 의견을 제시하는 경우가 많다. 이는 그 사람의 지위나 신분이 완전히 관계없는 분야에서도 그들이 전문가라는 인상을 주게 되는 경우 발생한다. 이것을 더닝 크루거 효과라고 일컫는다. 이것은 그들의 말을 듣는 사람들이 그들의 높은 위치나 지위로 인해 그들을 믿게 되는 상황에서 특히 위험할 수 있다.

어휘   **possess**[pəzés] 가지다, 소유하다   **expertise**[èkspərtíːz] 전문 지식   **status**[stéitəs] 신분   **unrelated**[ʌnrilètid] 관계없는, 관련이 없는
            be referred to as ~라고 일컫다, ~로 불리다, ~라 한다   **elevated**[éləvèitid] (지위가) 높은, 고상한

■ 강의 스크립트

🎧 실전모의고사 05_Q3.mp3

OK, so, I have a few examples of this I'd like to share with you. Um, you see on the news sometimes that celebrities will give their opinion about medical practices. Now, this is fine if they also have advanced degrees in medicine, but is almost never the case. And they really aren't qualified to be giving medical advice. Unfortunately, due to being celebrities, their fans may take what they say as truth and follow their medical advice. You often see actual doctors on the news explaining how incorrect the celebrity's advice is.

And, another time you see this is when a politician gives their opinion about science. Now, they actually admit that they're not a scientist, but then they give their opinion about the situation anyway. This situation is particularly dangerous because these are the people that can actually make policy changes. Though, there are politicians that have received some education regarding scientific topics, these voices are often drowned out by the much louder opinions of those who have not received any such education.

해석   네, 그럼, 저는 여러분과 함께 나누고 싶은 이에 대한 몇 가지 예시가 있습니다. 음, 때때로 유명인들이 의료 행위에 대해 의견을 줄 것이라는 뉴스를 보실 텐데요. 자, 그들이 의학에 고급 학위를 가지고 있다면 괜찮겠지만, 그런 경우는 거의 없지요. 그리고 그들은 의학적 조언을 줄 자격 또한 전혀 갖추고 있지 않습니다. 불행히도, 유명인이란 이유로, 그들의 팬들은 그들이 말하는 것을 사실로 믿고 유명인들의 의학적 조언을 따르기도 합니다. 여러분은 이러한 유명인들의 조언이 얼마나 부정확한지를 실제 의사들이 설명하는 것을 뉴스에서 종종 보기도 합니다.

그리고, 이것을 볼 수 있는 또 다른 경우는 정치인이 과학에 대해 그들의 의견을 제시하는 때입니다. 자, 그들은 실제로 그들이 과학자가 아니란 것을 인정하면서도, 어쨌든 그 상황에 대한 의견을 줍니다. 이러한 상황이 특히 위험한 것은 그들이 실제로 정책을 바꿀 수 있는 사람들이기 때문입니다. 하지만, 과학적 주제에 대해 교육을 받은 정치인들이 있더라도, 그들의 목소리는 그러한 교육을 전혀 받지 않은 사람들의 훨씬 더 시끄러운 의견에 의해 주로 들리지 않습니다.

어휘   **celebrity**[səlébrəti] 유명인, 유명 인사   **qualified**[kwáləfàid] 자격이 있는   **politician**[pàlitíʃən] 정치인   **admit**[ædmít] 인정하다, 시인하다
            policy[páləsi] 정책   **drown out** ~을 들리지 않게 하다

■ 읽기 노트

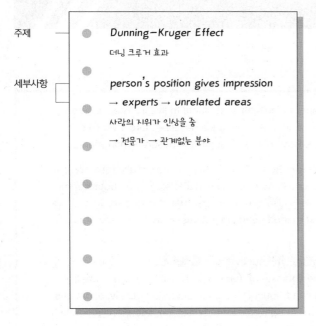

주제 — Dunning-Kruger Effect
더닝 크루거 효과

세부사항 — person's position gives impression
→ experts → unrelated areas
사람의 지위가 인상을 줌
→ 전문가 → 관계없는 분야

■ 듣기 노트

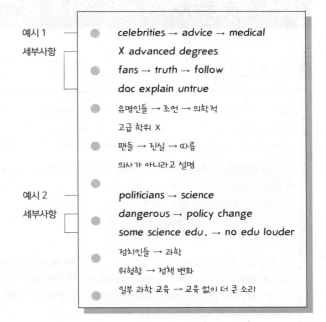

예시 1
세부사항 — celebrities → advice → medical
X advanced degrees
fans → truth → follow
doc explain untrue
유명인들 → 조언 → 의학적
고급 학위 X
팬들 → 진실 → 따름
의사가 아니라고 설명

예시 2
세부사항 — politicians → science
dangerous → policy change
some science edu. → no edu louder
정치인들 → 과학
위협함 → 정책 변화
일부 과학 교육 → 교육 없이 더 큰 소리

■ 모범 답안

🎧 실전모의고사 05_R3.mp3

The reading passage is about the Dunning-Kruger Effect, **which is** when a person's position gives the impression they are experts in unrelated areas.

The speaker gives two examples of this in the lecture.

First, he talks about celebrities giving medical advice. They do not have advanced degrees but their fans still think the advice is the truth and follow them.

Second, he talks about politicians giving their opinions about science. This is very dangerous because politicians are responsible for making policy changes. Though some politicians have science education, the ones without any science education are much louder.

해석   읽기 지문은 더닝 크루거 효과에 관한 것이며, 이것은 한 사람의 지위가 관계없는 분야에서 그들이 전문가라는 인상을 주는 것이다.

화자는 강의에서 이에 대한 두 가지의 예시를 준다.

첫 번째로, 그는 의학적 조언을 주는 유명인들에 대해 이야기한다. 그들은 고급 학위를 가지고 있지 않지만 그들의 팬들은 여전히 그 조언이 사실이라 생각하며 그 조언들을 따른다.

두 번째로, 그는 과학에 대해 그들의 의견을 주는 정치인들에 대해 이야기한다. 정치인들은 정책을 변경하는 데 책임이 있기 때문에 이것은 매우 위험하다. 비록 일부 정치인들이 과학 교육을 받더라도, 아무런 과학 교육을 받지 않은 정치인들이 훨씬 더 큰소리를 낸다.

Q4. 동물의 사막 환경 적응 방식

강의 스크립트

🎧 실전모의고사 05_Q4.mp3

Desert environments are some of the most extreme environments for animals and plants to live in. There is intense heat during the day, temperatures often fall a lot at night, and—of course, since it's a desert—there's very little moisture. Let's discuss some adaptations that animals have evolved in order to survive in desert environments.

The kangaroo rat is an animal that has evolved the ability to burrow. Burrowing is when animals make their homes underground across a series of tunnels. This is very useful because kangaroo rats can just stay cool underground during the hours that are the hottest. The air that is in the tunnels is also much damper than the air outside and this helps the animal to retain moisture. Kangaroo rats will come out to feed during nighttime when the temperature is much more bearable.

Black desert scorpions, on the other hand, are able to spend more time out in direct sunlight because they have very thick shells that are much better at keeping moisture in than the soft skin of mammals. These thick shells are like armor that also protects scorpions from the harsh sandstorms that frequently occur in deserts. Actually, scorpions very rarely drink water directly, I mean, it's a desert, right? There isn't a whole lot of water. So, scorpions are able to get basically all of the moisture that they need from the insects that they eat.

해석 사막 환경은 동식물이 살아가기에 아주 극심한 환경에 속합니다. 낮 동안에는 강렬한 열이 있고, 밤에는 온도가 주로 많이 떨어집니다. 그리고, 물론, 사막이기 때문에, 수분이 거의 없지요. 동물들이 사막 환경에서 살아남기 위해 진화시킨 몇 가지 적응 방식에 대해 이야기해 봅시다.

캥거루쥐는 굴을 파는 능력을 진화시킨 동물입니다. 굴 파기는 동물들이 일련의 터널들이 가로지르는 집을 지하에 만드는 것입니다. 이는 캥거루쥐들이 가장 무더운 시간대에 지하에서 시원하게 지낼 수 있기 때문에 매우 유용하죠. 터널에 있는 공기는 밖의 공기보다 훨씬 더 습해서 동물들이 수분을 유지하도록 도와줍니다. 캥거루쥐는 온도가 훨씬 견딜 만한 밤 동안에 먹이를 먹기 위해 나올 것입니다.

반면에, 검은 사막 전갈은, 포유류의 부드러운 피부보다 수분을 훨씬 잘 유지해 주는 매우 두꺼운 껍데기를 가지고 있어서 직사광선이 내리쬐는 밖에서 더 많은 시간을 보낼 수 있습니다. 이러한 두꺼운 껍데기는 사막에서 자주 발생하는 거친 모래 폭풍으로부터 전갈을 보호해 주는 갑옷과 같습니다. 사실, 전갈은 물을 거의 직접 마시지 않는데, 그게, 사막이잖아요, 그렇죠? 그곳에는 물이 많이 없죠. 그래서, 전갈은 그들이 먹는 곤충으로부터 그들이 필요한 모든 수분을 기본적으로 얻을 수 있습니다.

어휘 intense[inténs] 강렬한   adaptation[ædæpʃən] 적응 방식, 적응   evolve[iváiv] 진화시키다, 진화하다   burrow[bə́:rou] 굴을 파다   a series of 일련의
damp[dæmp] 습기 있는, 축축한   retain[ritéin] 유지하다, 보유하다   bearable[bɛ́ərəbl] 견딜 만한   armor[á:rmər] 갑옷, 철갑
sandstorm[sǽndstɔ̀:rm] 모래 폭풍

듣기 노트

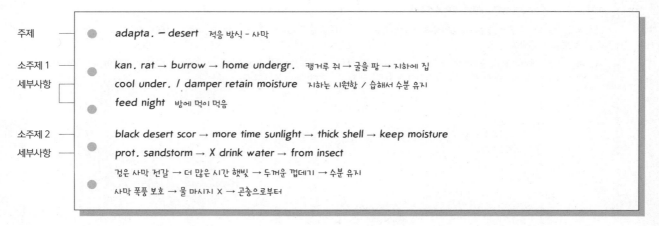

주제	● *adapta. − desert* 적응 방식 − 사막
소주제 1	● *kan. rat → burrow → home undergr.* 캥거루 쥐 → 굴을 팡 → 지하에 집
세부사항	*cool under. / damper retain moisture* 지하는 시원함 / 습해서 수분 유지
	● *feed night* 밤에 먹이 먹음
소주제 2	● *black desert scor → more time sunlight → thick shell → keep moisture*
세부사항	*prot. sandstorm → X drink water → from insect*
	검은 사막 전갈 → 더 많은 시간 햇빛 → 두꺼운 껍데기 → 수분 유지
	● 사막 폭풍 보호 → 물 마시지 X → 곤충으로부터

모범 답안

The lecture is about two adaptations to survive in desert environments.

First, she talks about the kangaroo rat. **She says that** they burrow. This means that they dig their homes underground. So, the air is cooler and the air retains moisture. They come out to feed at nighttime.

Second, she talks about black desert scorpions. **She says that** they can spend more time in direct sunlight because they have a very thick shell. The shell keeps moisture in and it protects the scorpion from sandstorms. They rarely drink water.

해석   강의는 사막 환경에서 살아남기 위한 두 가지 적응 방식에 관한 내용이다.

첫 번째로, 그녀는 캥거루쥐에 대해 이야기한다. 그녀는 그들이 굴을 판다고 말한다. 이것은 그들이 땅을 파서 지하에 그들의 집을 만든다는 것을 의미한다. 그래서, 공기는 더욱 시원하고 수분을 유지한다. 그들은 밤에 먹이를 먹기 위해 밖으로 나온다.

두 번째로, 그녀는 검은 사막 전갈에 대해 이야기한다. 그녀는 그들이 매우 두꺼운 껍데기를 가지고 있기 때문에 직사광선에서도 더 많은 시간을 보낼 수 있다고 말한다. 이 껍데기는 수분을 유지해주고 전갈을 모래 폭풍으로부터 보호해 준다. 그들은 물을 거의 마시지 않는다.

선생님이 알려주는 점수보장 TIP

강의 문제, 특히 Q4에서는 생물 영역이 가장 자주 출제 되는 주제입니다. 강의를 들으며 동물의 이름과 식물의 이름 등을 놓칠 가능성이 있습니다. 그러나 질문에 그 이름들이 종종 등장하는 경우가 있으니 이런 경우에는 질문에서 동식물들의 이름을 다시 파악할 수 있습니다.

앞서 학습한 내용을 바탕으로 자신의 답안에 대해 다음 사항을 점검하고 앞으로 개선해야 할 점을 확인해 보세요.

Question 1

하나의 특정한 예시를 잘 설명했는가?	☐ Yes	☐ No
자연스러운 대화체 억양을 사용했는가?	☐ Yes	☐ No
말하는 도중 멈추거나 머뭇거리지 않았는가?	☐ Yes	☐ No
안정되고 편안하게 말하도록 노력했는가?	☐ Yes	☐ No

Question 2

자연스러운 억양을 사용하였는가?	☐ Yes	☐ No
노트테이킹이 순조롭게 대답하는 데 도움이 되는가?	☐ Yes	☐ No
너무 빠르거나 성급하게 느껴지지 않는가?	☐ Yes	☐ No
듣기의 대화를 이해하는 데 집중하였는가?	☐ Yes	☐ No

Question 3

지문을 읽는 동안 관련 주제의 개념과 정의를 이해하고 적었는가?	☐ Yes	☐ No
임의로 추측해서 말하지 않고 확실한 세부사항만을 말했는가?	☐ Yes	☐ No
읽기 지문과 듣기의 예시 간의 관계를 정확히 이해했는가?	☐ Yes	☐ No
노트테이킹한 것을 보고 문법 실수 없이 문장으로 조리 있게 말했는가?	☐ Yes	☐ No

Question 4

제한 시간 안에 두 번째 예시의 설명까지 마쳤는가?	☐ Yes	☐ No
임의로 추측해서 말하지 않고 확실한 세부사항만을 말했는가?	☐ Yes	☐ No
답변의 서론에서 너무 많은 시간을 쓰지 않았는가?	☐ Yes	☐ No
노트테이킹한 것을 보고 문법 실수 없이 문장으로 조리 있게 말했는가?	☐ Yes	☐ No

실전모의고사 06

Question

When listening to music, do you prefer to play it loudly while focusing on the music or to have it playing in the background quietly while doing some other activity?

음악을 들을 때, 음악에 집중하는 동안 음악을 크게 듣는 것을 선호합니까? 아니면 다른 활동을 하면서 배경 음악으로 조용하게 듣는 것을 선호합니까?

■ 아웃라인

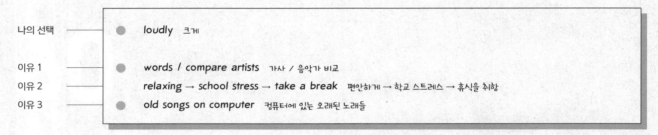

나의 선택	● *loudly* 크게
이유 1	● *words / compare artists* 가사 / 음악가 비교
이유 2	*relaxing → school stress → take a break* 편안하게 → 학교 스트레스 → 휴식을 취함
이유 3	● *old songs on computer* 컴퓨터에 있는 오래된 노래들

■ 모범 답안

I prefer to play music loudly while focusing on the music.

If I listen to music loudly, **then I can do many things, such as** paying attention to the words or compare artists that I like.

I think that this is relaxing **because** I get so much stress at school that focusing on my music gives me a chance to take a break.

Just last semester, I found some old songs that I really liked that were saved on my computer and I just listened to them for a couple hours and I just relaxed.

해석 나는 음악에 집중하는 동안 음악을 크게 듣는 것을 선호한다.

만약 내가 음악을 크게 들으면, 나는 가사에 집중하거나 내가 좋아하는 음악가들을 비교하는 것과 같은 많은 일들을 할 수 있다.

나는 학교에서 스트레스를 많이 받아서 음악에 집중하는 것은 나에게 휴식을 취할 기회를 주기 때문에 이것이 내 마음을 편안하게 해 준다고 생각한다.

바로 지난 학기에, 나는 내 컴퓨터에 저장되어 있는 내가 정말 좋아했던 옛날 노래들을 발견하였고 나는 몇 시간 동안 그 노래들을 들으며 그저 쉬었다.

어휘 loudly[láudli] 크게, 큰 소리로   pay attention to ~에 집중하다, 에 주의를 기울이다   compare[kəmpέər] 비교하다
relaxing[rilǽksiŋ] 마음을 편안하게 해주는, 느긋한   take a break 쉬다, 휴식을 취하다

선생님이 알려주는 점수보장 TIP

대답 구성 시 반드시 두 개의 이유를 활용할 필요는 없습니다. 준비하는 15초 내에 두 개의 이유를 생각해 내기 어렵다면 또는 생각해 낸 내용을 45초 내에 대답으로 구성하기 어렵다면 한 개의 이유만 제시해도 됩니다. 실전모의고사 6번에서 10번까지는 다른 종류의 답안 구성이 쓰였는데, 이러한 구성은 스피킹의 Q1뿐만 아니라 라이팅 독립형에도 적용될 수 있는 구성이므로 조금 더 용이한 방법이라고 할 수 있습니다.

■ 읽기 지문

Advance Sign-up Sheet for Job Fair

For this year's job fair, the school has decided to accept sign-ups in advance to talk to recruiters. This is because last year's job fair was extremely popular, but students lost a lot of time waiting in lines to talk to certain businesses. A reason for this is now students can request a time slot and know that they will be able to talk to the recruiter at that time. This will also help students know which companies will be represented instead of having to use the posted map.

해석

취업 박람회를 위한 조기 참가 신청서

이번 해 취업 박람회를 위하여, 학교는 채용 담당자들과 상담하기 위한 참가 신청서를 미리 받기로 결정하였습니다. 이는 지난해 박람회가 매우 인기 있었으나, 학생들이 특정 회사와 상담하기 위해서 줄을 서서 기다리느라 많은 시간을 허비했기 때문입니다. 이러한 이유로 학생들은 이제 시간대를 요청하여 학생들이 그 시간대에 채용 담당자와 상담할 수 있는지를 알 수 있습니다. 이는 또한 학생들이 게시된 지도를 사용하지 않아도 어떤 회사가 대표로 나오는지 알 수 있도록 도와줄 것입니다.

어휘   **job fair** 취업 박람회, 채용 박람회   **in advance** 미리, 사전에   **recruiter**[rikrú:tər] 채용 담당자, 신입 사원 모집자   **request**[rikwést] 요청하다
represent[rèprizént] 대표하다

■ 대화 스크립트

🎧 실전모의고사 06_Q2.mp3

M: Hey, so they're gonna do a sign-up sheet for the job fair this year?

W: Yeah, it's such a good idea. I'm gonna sign up as soon as the list goes up.

M: Yeah? Why? I didn't think the lines were that bad last year.

W: Sure, not all the lines were long, but there were two companies that I wanted to talk to and I had to wait forever in both lines. I think it took me like 4 hours to just talk to those two companies. I'm gonna sign up for the companies I know I want to submit a résumé to and I can just walk around until my time slot.

M: Actually, that's a pretty good idea.

W: Yeah, and you can do that now because they're releasing a list of all of the companies that are coming. Remember that map they put up last year?

M: Haha, yeah, it was so bad.

W: I couldn't read it at all. It was so messy. Anyway, now we can read the list and sign-up early.

해석   남: 이런, 그러니까 학교에서는 올해 취업 박람회를 위한 참가 신청서를 쓰도록 할 예정인가 봐?
여: 그래, 그건 정말 좋은 생각 같아. 나는 명단이 올라오자마자 신청할 거야.
남: 그래? 왜? 난 지난해에 줄이 그렇게 길다고 생각하지 않았거든.
여: 물론, 모든 줄이 길지는 않았지, 하지만 내가 상담하고 싶었던 두 회사가 있었는데 양쪽 줄에서 오랫동안 기다려야 했어. 두 회사와 상담하는 데만 4시간 정도 걸렸던 것 같아. 나는 내가 이력서를 제출하기를 원하는 회사에 신청할 것이고 나는 내 시간대까지 그냥 돌아다닐 수 있어.
남: 사실, 그것은 상당히 좋은 생각이야.
여: 그래, 그리고 학교에서 참가할 모든 회사의 명단을 공개하고 있기 때문에 너도 지금 신청할 수 있어. 지난해에 학교가 올렸던 지도 기억하지?
남: 하하, 그래, 그건 너무 별로였어.
여: 난 지도를 전혀 읽을 수 없었어. 그건 너무 엉망이었어. 어쨌든, 이제 우리는 명단을 읽고 일찍 신청할 수 있어.

어휘   **sign-up sheet** 참가 신청서   **time slot** 시간대   **messy**[mési] 엉망인, 혼란을 일으키는

■ 읽기 노트

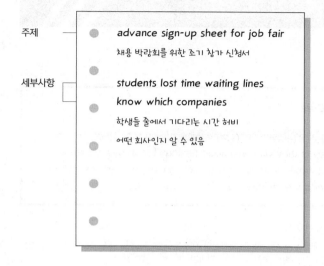

| 주제 | ● | advance sign-up sheet for job fair |
| | | 채용 박람회를 위한 조기 참가 신청서 |

세부사항	●	students lost time waiting lines
		know which companies
		학생들 줄에서 기다리는 시간 허비
	●	어떤 회사인지 알 수 있음

■ 듣기 노트

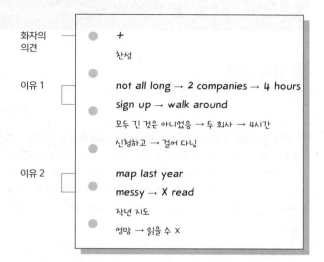

| 화자의 의견 | ● | + |
| | | 찬성 |

이유 1	●	not all long → 2 companies → 4 hours
		sign up → walk around
		모두 긴 것은 아니었음 → 두 회사 → 4시간
	●	신청하고 → 걸어 다님

이유 2	●	map last year
		messy → X read
		작년 지도
	●	엉망 → 읽을 수 X

■ 모범 답안

🎧 실전모의고사 06_R2.mp3

The reading says the school will have an advance sign-up sheet for the job fair. This is because students lost time waiting in lines last year and they can know what companies will be there.

The woman in the conversation thinks that this change is a good idea and talks about why she thinks so.

First, one of the things that she says is that not all the lines were long last year. But, she wanted to talk to 2 different companies and waiting for that took her 4 hours. Now she can just sign-up and walk around.

Also, a second thing she mentions is that the map last year was too messy and she couldn't read it.

해석   지문은 학교가 취업 박람회를 위한 조기 참가 신청서를 받을 것이라고 말한다. 그 이유는 학생들이 작년에 줄을 서서 기다리느라 시간을 허비했으며 그들은 어떤 회사가 그곳에 참여할 것인지를 알 수 있기 때문이다.

대화에서 여자는 이러한 변화가 좋다고 생각하며 그녀가 그렇게 생각하는 이유에 대해 말한다.

첫 번째로, 그녀가 말하는 것 중 한 가지는 작년에 모든 줄이 그렇게 길었던 것은 아니라는 점이다. 하지만, 그녀는 다른 두 개의 회사와 상담하기를 원했는데 기다리는 데 4시간이 걸렸다. 이제 그녀는 단지 신청을 하고 돌아다닐 수 있다.

또한, 두 번째로 그녀가 언급하는 것은 작년 지도가 너무 엉망이었기 때문에 그녀가 지도를 읽을 수 없었다는 점이다.

선생님이 알려주는 점수보장 TIP

노트테이킹을 보면 말하는데 있어 말의 끊김 현상(pausing)이 있을 수 있습니다. 노트테이킹을 하되, 노트테이킹을 보지 않고 말하는 것이 더 도움된다면 실제 대답할 때는 노트테이킹의 내용을 굳이 보면서 말하지 않아도 됩니다.

Q3. 충격 편향

■ 읽기 지문

Impact Bias

Impact bias occurs when individuals overestimate the effect that a possible outcome will have on their lives. This is the idea that if the outcome is positive, that the individual believes they will have good feelings for an overly extended period of time. Similarly, the individual feels that a negative outcome will result in bad feelings for an overly extended period of time. However, in both cases, the belief is incorrect and the residual emotion will wear off.

해석

충격 편향

충격 편향이란 발생 가능성이 있는 결과가 자신의 삶에 미칠 영향에 대해 한 개인이 과대평가할 때 일어난다. 이것은 만약 그 결과가 긍정적이라면, 그 사람은 지나치게 긴 기간 동안 그들이 기분 좋을 것이라 믿는다는 발상이다. 유사하게, 그 사람은 어떤 부정적인 결과가 지나치게 긴 기간 동안 부정적인 감정들을 야기할 것이라고 믿는다. 하지만, 두 경우 모두, 이러한 믿음은 부정확하며 남아 있는 감정은 사라지게 될 것이다.

어휘 **overestimate**[óuvərèstimeit] 과대평가하다 **outcome**[áutkʌm] 결과 **overly**[óuvərli] 지나치게 **residual**[rizídʒuəl] 남아 있는, 잔여의
wear off 사라지다, 없어지다

■ 강의 스크립트

🎧 실전모의고사 06_Q3.mp3

So, example— I remember when I wanted to take my daughter to go watch *Finding Dory*, it's a movie about fish in the ocean. Well, my daughter really wanted to go with her friends. Now, I thought that she said she would be going with her friend's parents, when, in fact, she had meant that she wanted me to take her and her friends to go watch the movie. So, well, what happened? On the day of the movie, I came home from work and she and 2 of her friends were at our house. Well, when I learned that I was supposed to take them, I rushed online to buy tickets. But, the movie times were all sold out. A lot of crying happened. They said their lives were over. All of their friends were going to see it. And now only they weren't. I felt terrible so, I told them, hey, I'd take them out to dinner and their favorite ice cream place and then we'd go next weekend to watch the movie. Of course, they weren't happy. But, they weren't gonna turn down ice cream. Well, while we were eating ice cream, the mood got a lot brighter and by the end of the night, everyone was smiling and laughing.

해석 그럼, 예시를 볼까요. 전 제 딸을 데리고 '도리를 찾아서'를 보러 가기를 원했던 때가 기억이 나는데, 그건 바다의 물고기에 관한 영화예요. 음, 제 딸은 그녀의 친구들과 함께 가기를 정말 원했어요. 자, 사실, 그녀가, 제가 그녀와 그녀의 친구들을 데리고 영화 보러 가기를 원한다는 것을 의미했을 때, 저는 그녀가 그녀의 친구의 부모님들과 갈 것이라고 말했다고 생각했어요. 그래서, 음, 무슨 일이 있었냐고요? 영화를 보러 가기로 한 날, 제가 직장을 마치고 집에 왔더니 그녀와 그녀의 두 명의 친구들이 우리 집에 와 있었어요. 음, 제가 그들을 데리고 가야 한다는 사실을 깨달았을 때, 저는 표를 사러 서둘러 온라인에 접속하였습니다. 하지만, 모든 영화 시간대가 매진되었죠. 아이들은 많이 울었어요. 그들은 그들의 삶이 끝났다고 말했죠. 그들의 모든 친구들은 그 영화를 볼 테구요. 그리고 이제 그들만 안 본 것이었습니다. 저는 너무 미안해서, 그들에게, 저기, 그들을 데리고 나가 저녁을 사주고 그들이 가장 좋아하는 아이스크림 가게로 갈 것이며 우리는 영화를 보러 다음 주에 갈 것이라고 말했지요. 물론, 그들은 행복하지 않았습니다. 하지만, 그들이 아이스크림을 거절할 리 없었죠. 음, 아이스크림을 먹는 동안, 분위기는 훨씬 더 밝아졌고 밤이 끝날 무렵, 그들은 모두 미소 지으며 웃고 있었습니다.

어휘 **rush**[rʌʃ] (급히) 서두르다 **turn down** ~을 거절하다

■ 읽기 노트

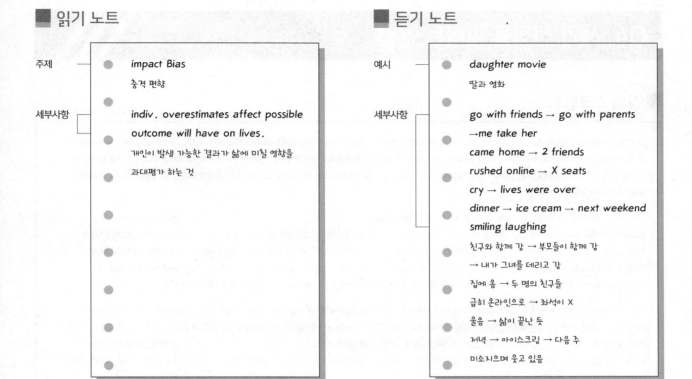

주제
- impact Bias
  충격 편향

세부사항
- indiv. overestimates affect possible outcome will have on lives.
  개인이 발생 가능한 결과가 삶에 미칠 영향을 과대평가 하는 것

■ 듣기 노트

예시
- daughter movie
  딸과 영화

세부사항
- go with friends → go with parents
  →me take her
  came home → 2 friends
  rushed online → X seats
  cry → lives were over
  dinner → ice cream → next weekend
  smiling laughing
  친구와 함께 감 → 부모들이 함께 감
  → 내가 그녀를 데리고 감
  집에 옴 → 두 명의 친구들
  급히 온라인으로 → 좌석이 X
  울음 → 삶이 끝난 듯
  저녁 → 아이스크림 → 다음 주
  미소지으며 웃고 있음

■ 모범 답안

🎧 실전모의고사 06_R3.mp3

The reading passage is about impact bias, **which is** when an individual overestimates the effect that possible outcomes will have on their lives.

The speaker gives one example of this in the lecture.

She says that her daughter wanted to go see a movie with her friends. The professor thought she was going with her friend's parents, but, she meant she should take them. When she came home, her daughter was waiting. So, she rushed online to buy tickets, but there were no seats. Everyone cried and said their lives were over. She took them to dinner and bought ice cream. She said they would go next weekend. By the end of the night, everyone was smiling and laughing.

해석   읽기 지문은 충격 편향에 관한 것이며, 이것은 발생 가능성이 있는 결과가 자신의 삶에 미칠 영향에 대해 한 개인이 과대평가하는 것을 말한다.

화자는 강의에서 이에 대한 예시 하나를 준다.

그녀는 그녀의 딸이 그녀의 친구들과 함께 영화를 보러 가기를 원했다고 말한다. 교수는 그녀가 그녀 친구의 부모님과 가는 것이라 생각했지만, 그녀는 그녀가 그들을 데리고 가야 한다는 것을 의미했다. 그녀가 집에 왔을 때, 그녀의 딸은 기다리고 있었다. 그래서, 그녀는 서둘러 표를 사기 위해 온라인에 접속했지만, 좌석이 없었다. 아이들은 모두 울었고 그들의 삶이 끝났다고 말했다. 그녀는 그들에게 저녁을 사주고 아이스크림을 사주었다. 그녀는 그들이 다음 주에 갈 것이라고 말했다. 밤이 끝날 무렵, 아이들은 모두 미소 지으며 웃고 있었다.

강의 스크립트

🎧 실전모의고사 06_Q4.mp3

Birds come in many colors and sizes and many, like the owl, are very well camouflaged. But, what about their nests? Bird eggs are very vulnerable and many predators would happily eat them. Some birds have evolved very impressive methods of camouflaging their nest against natural predators. I want to focus on two birds in particular that create some well hidden nests.

OK, so, one bird I want to talk about is the cactus wren. This is a type of bird that lives in the desert in the southwestern region of the US and actually builds its nest inside of a type of cactus. The nest is very hard to see because it's usually surrounded by thorns. The nest is normally in the shape of a football. So, it's like a long oval shape with a small opening at one end. It just looks like a hole in the cactus. But, even if the nest is spotted, a predator would have to be able to get past the cactus's thorns to get to the eggs or chicks inside.

The second bird I want to talk about is the wrybill of New Zealand. This bird has taken a totally different approach to nest building. Um, it doesn't build one. They just lay their eggs among rocks along riverbeds. Now, that might seem dangerous, but their eggs match the exact color, and the size, of a lot of the rocks. It's often hard to see the eggs even if you're looking right at them. If a predator ever does come close, an adult wrybill will act like it's hurt and move away from the nest to lead the predator away.

해석   새들은 많은 색깔과 크기를 가지고 있고, 부엉이와 같은, 많은 새들은 위장에 매우 능숙합니다. 하지만, 그들의 둥지는 어떨까요? 새의 알은 매우 취약하여 많은 포식자들이 손쉽게 그들을 먹어 버립니다. 일부 새들은 천적으로부터 그들의 둥지를 위장하는 매우 인상적인 방법을 진화시켜 왔습니다. 저는 아주 잘 감춰진 둥지를 만드는 두 종류의 새들에 특히 집중하고자 합니다.

네, 우선, 제가 얘기하고 싶은 하나의 새는 선인장 굴뚝새입니다. 이 새는 미국 남서부 지역의 사막에 사는 종으로 실제 선인장류 안에 둥지를 만듭니다. 이 둥지는 대부분 가시에 둘러싸여져 있기 때문에 발견하기 매우 어렵습니다. 둥지는 일반적으로 미식 축구공 모양입니다. 그러니까, 한쪽 끝에 작은 구멍이 나 있는 긴 타원형과 같지요. 그것은 마치 선인장에 있는 구멍 같아 보이기도 합니다. 하지만, 비록 둥지가 발각되더라도, 포식자는 안에 있는 새의 알이나 새끼 새들을 잡기 위해서는 선인장의 가시를 통과할 수 있어야만 할 것입니다.

제가 얘기하고 싶은 두 번째 새는 뉴질랜드에 사는 물떼새입니다. 이 새는 집을 짓는 데 전혀 다른 방법을 가지고 있습니다. 음, 이 새는 둥지를 짓지 않습니다. 그들은 강바닥을 따라 있는 바위 사이에 그저 그들의 알을 낳습니다. 자, 그것은 위험해 보일 수 있지만, 그들의 알은 많은 바위의 크기와 색깔이 정확히 일치합니다. 여러분이 알을 보고 있어도 대개는 알을 제대로 발견하기 어려울 것입니다. 만약 포식자가 가까이 오더라도, 다 자란 물떼새가 마치 다친 것처럼 행동하여 포식자를 둥지로부터 유인해 떠나게 할 것입니다.

어휘   camouflage[kǽməflàːʒ] 위장하다   nest[nest] (새의) 둥지   vulnerable[vʌ́lnərəbl] 취약한, 연약한   natural predator 천적, 자연적 포식자
      cactus[kǽktəs] 선인장   thorn[θɔːrn] 가시   oval[óuvəl] 타원형의   riverbed[rívərbèd] 강바닥

■ 듣기 노트

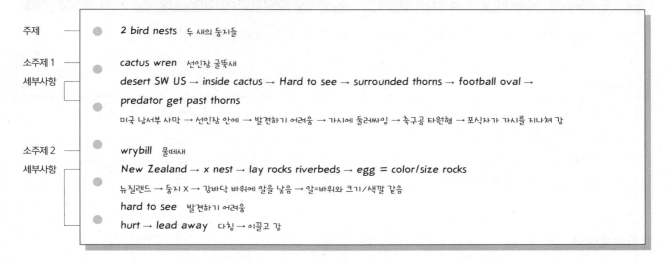

주제 — 2 bird nests 두 새의 둥지들

소주제 1 — cactus wren 선인장 굴뚝새

세부사항 — desert SW US → inside cactus → Hard to see → surrounded thorns → football oval →

predator get past thorns

미국 남서부 사막 → 선인장 안에 → 발견하기 어려움 → 가시에 둘러싸임 → 축구공 타원형 → 포식자가 가시를 지나쳐 감

소주제 2 — wrybill 물떼새

세부사항 — New Zealand → x nest → lay rocks riverbeds → egg = color/size rocks

뉴질랜드 → 둥지 X → 강바닥 바위에 알을 낳음 → 알=바위와 크기/색깔 같음

hard to see 발견하기 어려움

hurt → lead away 다침 → 이끌고 감

■ 모범 답안

🎧 실전모의고사 06_R4.mp3

The lecture is about how birds camouflage their nest.

First, he talks about the cactus wren. **He says that** the cactus wren lives in the desert in the southwestern US. It makes nests inside of cactus. The nest is very hard to see because it is surrounded by the thorns.

Second, he talks about wrybill. **He says that** this is a bird from New Zealand and it doesn't build a nest. It just lays eggs along riverbeds. The eggs are the same color and size as the nearby rocks, so they are very hard to see.

해석   강의는 어떻게 새들이 그들의 둥지를 위장하는지에 관한 내용이다.

첫 번째로, 그는 선인장 굴뚝새에 대해 이야기한다. 그는 선인장 굴뚝새가 미국 남서부 지역의 사막에 산다고 말한다. 이 새는 선인장 안에 둥지를 만든다. 이 둥지는 가시들로 둘러싸여 있기 때문에 발견하기 매우 어렵다.

두 번째로, 그는 물떼새에 대해 이야기한다. 그는 이 새는 뉴질랜드 새이며 그것은 둥지를 짓지 않는다고 말한다. 물떼새는 강바닥을 따라 그저 알을 낳는다. 그 알들은 근처의 바위들과 색깔과 크기가 똑같아서, 발견하기 매우 어렵다.

선생님이 알려주는 점수보장 TIP

강의 문제 역시 노트테이킹을 보지 않고 대답할 수도 있겠지만, 강의 문제는 워낙 내용이 어려우므로 노트테이킹의 내용을 참고 하는 방법을 권합니다. 하지만 이 문제에 제공된 노트테이킹 예시처럼 노트테이킹의 내용이 많을 경우, 그 내용을 대답 안에 모두 포함하는 것이 어려울 수 있습니다. 중요한 것은 노트테이킹의 내용이 많은 것이 아니라 응시자의 답안으로 구성할 수 있는지에 주의를 기울여야 한다는 것입니다.

앞서 학습한 내용을 바탕으로 자신의 답안에 대해 다음 사항을 점검하고 앞으로 개선해야 할 점을 확인해 보세요.

Question 1

하나의 특정한 예시를 잘 설명했는가?	☐ Yes	☐ No
자연스러운 대화체 억양을 사용했는가?	☐ Yes	☐ No
말하는 도중 멈추거나 머뭇거리지 않았는가?	☐ Yes	☐ No
안정되고 편안하게 말하도록 노력했는가?	☐ Yes	☐ No

Question 2

자연스러운 억양을 사용하였는가?	☐ Yes	☐ No
노트테이킹이 순조롭게 대답하는 데 도움이 되는가?	☐ Yes	☐ No
너무 빠르거나 성급하게 느껴지지 않는가?	☐ Yes	☐ No
듣기의 대화를 이해하는 데 집중하였는가?	☐ Yes	☐ No

Question 3

지문을 읽는 동안 관련 주제의 개념과 정의를 이해하고 적었는가?	☐ Yes	☐ No
임의로 추측해서 말하지 않고 확실한 세부사항만을 말했는가?	☐ Yes	☐ No
읽기 지문과 듣기의 예시 간의 관계를 정확히 이해했는가?	☐ Yes	☐ No
노트테이킹한 것을 보고 문법 실수 없이 문장으로 조리 있게 말했는가?	☐ Yes	☐ No

Question 4

제한 시간 안에 두 번째 예시의 설명까지 마쳤는가?	☐ Yes	☐ No
임의로 추측해서 말하지 않고 확실한 세부사항만을 말했는가?	☐ Yes	☐ No
답변의 서론에서 너무 많은 시간을 쓰지 않았는가?	☐ Yes	☐ No
노트테이킹한 것을 보고 문법 실수 없이 문장으로 조리 있게 말했는가?	☐ Yes	☐ No

스타토플 실전 SPEAKING

실전모의고사

07

Question

Do you think that it's better if restaurants always served the same menu or that if they frequently changed dishes that they serve?

당신은 음식점이 항상 같은 메뉴를 제공하는 것이 더 좋다고 생각합니까? 아니면 그들이 제공하는 음식을 자주 바꾸는 것이 더 좋다고 생각합니까?

■ 아웃라인

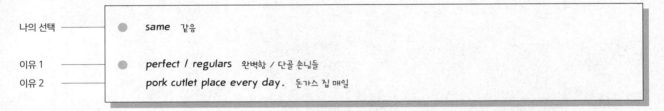

나의 선택 ——— ● **same** 같음

이유 1 ——— ● **perfect / regulars** 완벽함 / 단골 손님들
이유 2 ——— **pork cutlet place every day.** 돈가스 집 매일

모범 답안

I think it's better if restaurants always served the same menu.

If restaurants only serve the same menu, **then they can do many things, such as** making the menu perfect or keeping regulars.

In my case, just yesterday, I went to eat lunch at my favorite pork cutlet place. They've been making the exact same dish for years and I love it. I go almost every day, but I wouldn't go if they changed their food all the time.

해석 　나는 음식점이 항상 같은 메뉴를 제공하는 것이 더 좋다고 생각한다.

만약 음식점이 같은 메뉴만 제공한다면, 그들은 메뉴를 완벽하게 만들거나 단골 손님들을 유지하는 것과 같은 많은 일들을 할 수 있다.

나의 경우에는, 바로 어제, 내가 가장 좋아하는 돈가스 음식점에 점심을 먹으러 갔다. 그들은 수년간 정확히 똑같은 음식을 만들어 왔고 나는 그것을 매우 좋아한다. 나는 거의 매일 가지만, 만약 그들이 메뉴를 항상 바꾼다면 가지 않을 것이다.

어휘 　**serve**[sə:rv] 제공하다 　**regular**[régjulər] 단골 손님, 고정 고객 　**pork cutlet** (일식) 돈가스 　**exact**[igzǽkt] 정확한 　**dish**[diʃ] 음식, 요리

선생님이 알려주는 점수보장 TIP

가장 빈번하게 활용할 수 있는 예시는 개인의 경험을 바탕으로 하는 예시입니다. 경험을 바탕으로 한 예시는 많은 주제에 보편적으로 활용할 수 있습니다.

* 녹색으로 하이라이트된 부분은 지문의 주요 부분으로 노트에 작성해야 하는 부분입니다.

■ 읽기 지문

Replacing Sitting Area in the Student Lounge

The university has decided to renovate the student lounge sitting area. The change was decided because the sitting area has become worn down throughout the years and it will be nice for students to have nicer, newer chairs to study in. The renovation construction will not affect studies because students will still be able to use the library until the job has been completed. We apologize for any inconvenience, but we believe that this will ultimately be much more beneficial for our students.

해석

학생 휴게실 좌석 교체

대학교는 학생 휴게실 좌석 공간을 개조하기로 결정했습니다. 수년간의 사용으로 인해 휴게실 좌석 공간이 낡았기 때문에 이러한 교체가 결정되었고 학생들은 공부하기에 더 멋지고, 더 새로운 의자를 이용하는 것이 좋을 것입니다. 공사가 끝날 때까지 학생들은 여전히 도서관을 이용할 수 있기 때문에 보수 공사는 공부에 전혀 영향을 주지 않을 것입니다. 어떠한 불편이라도 끼치게 되어 사과드립니다만, 저희는 이것이 궁극적으로 우리 학생들에게 더 많이 이로울 것이라고 생각합니다.

어휘 renovate[rénəvèit] 개조하다, 보수하다 lounge[laundʒ] 휴게실, 대합실 complete[kəmplíːt] 끝마치다, 완료하다
inconvenience[inkənvíːnjəns] 불편 ultimately[ʌ́ltəmətli] 궁극적으로, 결국 beneficial[bènəfíʃəl] 이로운, 유익한

■ 대화 스크립트

🎧 실전모의고사 07_Q2.mp3

W: OK, well, I'm definitely not for changing the student lounge.
M: What? What are you talking about? They're changing the lounge?
W: Yeah, an announcement said that they're gonna be putting in new chairs.
M: Really? What's wrong with that?
W: We don't need newer chairs. I mean, sure, they're a little old. But they're really comfortable and it's a great place to study. It's located in between all the dorms and the main cafeteria. If the dorms get loud, you can always go there to study and if you get hungry the cafeteria is right next door. But, the library, ugh, it's on the other side of campus.
M: Yeah, and it's not really comfortable there.
W: Tell me about it, that's the other point. It said we can just use the library while renovations are going on. But seriously, the library is so uncomfortable. All those rock hard wooden chairs, I mean, that's why most of us study in the lounge. Actually, you know what? It would've made a lot more sense to make the library more comfortable than shutting down the student lounge.

해석 여: 그래, 음, 나는 학생 휴게실을 바꾸는 것에 절대로 동의하지 않아.
남: 뭐라고? 무슨 말이야? 학교에서 휴게실을 바꾼다니?
여: 그래, 공지에 학교에서 새로운 의자를 설치할 거라고 나와 있어.
남: 정말? 그게 무슨 문제가 있는 거야?
여: 우리는 더 새로운 의자가 필요 없어. 내 말은, 물론, 의자가 조금 오래되긴 했지. 하지만 의자들은 정말 편하고 그곳은 공부하기에 좋은 장소야. 휴게실은 모든 기숙사와 본관 식당 중간에 위치해 있거든. 만약 기숙사가 시끄러워지면, 항상 거기에 가서 공부할 수 있고 배가 고파지면 식당이 바로 옆에 있어. 하지만, 도서관은, 으, 캠퍼스 반대편에 있어.
남: 맞아, 그리고 거기는 정말 불편해.
여: 무슨 말인지 나도 잘 알아, 그게 또 다른 문제인 거야. 공지에서는 그저 보수 공사가 진행되는 동안에 우리가 도서관을 이용할 수 있다고 말했잖아. 하지만 정말로, 도서관은 너무 불편해. 모든 그 돌처럼 딱딱한 나무 의자들 말이야, 그러니까, 그게 바로 우리 대부분의 학생들이 휴게실에서 공부하는 이유야. 사실, 그거 알아? 학생 휴게실을 폐쇄하는 것보다 도서관을 더 편하게 만드는 게 훨씬 더 말이 될 거야.

어휘 definitely[défənitli] 절대로, 분명히 announcement[ənáunsmənt] 공지, 발표 shut down 폐쇄하다, 닫다

■ 읽기 노트

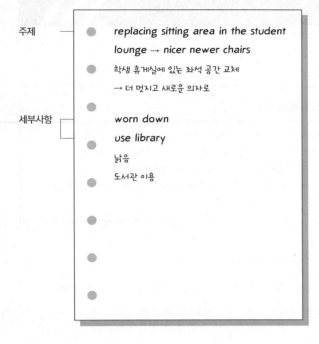

주제 → replacing sitting area in the student lounge → nicer newer chairs
학생 휴게실에 있는 좌석 공간 교체
→ 더 멋지고 새로운 의자로

세부사항 → worn down
use library
낡음
도서관 이용

■ 듣기 노트

화자의 의견 → –
반대

이유 1 → X need
old → great place study
between dorms / cafet.
hungry cafet.
필요 없음
오래되어도 → 공부하기 좋은 장소
기숙사와 식당 사이
배고프면 식당

이유 2 → L → uncomf.
more sense → L → comf.
도서관 → 불편
더 합리적 → 도서관 → 편하게

■ 모범 답안

🎧 실전모의고사 07_R2.mp3

The reading says the school will replace the sitting area in the student lounge with nicer newer chairs because it is worn down. Students can just use the library during construction.

The woman in the conversation thinks that this change is a bad idea and talks about why she thinks so.

First, one of the things that she says is that they don't need new chairs. She says that the chairs are a little old but it's a great place to study. It's convenient because it's between the dorm and the cafeteria.

Also, a second thing she mentions is that the library is very uncomfortable. The chairs are very hard and it would've made more sense to make the library more comfortable instead.

해석 | 지문은 학생 휴게실에 있는 좌석 공간이 낡았기 때문에 더 멋지고 더 새로운 의자로 교체할 것이라고 말한다. 학생들은 공사 기간 동안 그냥 도서관을 이용할 수 있다.

대화에서 여자는 이러한 변화가 좋지 않다고 생각하며 그녀가 그렇게 생각하는 이유에 대해 말한다.

첫 번째로, 그녀가 말하는 것 중 한 가지는 그들은 새로운 의자들이 필요하지 않다는 점이다. 그녀는 의자들이 조금 오래되긴 했지만 공부하기에는 좋은 장소라고 말한다. 휴게실은 기숙사와 식당 사이에 있기 때문에 편리하다.

또한, 두 번째로 그녀가 언급하는 것은 도서관이 매우 불편하다는 점이다. 의자들이 매우 딱딱해서 차라리 도서관을 더 편하게 만드는 것이 더욱 합리적이었을 것이다.

선생님이 알려주는 점수보장 TIP

가능하다면 노트테이킹에 줄임말을 활용하며 같은 단어를 반복하지 않도록 합니다. 음원에서 같은 단어가 두 번 나오는 경우에는 첫 글자만 따서 메모하는 방법을 쓰는 것이 효율적입니다.

Q3. 흥미 기반 학습

읽기 지문

> ### Interest-Based Learning
>
> The study of effective methods of education is useful in learning how to best provide information in a manner that students will be able to absorb quickly. One technique used in the creation of study plans is referred to as interest-based learning. This means that study plans are created with student interests as the focus. By presenting information in a way that students may find interesting, they will be more eager to learn and resulting class time will have higher productivity rates.

해석

흥미 기반 학습

효과적인 교육 방법에 대한 연구는 학생들이 빠르게 받아들일 수 있게 할 방식으로 어떻게 하면 정보를 가장 잘 제공하는지를 배우는 데 있어 유용하다. 학습 계획을 세우는 데 사용되는 기법 중 하나는 흥미 기반 학습이라 불리운다. 이는 학습 계획들이 학생의 흥미에 중점에 두고 만들어지는 것을 의미한다. 학생들이 흥미를 느낄 수 있는 방식으로 정보를 제시함으로써, 학생들은 더욱 열정적으로 배울 것이며 결과적으로 수업 시간에 더 높은 생산성을 초래할 것이다.

어휘 effective[iféktiv] 효과적인 manner[mǽnər] 방식, 방법 absorb[æbsɔ́ːrb] 받아들이다, 흡수하다 eager[iːgər] 열렬한, 열심인 productivity rate 생산성, 생산력

강의 스크립트

🎧 실전모의고사 07_Q3.mp3

> I can think of a really good example of this in my friend, Dave. Dave teaches art in high school. I remember him telling me once that he did a unit on how to make fresco paintings and the class had a hard time following because just reading passages in the book and looking at pictures was really boring. He thought about how to get students more interested and he ended up finding a local artist in the area that was willing to come to his class and talk about frescos. The artist even brought some materials to class and painted a fresco right there in class. Um, it was possible because the whole point of a fresco is that it needs to be done quickly. And well, that fit in well with doing one during class time. Well, this got students really excited because they got to ask questions to the artist and see how colors were applied. They got to try out making their own frescos and later, during the next lecture, students came ready to do the class and had a lot of questions that they had prepared during the night before.

해석 나는 이것에 대한 정말 좋은 예시로 나의 친구인, Dave가 생각납니다. Dave는 고등학교에서 미술을 가르칩니다. 나는 그가 나에게 한번은 어떻게 프레스코 그림을 그리는지에 관한 수업을 했는데 책에 있는 지문을 읽고 그림만 보는 것은 너무 지루했기 때문에 학급 학생들이 수업을 따라가기 힘들었다고 말했던 것이 기억납니다. 그는 어떻게 하면 학생들이 더 흥미를 가질지 생각해 보았고 결국 그의 수업에 흔쾌히 와서 프레스코화에 관한 이야기를 해 주겠다는 그 지역에 있는 한 지역 화가를 찾을 수 있었습니다. 그 화가는 심지어 수업에 몇몇 재료를 가지고 와서 수업에서 바로 프레스코화 하나를 그렸습니다. 음, 프레스코에서 가장 중요한 점은 빨리 끝내야 하는 것이기 때문에 그것이 가능했던 것이지요. 그리고 음, 그것은 수업 시간 중에 하나를 해 보는 것과 아주 잘 들어맞았습니다. 음, 학생들은 화가에게 질문들을 물어보고 어떻게 색깔들이 칠해지는지를 보았기 때문에 이는 학생들이 매우 흥미를 가지게 만들었습니다. 그들은 그들만의 프레스코화를 만들기를 시도해야만 했고 그리고 이후에, 다음 강의 시간 동안, 학생들은 수업을 하기 위해 준비된 자세로 와서 전날 밤에 준비해 둔 많은 질문들을 물어보았습니다.

어휘 fresco[fréskou] 프레스코화 (새로 석회를 바른 벽에 그것이 마르기 전에 그림을 그리는 것) ended up 결국 ~이 되다 be willing to do 기꺼이 ~하다

■ 읽기 노트

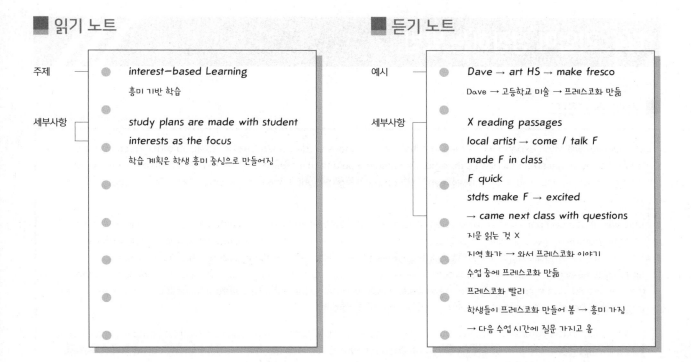

주제 — interest-based Learning
흥미 기반 학습

세부사항 — study plans are made with student
interests as the focus
학습 계획은 학생 흥미 중심으로 만들어짐

■ 듣기 노트

예시 — Dave → art HS → make fresco
Dave → 고등학교 미술 → 프레스코화 만듦

세부사항 — X reading passages
local artist → come / talk F
made F in class
F quick
stdts make F → excited
→ came next class with questions

지문 읽는 것 X
지역 화가 → 와서 프레스코화 이야기
수업 중에 프레스코화 만듦
프레스코화 빨리
학생들이 프레스코화 만들어 봄 → 흥미 가짐
→ 다음 수업 시간에 질문 가지고 옴

■ 모범 답안

🎧 실전모의고사 07_R3.mp3

The reading passage is about interest-based learning, **which is** when study plans are made with students' interests as the focus.

The speaker gives one example of this in the lecture.

She says her friend Dave is an art teacher in high school. He was talking about making frescos, but students did not like just reading passages in books. She says that Dave found a local artist to come and talk to the class about frescos. The artist and the students made frescos during class, which was exciting. In the next class, students came prepared with questions about frescos.

해석   읽기 지문은 흥미 기반 학습에 관한 것이며, 이것은 학습 계획이 학생의 흥미를 중심으로 만들어지는 것을 말한다.

화자는 강의에서 이에 대한 예시 하나를 준다.

그녀는 그녀의 친구 Dave가 고등학교 미술 선생님이라고 말한다. 그는 프레스코화를 만드는 것에 대해 설명하고 있었지만, 학생들은 책에 있는 지문을 읽기만 하는 것을 좋아하지 않았다. 그녀는 Dave가 프레스코화에 관해 수업에 와서 이야기해 줄 지역 화가를 찾았다고 말한다. 그 화가와 학생들은 수업 시간 동안 프레스코화를 만들었고, 이는 흥미로웠다. 다음 수업 시간에, 학생들은 프레스코화에 관한 질문들을 준비해 왔다.

선생님이 알려주는 점수보장 TIP

Q3와 Q4의 모범 답안과 스크립트를 비교해 보면 모범 답안에는 스크립트의 내용 중 생략된 내용이 있다는 것을 알 수 있습니다. 소소한 사항들을 생략해도 만점 득점이 가능합니다.

실전모의고사

스타트플 실전 Speaking

Q4. 기업이 성장하는 방법

■ 강의 스크립트

🎧 실전모의고사 07_Q4.mp3

Companies will often expand when they feel that their business model would be successful in other areas or if their current operational area has been saturated. Expansion would then increase the number of available customers for their good or service. There are a few ways that companies grow, and I want to talk about two of these methods with you today.

One way that a company can grow is referred to as internal growth. In internal growth, the company will use some of its resources to invest in itself. It will upgrade or improve some aspect of its operations to improve productivity. For example, a website might invest in very high speed internet speeds for their servers. This would allow more simultaneous users. And, each user would have access to faster connections to their servers. This means that the website would load more quickly and the website would be able to have more visitors. The cost of initial investment is acceptable because they would be able to serve more customers.

Another way that a company can grow is referred to as external growth. In this type of growth, a company may simply buy a competitor in order to absorb the competitor's resources. So let's say there is a company called Mike's Bikes and they sell mountain bikes. Well, Mike's Bikes might buy another bike store in a different area and just change the new store's name to Mike's Bikes. This is useful because Mike's Bikes could continue employing the same employees at the new store and also keep the existing structures to display bikes. They may have to spend a little money on the interior to make it seem like the same company; but, that's a lot better than building from scratch.

해석 기업들은 그들의 사업 모델이 다른 지역에서 성공적일 것이라고 생각할 때나 그들의 현재 운영 지역이 포화 상태가 되면 주로 확장을 할 것입니다. 확장은 그들의 재화나 서비스에 대한 이용 가능한 고객의 수를 증가시킬 것입니다. 기업이 성장하는 몇 가지 방법들이 있으며, 저는 오늘 이러한 방법 중 두 가지에 대해서 여러분과 함께 이야기하고 싶습니다.

한 회사가 성장할 수 있는 한 가지 방법은 내부 성장이라고 불립니다. 내부 성장에서, 기업은 일정량의 자원을 회사 자체에 투자하는 데 사용할 것입니다. 기업은 생산성을 향상시키기 위해 회사의 운영의 일부 측면들을 개선하거나 향상시킬 것입니다. 예를 들어, 한 웹사이트가 그들의 서버를 위해 초고속 인터넷 속도에 투자할 수 있습니다. 이것은 보다 많은 동시 사용자를 수용하도록 해줄 것입니다. 그리고, 각 사용자들은 회사 서버에 더 빠르게 접속하게 될 것입니다. 이는 해당 웹사이트가 더욱 빠르게 로딩되어 웹사이트는 더 많은 방문자들을 확보할 수 있다는 것을 의미합니다. 회사가 더 많은 고객들에게 서비스를 제공할 수 있기 때문에 초기 투자 비용은 수용할 만합니다.

기업이 성장할 수 있는 또 다른 방법은 외부 성장이라 불립니다. 이 성장 유형에서, 한 기업은 단순히 경쟁사의 자원을 흡수하기 위해 경쟁사를 사들일 수 있습니다. 그럼 Mike's Bikes라 불리는 회사가 있으며 그들이 산악용 자전거를 판다고 해 봅시다. 음, Mike's Bikes사는 다른 지역에 있는 또 다른 자전거 가게를 사들여 단지 새로운 가게의 이름을 Mike's Bikes로 바꿀지도 모릅니다. 이것은 Mike's Bikes사가 새로운 가게에서 동일한 직원을 계속해서 고용할 수 있으며 또한 자전거를 전시하는 데 있어 기존의 구조물을 유지할 수 있기 때문에 유용합니다. 그들은 같은 회사로 보이게 하기 위해 인테리어에 약간의 돈을 소비해야 할 수 있지만, 그것은 처음부터 짓는 것보다는 훨씬 낫습니다.

어휘 **expand**[ikspǽnd] 확장하다 **operational**[ὰpəréiʃənl] 운영의, 가동상의 **saturate**[sǽtʃərèit] 포화 상태를 만들다 **internal**[intə́:rnl] 내부의 **invest**[invést] 투자하다 **productivity**[pròudʌktívəti] 생산성 **simultaneous**[sàiməltéiniəs] 동시의 **acceptable**[ækséptəbl] 수용할 만한, 받아들일 만한 **external**[ikstə́:rnl] 외부의 **existing**[igzístiŋ] 기존의, 현재 사용되는 **from scratch** 처음부터, 준비 없이

■ 듣기 노트

주제	● **2 methods – grow** 두 가지 방법 - 성장
소주제 1	● **internal** 내적
세부사항	**invest in self** 회사 자체에 투자
	● **website → high speed internet** 웹사이트 → 초고속 인터넷
	more simul. Users → load more quick 더 많은 동시 사용자 → 더 빨리 로딩함
	● **more visitors** 더 많은 방문자
	cost OK → more cust 비용 괜찮음 → 더 많은 고객들
	●
소주제 2	● **external** 외적
세부사항	● **buy competitor → absorb resources** 경쟁사를 매입 → 자원을 흡수
	Mike's bikes → another bike store Mike's bikes → 또다른 자전거 가게
	● **change name Mike's bikes → same employees, structures** 이름을 Mike's Bikes로 바꿈 → 같은 직원, 구조

■ 모범 답안

🎧 실전모의고사 07_R4.mp3

The lecture is about how companies expand their business.

First, he talks about internal growth. **He says that** this means a company will invest in itself. **For example,** a website company can buy high speed internet for servers. They will have more simultaneous users and their site will load more quickly. The cost is OK because they will have more customers.

Second, he talks about external growth. **He says that** this means a company will buy a competitor and absorb its resources. **For example,** a company called Mike's Bikes could buy another bike store and change its name to Mike's Bikes. They can keep the same employees and the same structures.

해석　강의는 어떻게 기업이 그들의 사업을 확장하는지에 관한 내용이다.

첫 번째로, 그는 내적 성장에 대해 이야기한다. 그는 이것은 회사가 회사 자체에 투자할 것이라는 것을 의미한다고 말한다. 예를 들어, 한 웹사이트 회사는 서버를 위해 초고속 인터넷을 구입할 수 있다. 그들은 더 많은 동시 사용자를 수용할 것이며 그들의 웹사이트는 더 빨리 로딩될 것이다. 그들은 더 많은 고객을 가지게 될 것이므로 비용은 문제없다.

두 번째로, 그는 외적 성장에 대해 이야기한다. 그는 이것이 회사가 경쟁사를 매입하여 그 회사의 자원을 흡수할 것을 의미한다고 말한다. 예를 들어, Mike's Bikes라고 불리는 회사는 다른 자전거 가게를 사서 그 이름을 Mike's Bikes로 바꿀 수 있다. 그들은 동일한 직원과 동일한 구조를 유지할 수 있다.

앞서 학습한 내용을 바탕으로 자신의 답안에 대해 다음 사항을 점검하고 앞으로 개선해야 할 점을 확인해 보세요.

Question 1

하나의 특정한 예시를 잘 설명했는가?	☐ Yes	☐ No
자연스러운 대화체 억양을 사용했는가?	☐ Yes	☐ No
말하는 도중 멈추거나 머뭇거리지 않았는가?	☐ Yes	☐ No
안정되고 편안하게 말하도록 노력했는가?	☐ Yes	☐ No

Question 2

자연스러운 억양을 사용하였는가?	☐ Yes	☐ No
노트테이킹이 순조롭게 대답하는 데 도움이 되는가?	☐ Yes	☐ No
너무 빠르거나 성급하게 느껴지지 않는가?	☐ Yes	☐ No
듣기의 대화를 이해하는 데 집중하였는가?	☐ Yes	☐ No

Question 3

지문을 읽는 동안 관련 주제의 개념과 정의를 이해하고 적었는가?	☐ Yes	☐ No
임의로 추측해서 말하지 않고 확실한 세부사항만을 말했는가?	☐ Yes	☐ No
읽기 지문과 듣기의 예시 간의 관계를 정확히 이해했는가?	☐ Yes	☐ No
노트테이킹한 것을 보고 문법 실수 없이 문장으로 조리 있게 말했는가?	☐ Yes	☐ No

Question 4

제한 시간 안에 두 번째 예시의 설명까지 마쳤는가?	☐ Yes	☐ No
임의로 추측해서 말하지 않고 확실한 세부사항만을 말했는가?	☐ Yes	☐ No
답변의 서론에서 너무 많은 시간을 쓰지 않았는가?	☐ Yes	☐ No
노트테이킹한 것을 보고 문법 실수 없이 문장으로 조리 있게 말했는가?	☐ Yes	☐ No

실전모의고사

08

SELF-EVALUATION LIST

Q1. 많은 장소 보는 것 vs. 많은 휴식 취하는 것

Question

When going on vacation, do you prefer to see as many sites as possible or do you prefer to relax as much as possible?

휴가를 가게 되면, 당신은 가능한 한 많은 장소를 보는 것을 선호합니까? 아니면 가능한 한 많은 휴식을 취하는 것을 선호합니까?

■ 아웃라인

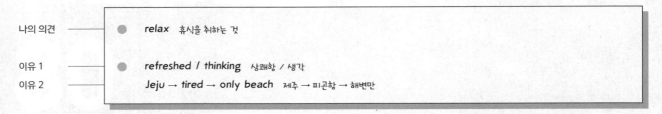

나의 의견 ── ● *relax* 휴식을 취하는 것

이유 1 ── ● *refreshed / thinking* 상쾌함 / 생각

이유 2 ── *Jeju → tired → only beach* 제주 → 피곤함 → 해변만

■ 모범 답안

When going on vacation, **I prefer to** relax as much as possible.

If I relax, then I can do many things, such as feeling refreshed when I go home or spending time carefully thinking about things in my life.

Just last summer, I went on a trip to Jeju Island, which is an island below South Korea. I was so tired from school that I just needed to get away and recharge. I only left the hotel to go to the beach. It would've been nice to see lots of sites, but I think I would've been more tired.

해석　휴가를 가게 되면, 나는 가능한 한 많은 휴식을 취하는 것을 선호한다.

　　　내가 휴식을 취하면, 집에 갈 때 상쾌한 기분이 들거나 나의 인생의 부분들에 관해서 신중히 생각하는 데 시간을 보내는 것과 같은 많은 일들을 할 수 있다.

　　　바로 지난 여름, 나는 한국 아래에 있는 섬, 제주도로 여행을 갔다. 나는 학교 때문에 너무 피곤했기 때문에 휴가를 떠나 재충전을 해야 했다. 나는 해변에 가기 위해서만 호텔을 나갔다. 많은 장소를 둘러보았으면 좋겠지만, 아마 나는 더 피곤했을 것 같다.

어휘　**relax**[rilǽks] 휴식을 취하다, 느긋이 쉬다 **refreshed**[rifréʃt] (기분이) 상쾌한, 개운한 **carefully**[kέərfəli] 신중히, 조심스럽게
　　　get away 휴가를 가다, 벗어나다 **recharge**[riːtʃɑ́ːrdʒ] 재충전하다

선생님이 알려주는 점수보장 TIP

모범 답안을 크게 읽으며 자신의 답안을 녹음해 보는 것이 좋습니다. 녹음된 답안을 들어 보며 예상처럼 억양이 자연스럽고 유창하게 들리는지 확인하는 것이 좋습니다.

Q2. 호주로 여름 여행

* 녹색으로 하이라이트된 부분은 지문의 주요 부분으로 노트에 작성해야 하는 부분입니다.

■ 읽기 지문

Dear students,

For this year's summer trip, the biology department will be taking a one-month trip to Australia. The location was chosen because Australia is studied by scientists from all over the world for its enormous wildlife diversity. As the cost of the trip will be higher than last year's trip, students will be required to submit their money for the trip by January 1. This is also much sooner than last year, but the school must have all funding for the trip received before group tickets can be purchased.

Dr. Ellis.

해석 학생들에게,

올해 여름 여행을 위해, 생물학과는 한 달간 호주로 여행을 갈 예정입니다. 호주는 전 세계의 과학자들에 의해 호주의 막대한 야생 생물의 다양성에 대해 연구되기 때문에 이번 장소로 선정되었습니다. 이번 여행 경비는 지난해 여행보다 더 높을 것이므로, 학생들은 1월 1일까지 여행 경비를 제출하도록 요구됩니다. 이것 또한 지난해보다 훨씬 더 이르긴 하지만, 단체 표를 구입하기 전에 학교는 모든 여행 경비를 모두 받아야만 합니다.

Ellis 박사

어휘 biology[baiɑ́lədʒi] 생물학 enormous[inɔ́ːrməs] 막대한, 거대한 wildlife[waildlaif] 야생 생물, 야생 동물 diversity[divə́ːrsəti] 다양성
submit[səbmít] 제출하다 receive[risíːv] 받다, 얻다

■ 대화 스크립트

🎧 실전모의고사 08_Q2.mp3

W: Hey, I heard Dr. Ellis is gonna take everyone to Australia this year?
M: Yeah. But, I think it's a really bad idea.
W: What? Australia? That sounds like so much fun.
M: Yeah, but, see— last year's trip was just a week long; and, it was in the state. I mean, if any of us needed to leave early, we could just drive back. But, this year they're flying halfway around the world. It's gonna be great for some people. But, for me and a lot of others, we're not gonna be able to make it.
W: Oh, that's too bad.
M: Yeah, and, that deadline for the trip? I mean paying all of our money by January? Most of us were planning on saving up during the spring. I work at a restaurant; I make OK tips. And I think I could've saved up if the deadline was by May, like last year. But, I just won't have that much money by January. I don't think they really put a lot of thought into it this year.

해석 여: 안녕, Ellis 박사님께서 이번 해에는 모두를 데리고 호주로 가실 거라고 내가 들었거든?
남: 그래. 하지만, 내 생각에는 그건 정말 좋지 않은 것 같아.
여: 뭐라고? 호주인데도? 정말 재미있을 것 같은데.
남: 그래, 하지만, 그게, 지난해 여행은 단지 일주일 일정이었고, 그건 국내 여행이었어. 내 말은, 만약 우리 중 누군가 일찍 떠나야 하면, 우리는 그냥 다시 운전해서 돌아갈 수 있었어. 하지만, 올해는 지구 반대편으로 날아가는 거잖아. 누군가에게는 좋을 거야. 하지만, 많은 다른 사람들이나 나 같은 경우는, 여행을 가지 못할 거야.
여: 오, 그것 참 유감이구나.
남: 그래, 그리고, 여행 마감 기한 있잖아? 그러니까 1월까지 모든 비용을 지불해야 한다고? 우리들 대부분은 봄 동안 저축을 하려고 계획하고 있어. 나는 음식점에서 일을 하고, 팁도 잘 받는 편이야. 그리고 내 생각에는 만약 작년처럼, 마감 기한이 5월까지면 나는 돈을 모을 수 있을 것 같아. 하지만, 1월까지 그렇게 많은 돈을 모을 수는 없을 거야. 내 생각에는 학교에서 올해 여행에 대해 그다지 많이 고려하지 않은 것 같아.

어휘 deadline[dedlain] 마감 기한, 최종 기한 save up 저축하다, 모으다

■ 읽기 노트

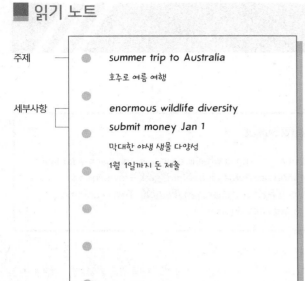

주제 —— summer trip to Australia
호주로 여름 여행

세부사항 —— enormous wildlife diversity
submit money Jan 1
막대한 야생 생물 다양성
1월 1일까지 돈 제출

■ 듣기 노트

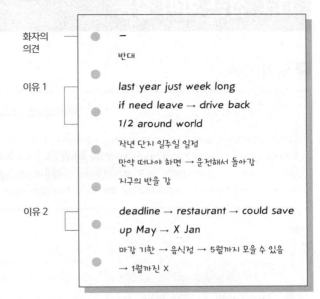

화자의 의견 —— –
반대

이유 1 —— last year just week long
if need leave → drive back
1/2 around world
작년 단지 일주일 일정
만약 떠나야 하면 → 운전해서 돌아감
지구의 반을 감

이유 2 —— deadline → restaurant → could save
up May → X Jan
마감 기한 → 음식점 → 5월까지 모을 수 있음
→ 1월까진 X

■ 모범 답안

🎧 실전모의고사 08_R2.mp3

The e-mail says the school will have a summer trip for Australia because it has enormous wildlife diversity. Students must submit their money by January 1st.

The man in the conversation thinks that this change is a bad idea and talks about why he thinks so.

First, one of the things that he says is that last year's trip was just a week long. If students needed to leave, they could just drive back. But, this year, the trip is halfway around the world.

Also, a second thing he mentions is that he works at a restaurants and he could save up money by May. But, he won't be able to save up that much money by January.

해석 이메일에서는 호주에 막대한 야생 생물의 다양성이 있기 때문에 학교가 여름 여행을 호주로 갈 것이라고 말한다. 학생들은 1월 1일까지 그들의 돈을 제출해야만 한다.

대화에서 남자는 이러한 변화가 좋지 않다고 생각하며 그가 그렇게 생각하는 이유에 대해 말한다.

첫 번째로, 그가 말하는 것 중 한 가지는 작년 여행이 단지 일주일 일정이었다는 점이다. 만약 학생들이 떠나야 하면, 그들은 그냥 운전해서 돌아갈 수 있었다. 하지만, 올해, 이번 여행은 지구 반대편으로 가는 것이다.

또한, 두 번째로 그가 언급하는 것은 그가 음식점에서 일을 해서 5월까지 돈을 모을 수 있다는 점이다. 하지만, 1월까지 그만큼 많은 돈을 모을 수 없을 것이다.

선생님이 알려주는 점수보장 TIP

Q2에서 음원의 내용을 이해한 후에도 답안의 문장을 구성하지 못한다면 이는 듣기 능력의 부족이 아니라 영어 문장 구성 능력의 부족입니다. 이러한 경우, Q1에서 외웠던 문장 구조만 반복하는 것 보다는 스스로 문장을 구성하는 연습을 해 본다면 도움이 될 것입니다.

Q3. 접근 회피 갈등

📖 읽기 지문

Approach-Avoidance Conflict

There are times when a person wants to achieve a specific goal but experiences what is called an approach-avoidance conflict. This means that a person will be drawn to the goal due to the positive aspect of the goal. However, the person will simultaneously try to avoid achieving the goal due to the negative aspects of the goal. This is common in serious life-changing decisions but can also be experienced by young children as well.

해석

접근 회피 갈등

한 사람이 특정 목표를 성취하기를 원하지만 접근 회피 갈등이라 불리는 것을 경험할 때가 있다. 이는 목표의 긍정적인 면으로 인해 한 사람이 그 목표에 끌리게 될 것이라는 것을 의미한다. 그러나, 동시에 그 사람은 목표의 부정적인 면으로 인해 목표를 성취하기를 피하려 할 것이다. 이는 인생을 변화시키는 중대한 결정에서 일반적으로 나타나지만 어린아이들에 의해서도 마찬가지로 경험될 수 있다.

어휘　be drawn to ~에 끌리다　simultaneously[sàiməltéiniəsli] 동시에　achieve[ətʃíːv] 성취하다　aspect[ǽspekt] 측면

🎧 강의 스크립트

🎧 실전모의고사 08_Q3.mp3

Right, so, I have a personal example of this I want to talk about. I remember once, a long time ago, back when I was a college student. I considered becoming a doctor. I mean, I liked studying topics in the medical field and I thought that, you know, maybe becoming a doctor was the right fit for me. I considered the positive aspects. Um, I could help to improve the quality of patients' lives. I could work on research to develop new therapies. I would have a chance to meet with other doctor's in my field and learn the opinions of my peers. I mean, this was something that I thought would be fantastic. But, then, I considered the negative aspects. It would mean that I would have to be in school a lot longer. Then, there was the stress of maybe having a patient die. I mean, I just didn't know if I could handle that. I mean, a few of my uncles are doctors, and, I know that they are basically at work 7 days a week. And, well, I just thought that these negative aspects outweighed the positive aspects.

해석　좋습니다, 여기서, 제가 말하고 싶은 하나의 개인적인 사례가 있습니다. 저는 언젠가, 오래 전, 제가 대학생일 때를 기억합니다. 저는 의사가 되기를 고려했었죠. 무슨 말이냐면, 저는 의학 분야의 주제들을 공부하는 것을 좋아해서, 그러니까, 의사가 되는 것이 나에게 적합하다고 생각했습니다. 저는 긍정적인 측면들을 생각해 보았습니다. 음, 저는 환자들의 삶의 질을 향상시키도록 도울 수 있었습니다. 저는 새로운 치료법을 개발하기 위한 연구도 할 수 있을 것이구요. 제 분야의 다른 의사들을 만나고 동료들의 의견을 배울 수 있는 기회도 가질 것입니다. 그러니까, 이는 제가 생각하기에 환상적인 것이었죠. 하지만, 이후에, 저는 부정적인 면에 대해서 생각했습니다. 의사가 되는 것은 학교에 훨씬 더 오랫동안 있어야만 한다는 것을 의미할 겁니다. 그리고, 아마 환자가 죽는 것에 대한 스트레스도 있었구요. 그러니까, 전 제가 그것에 대처할 수 있을지 알 수 없었습니다. 그러니까, 저의 삼촌 중 몇몇은 의사고 저는 그들이 기본적으로 일주일에 7일을 일한다는 것을 알고 있습니다. 그리고, 음, 저는 단지 이러한 부정적인 면들이 긍정적인 면보다 크다고 생각했습니다.

어휘　patient[péiʃənt] 환자　handle[hǽndl] 다루다, 대처하다　outweigh[autwei] ~보다 더 크다

■ 읽기 노트

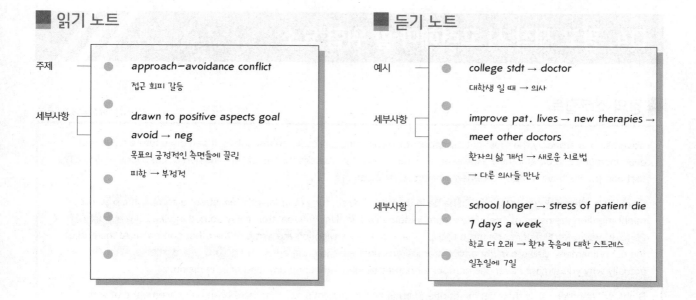

주제 ─── approach-avoidance conflict
접근 회피 갈등

세부사항 ─── drawn to positive aspects goal
avoid → neg
목표의 긍정적인 측면들에 끌림
피함 → 부정적

■ 듣기 노트

예시 ─── college stdt → doctor
대학생 일 때 → 의사

세부사항 ─── improve pat. lives → new therapies →
meet other doctors
환자의 삶 개선 → 새로운 치료법
→ 다른 의사들 만남

세부사항 ─── school longer → stress of patient die
7 days a week
학교 더 오래 → 환자 죽음에 대한 스트레스
일주일에 7일

■ 모범 답안

🎧 실전모의고사 08_R3.mp3

The reading passage is about approach-avoidance conflict, **which is** when someone is drawn to positive aspects of a goal but also avoids negative aspects of the goal.

The speaker gives one example of this in the lecture.

He says when he was a college student, he wanted to be a doctor. Positive aspects were improving patients' lives. He could work on making new therapies. Also, he would have a chance to meet other doctors. But, there were many negative aspects. He would have to stay in school longer and have stress from patient's dying. Also, he would have to work 7 days a week.

해석   읽기 지문은 접근 회피 갈등에 관한 것이며, 이것은 누군가가 목표의 긍정적인 측면에 끌리지만 또한 목표의 부정적인 측면들을 피하려고 하는 것이다.

화자는 강의에서 이에 대한 예시 하나를 준다.

그는 그가 대학생이었을 때, 의사가 되고 싶었다고 말한다. 긍정적 측면은 환자들의 삶을 향상시킨다는 것이었다. 그는 새로운 치료법들을 만드는 일을 할 수 있었을 것이다. 또한, 그는 다른 의사들을 만날 기회를 가질 수 있을 것이다. 하지만, 많은 부정적인 측면들이 있었다. 그는 학교에 더 오래 있어야만 했을 것이고 환자의 죽음으로 인해 스트레스를 받을 것이다. 또한, 그는 일주일에 7일을 일해야만 했을 것이다.

■ 강의 스크립트

🎧 실전모의고사 08_Q4.mp3

Advertising is arguably the most critical aspect of introducing a product to the public. It can drive future sales and even increase customer loyalty. However, advertising does have risks that must be considered. Let's look at two risks that companies have to address when making advertisements.

One risk is mentioning a competitor's name in their ad. OK, so, for example, let's talk about a soda company. They might mention the name of one of their competitors in an ad. Um, maybe, they'll say something like "the majority of 20 to 30 year olds like our soda more than . . ." and then they mention the name of the other company. At the end of the advertisement, viewers might only remember the name of the competitor and go buy one of their sodas! This is actually why you almost never see competitor names mentioned during any kind of advertising.

Right, so, another risk is that you might offend consumers. Um, let's say that there is an advertisement that very strongly criticizes another company's product. Uh, so, let's say tennis shoe company Y says that tennis shoe company X has very low quality production methods and makes shoes that fall apart quickly. Well, if users of company X's shoes disagree, they may feel the advertisement is unfair. Then, they may do things, like going on social media, and criticize company Y for lying. This is particularly damaging because it may convince people to stop buying shoes from company Y altogether.

해석 광고는 하나의 상품을 대중들에게 소개하는 데 있어 거의 틀림없이 가장 중요한 부분입니다. 광고는 향후 판매를 유도할 수 있으며 심지어 소비자 충성도를 높일 수도 있습니다. 하지만, 광고는 반드시 고려돼야만 하는 위험 요소들을 분명히 가지고 있습니다. 광고를 만들 때 회사가 대처해야만 하는 두 개의 위험 요소들을 살펴보겠습니다.

한 가지 위험 요소는 광고에서 경쟁사의 이름을 언급하는 것입니다. 자, 그럼, 예를 들어, 탄산음료 회사에 대해 이야기해 보겠습니다. 그들은 광고에서 그들의 경쟁사 중 하나의 이름을 언급할지도 모릅니다. 음, 아마, 그들은 "20에서 30대의 상당수가 우리의 탄산음료를 ...보다 좋아한다"는 식으로 말할 것이며 그 후에 다른 회사의 이름을 언급할 것입니다. 광고 마지막에, 시청자들은 오직 경쟁사의 이름만을 기억하고 그들의 탄산음료 중 하나를 사러 나갈지도 모릅니다! 이것은 실제로 여러분이 모든 광고에서 경쟁사의 이름을 언급하는 것을 거의 본 적이 없는 이유입니다.

자, 그리고, 또 다른 위험 요소는 당신이 소비자들을 불쾌하게 할 수 있다는 것입니다. 음, 다른 회사의 상품을 강하게 비판하는 광고가 있다고 해 봅시다. 음, 그러니까, Y 테니스화 회사가 X 테니스화 회사는 매우 낮은 품질의 생산 방식을 갖고 있으며 빨리 닳는 신발을 만든다고 말한다 해 봅시다. 음, 만약 X사의 사용자들이 동의하지 않는다면, 그들은 그 광고가 불공정하다고 느낄 수 있습니다. 그러면, 그들은 소셜 미디어에 가서, Y사가 거짓말을 한다고 비판하는 것과 같은 행동을 할 수도 있습니다. 이것은 사람들이 Y사의 신발을 구매하는 하는 것을 완전히 중단하도록 설득할수 있기 때문에 특히 손해를 끼칩니다.

어휘 arguably[ɑ́:rgjuəbli] 거의 틀림없이, 주장하건대   critical[krítikəl] 대단히 중요한   loyalty[lɔ́iəlti] 충성심
address[ədrés] (문제·상황 등에 대해) 대처하다, 다루다   competitor[kəmpétətər] 경쟁사, 경쟁 상대   offend[əfénd] 불쾌하게 하다, 기분 상하게 하다
criticize[krítəsàiz] 비판하다   unfair[ʌnfɛər] 불공정한   damaging[dǽmidʒiŋ] 손해를 끼치는, 피해를 주는   altogether[ɔ̀:ltəgéðər] 완전히, 아주

📝 듣기 노트

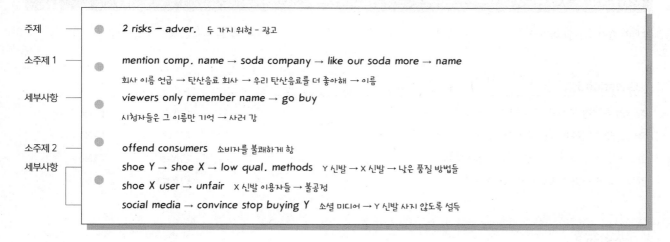

주제	**2 risks – adver.** 두 가지 위험 - 광고
소주제 1	**mention comp. name → soda company → like our soda more → name**
	회사 이름 언급 → 탄산음료 회사 → 우리 탄산음료를 더 좋아해 → 이름
세부사항	**viewers only remember name → go buy**
	시청자들은 그 이름만 기억 → 사러 감
소주제 2	**offend consumers** 소비자를 불쾌하게 함
세부사항	**shoe Y → shoe X → low qual. methods** Y 신발 → X 신발 → 낮은 품질 방법들
	shoe X user → unfair X 신발 이용자들 → 불공정
	social media → convince stop buying Y 소셜 미디어 → Y 신발 사지 않도록 설득

🔲 모범 답안

🎧 실전모의고사 08_R4.mp3

The lecture is about 2 risks of making advertisements.

First, she talks about mentioning the company name. **She says that** a soda company's advertisement might say that 'people like our soda more than' and then mention a competitor's name. Viewers might only remember the name of the competitor and buy one of their sodas.

Second, she talks about offending consumers. **She says that** shoe company Y might say that shoe company X has low quality methods. Shoe company X users might think this is unfair. They could use social media to try to convince people to stop buying company Y shoes.

해석　강의는 광고를 만드는 것의 두 가지 위험 요소에 관한 내용이다.

첫 번째로, 그녀는 회사의 이름을 언급하는 것에 대해 이야기한다. 그녀는 한 탄산음료 회사의 광고에서 '사람들은 우리 회사의 탄산음료를 ~보다 더 좋아한다'라고 말한 다음 경쟁사의 이름을 언급할 수 있다고 말한다. 시청자들은 경쟁사의 이름만 기억하고 그들의 탄산음료 중 하나를 살지도 모른다.

두 번째로, 그녀는 소비자들을 불쾌하게 만드는 것에 대해 이야기한다. 그녀는 Y 신발 회사가 X 신발 회사는 낮은 품질의 방식을 갖고 있다고 말할지도 모른다고 말한다. X 신발 회사 사용자들은 그것이 불공정하다고 생각할 수 있다. 그들은 소셜 미디어를 이용해 사람들이 Y사의 신발을 사는 것을 중단하라고 설득할 수 있다.

선생님이 알려주는 점수보장 TIP

Q4를 시간 내에 끝내는 것이 어렵다고 느낀다면 첫 문장을 최대한 짧게 말하는 것이 좋습니다. "The lecture is about two ~"의 형식으로 간단히 운을 뗀 후 바로 첫 예시에 대한 대답을 시작하는 것이 좋습니다. 이와 같은 방식을 활용하면 두 번째 예시까지 시간 내에 모두 답할 수 있는 가능성이 높아집니다.

앞서 학습한 내용을 바탕으로 자신의 답안에 대해 다음 사항을 점검하고 앞으로 개선해야 할 점을 확인해 보세요.

Question 1

하나의 특정한 예시를 잘 설명했는가?	☐ Yes	☐ No
자연스러운 대화체 억양을 사용했는가?	☐ Yes	☐ No
말하는 도중 멈추거나 머뭇거리지 않았는가?	☐ Yes	☐ No
안정되고 편안하게 말하도록 노력했는가?	☐ Yes	☐ No

Question 2

자연스러운 억양을 사용하였는가?	☐ Yes	☐ No
노트테이킹이 순조롭게 대답하는 데 도움이 되는가?	☐ Yes	☐ No
너무 빠르거나 성급하게 느껴지지 않는가?	☐ Yes	☐ No
듣기의 대화를 이해하는 데 집중하였는가?	☐ Yes	☐ No

Question 3

지문을 읽는 동안 관련 주제의 개념과 정의를 이해하고 적었는가?	☐ Yes	☐ No
임의로 추측해서 말하지 않고 확실한 세부사항만을 말했는가?	☐ Yes	☐ No
읽기 지문과 듣기의 예시 간의 관계를 정확히 이해했는가?	☐ Yes	☐ No
노트테이킹한 것을 보고 문법 실수 없이 문장으로 조리 있게 말했는가?	☐ Yes	☐ No

Question 4

제한 시간 안에 두 번째 예시의 설명까지 마쳤는가?	☐ Yes	☐ No
임의로 추측해서 말하지 않고 확실한 세부사항만을 말했는가?	☐ Yes	☐ No
답변의 서론에서 너무 많은 시간을 쓰지 않았는가?	☐ Yes	☐ No
노트테이킹한 것을 보고 문법 실수 없이 문장으로 조리 있게 말했는가?	☐ Yes	☐ No

실전모의고사 09

SELF-EVALUATION LIST

Q1. 부모가 옷 선택 vs. 스스로 옷 선택

Question

Some people believe that parents should choose what to wear for their young children. Others believe that young children should be allowed to wear whatever they want. Which attitude do you agree with more?

어떤 사람들은 부모가 자녀들이 입어야 할 옷을 선택해야 한다고 생각합니다. 다른 사람들은 자녀들이 그들이 원하는 어떤 옷이든 입도록 허용해 주어야만 한다고 생각합니다. 당신은 어떠한 태도에 더 동의합니까?

■ 아웃라인

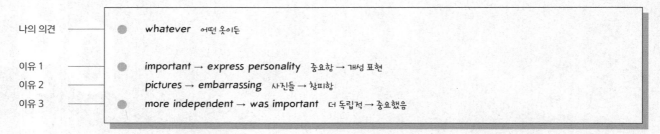

나의 의견	● whatever	어떤 옷이든
이유 1	● important → express personality	중요함 → 개성 표현
이유 2	pictures → embarrassing	사진들 → 창피함
이유 3	● more independent → was important	더 독립적 → 중요했음

모범 답안

I believe that young children should be allowed to wear whatever they want.

I think that this is important because children will be able to express their personality or create independence.

When I was a lot younger, my parents let me wear whatever I wanted. When I look at pictures from back then, it's really embarrassing now because I picked some really weird outfits. But, honestly, it really helped me be more independent because I remember thinking it was a really important decision back then.

해석   나는 자녀들이 그들이 원하는 어떤 옷이든 입도록 허용되어야만 한다고 생각한다.

아이들은 그들의 개성을 표현하거나 독립성을 키울 수 있을 것이기 때문에 나는 이것이 중요하다고 생각한다.

내가 훨씬 어렸을 때, 나의 부모님께서는 내가 원하는 어떤 옷이든 입을 수 있도록 허용해 주셨다. 나는 그때의 사진들을 볼 때면, 내가 몇몇 너무 이상한 옷을 골랐었기 때문에 지금은 그것이 매우 창피하다. 하지만, 솔직히, 그 당시에는 그것이 매우 중요한 결정이라 생각했던 기억이 나기 때문에 그것은 내가 더 독립적인 사람이 되도록 도와주었다.

어휘   **allow**[əláu] 허용하다, 허락하다   **express**[iksprés] 표현하다, 나타내다   **personality**[pə̀ːrsənǽləti] 개성, 성격, 인격
independence[ìndipéndəns] 독립성   **embarrassing**[imbǽrəsiŋ] 창피한, 난처한   **pick**[pik] 고르다, 선택하다   **weird**[wiərd] 이상한, 기묘한
outfit[autfit] 옷, 복장, 의상

선생님이 알려주는 점수보장 TIP

여기에서 제시된 모범 답안을 살펴 보면 두 번째 문장이 'If, then' 구조가 아닌 'I think this is 형용사 because' 구조인 것을 확인할 수 있습니다. 이 두 가지 구조 중 어느 것을 활용해도 점수의 차이는 없습니다. 둘 중 하나의 구조를 활용하면 됩니다.

*녹색으로 하이라이트된 부분은 지문의 주요 부분으로 노트에 작성해야 하는 부분입니다.

■ 읽기 지문

Quiet Policy in the Library

The school has decided to make a change in the quiet policy in the student library. From now on, students will not be allowed to use their cell phones in the library at all, including sending text messages or using any sort of app. This change is due to the numerous student complaints that we have received about how distracting it is that students use their cell phones. Additionally, any work that needs to be done online can be done on laptops or by using any of the library's public work terminals.

해석

도서관 소음 방지 정책

학교는 학생 도서관의 소음 방지 정책을 수정하기로 결정했습니다. 지금부터, 학생들은 문자를 보내거나 어떠한 종류의 앱을 사용하는 것을 포함하여 도서관에서 휴대 전화를 사용하는 것이 전혀 허용되지 않을 것입니다. 이러한 변화는 학생들이 휴대 전화를 사용하는 것이 매우 방해가 된다는 점에 관하여 저희가 받았던 수많은 학생들의 불만 사항들 때문입니다. 추가적으로, 온라인에서 해야 할 모든 작업은 휴대용 컴퓨터나 도서관의 공용 컴퓨터를 사용하여 하실 수 있습니다.

어휘   policy[pɑ́ləsi] 정책, 방침   numerous[njú:mərəs] 수많은   complaint[kəmpléint] 불만 사항, 항의
distracting[distrǽktiŋ] 방해가 되는, 집중이 안 되는   public work terminal 공용 컴퓨터 (단말기)

■ 대화 스크립트

🎧 실전모의고사 09_Q2.mp3

W: So, I guess they're getting stricter with the library, huh?
M: Yeah, but this new change doesn't make any sense. I absolutely disagree with it.
W: Really? But . . .
M: Yeah, OK, look, sometimes I don't bring my laptop to the library, and I look stuff up on my phone. Or, sometimes when I need to confirm meeting times with groups, I use my cell phone. If I run a little late, I let them know before I leave the library. I mean, not letting people use their phone for like 5 second texts? C'mon.
W: Well, OK, I see what you mean. But, at least you can just work on your laptop.
M: See, now that totally doesn't make sense. Laptop keyboards are so much louder than just tapping on a cell phone. The reason why I take my earplugs to the library is so that I can study without hearing all of that clicking. And, the public work terminals at the library are like ten years old. They're so slow.

해석   여: 그러니까, 내 생각에 학교가 도서관에 대해 더 엄격해질 건가 봐, 그렇지?
남: 그래, 하지만 이번 새로운 변경 사항은 말이 되지 않는 것 같아. 나는 절대로 동의하지 않아.
여: 정말? 하지만…
남: 그래, 알겠어, 그렇지만, 가끔 나는 도서관에 노트북을 들고 오지도 않고, 내 휴대 전화로 검색하기도 하거든. 또는, 때때로 내가 우리 조원들과의 모임 시간을 확인해야 할 때, 내 휴대 전화를 사용하기도 해. 만약 내가 조금 늦어질 것 같으면, 도서관을 나서기 전에 그들에게 알려주기도 해. 그러니까, 사람들이 휴대 전화를 문자보내는 데 단 5초 정도도 사용하지 못하게 하는 건? 너무해.
여: 음, 그래, 무슨 말인지 알겠어. 하지만, 적어도 너는 그냥 휴대용 컴퓨터로 작업할 수 있잖아.
남: 봐, 그게 완전히 말이 되지 않는다는 거야. 휴대용 컴퓨터 자판은 휴대 전화를 그냥 두드리는 것보다 훨씬 더 시끄러워. 내가 도서관에 귀마개를 가져가는 이유가 그 클릭하는 소리를 듣지 않고 공부할 수 있기 때문이야. 그리고, 도서관에 있는 공용 컴퓨터는 10년이나 오래된 것들이야. 그 컴퓨터들은 너무 느려.

어휘   look up (사전·참고 자료·컴퓨터 등에서 정보를) 찾아보다   confirm[kənfə́:rm] 확인하다, 확정하다   earplug[írplʌg] 귀마개

■ 읽기 노트

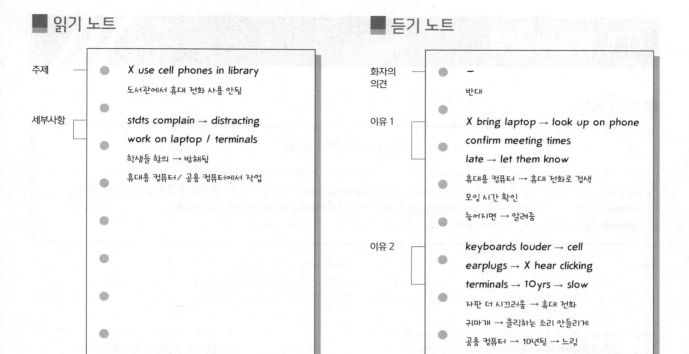

주제
- X use cell phones in library
  도서관에서 휴대 전화 사용 안됨

세부사항
- stdts complain → distracting
  work on laptop / terminals
  학생들 항의 → 방해됨
  휴대용 컴퓨터 / 공용 컴퓨터에서 작업

■ 듣기 노트

화자의 의견
- –
  반대

이유 1
- X bring laptop → look up on phone
  confirm meeting times
  late → let them know
  휴대용 컴퓨터 → 휴대 전화로 검색
  모임 시간 확인
  늦어지면 → 알려줌

이유 2
- keyboards louder → cell
  earplugs → X hear clicking
  terminals → 10yrs → slow
  자판 더 시끄러움 → 휴대 전화
  귀마개 → 클릭하는 소리 안들리게
  공용 컴퓨터 → 10년됨 → 느림

■ 모범 답안

🎧 실전모의고사 09_R2.mp3

The reading says the school will not allow cell phone use in the library because students complain that it's distracting and students can just work on laptops or terminals.

The man in the conversation thinks that this change is a bad idea and talks about why he thinks so.

First, one of the things that he says is that he doesn't bring his laptop to the library. He looks stuff up on his phone. If he's gonna be late to a study group, he lets them know.

Also, a second thing he mentions is that keyboards are much louder than cell phones. Also, the terminals at the library are 10 years old. They are very slow.

해석　지문은 학생들이 휴대 전화를 사용하는 것이 방해가 된다고 불만을 제기하기 때문에 학교는 도서관에서 휴대 전화 사용을 허용하지 않을 것이며 학생들은 휴대용 컴퓨터나 공용 컴퓨터로 일할 수 있다고 말한다.

대화에서 남자는 이러한 변화가 좋지 않다고 생각하며 그가 그렇게 생각하는 이유에 대해 말한다.

첫 번째로, 그가 말하는 것 중 한 가지는 그는 도서관에 그의 휴대용 컴퓨터를 가지고 오지 않는다는 점이다. 그는 그의 휴대 전화로 정보를 검색한다. 만약 그가 스터디 그룹에 늦게 되면, 그는 그들에게 알려준다.

또한, 두 번째로 그가 언급하는 것은 자판이 휴대 전화보다 훨씬 더 시끄럽다는 점이다. 또한, 도서관에 있는 공용 컴퓨터는 10년이나 되었다. 그것들은 매우 느리다.

Q3. 행동의 소멸

■ 읽기 지문

> ### Extinction of Behavior
>
> When an observed behavior is undesirable, it is common for a punishment to be used as a deterrent to future repetitions of the behavior. However, the extinction of behavior model holds that if there is no reinforcement given, neither reward nor punishment, that behavior will begin to fade away and eventually disappear. This is particularly useful in behaviors when a disciplinary action is inappropriate in the immediate situation.

해석   행동의 소멸

관찰된 행동이 바람직하지 않을 때, 추후 그러한 행동이 반복되는 것을 제지하기 위해 사용되는 처벌은 일반적이다. 그러나, 행동 소멸 모델은 만일 보상이나 처벌과 같은 어떠한 주어지는 강화가 없으면, 그 행동은 사라지기 시작하여 결국 없어질 것이라고 주장한다. 이는 즉각적인 상황에서 처벌 조치가 부적절할 때 특히 유용하다.

어휘   extinction[ikstíŋkʃən] 소멸, 멸종   undesirable[ʌndizáiərəbl] 바람직하지 않은, 원하지 않는   deterrent[ditə́:rənt] 제지하는, 방해하는
reinforcement[rì:infɔ́:rsmənt] 강화, 보강   reward[riwɔ́:rd] 보상, 대가   fade away 사라지다   disciplinary action 처벌 조치, 징계 처분
inappropriate[ìnəpróupriət] 부적절한, 부적당한

■ 강의 스크립트

🎧 실전모의고사 09_Q3.mp3

> OK, so here is a really good example of this. My dog Max used to always beg for food at the table whenever anyone had a meal. He has his own food bowl and he's not allowed to just eat at the table. But, the thing is he would just sit there begging and one of us, either myself, or maybe one of our guests would just give up and give him something. Now, that was the problem. We were telling him that if he tried hard enough, he would get food. So, we decided to totally stop. I told all guests that Max was not allowed food at the table and to please ignore him. Now, for a while, Max tried even harder, whining, and even scratching at our legs. But, we all just ignored him. Now it took a while. But, over time, Max realized that none of us paid him any attention when he begged for food at the table. It didn't matter what he did. And, he finally learned that it was pointless to do it. And, the behavior slowly stopped.

해석   자, 이에 대한 매우 좋은 예시가 여기 있습니다. 저의 개 Max는 누군가 식사를 할 때마다 식탁에 있는 음식을 언제나 구걸하곤 했지요. 그는 전용 사료 그릇을 갖고 있었고 식탁에서 먹는 것은 허락되지 않았습니다. 하지만, 문제는 그는 그냥 그곳에 구걸하며 앉아 있었고 제 자신을 포함한 가족 중 한 명 또는 손님 중 한 명은 포기하고 그에게 먹을 것을 주곤 했습니다. 이제, 그것이 문제였어요. 우리는 그에게 그가 충분히 노력하면 음식을 얻을 수 있다고 말해주고 있었습니다. 그래서, 우리는 완전히 그만하기로 결심했지요. 저는 모든 손님들에게 Max에게는 식탁의 음식이 허락되지 않으며 무시해 달라고 말했습니다. 자, 한동안, Max는 더욱 더 열심히 노력하고 낑낑대며 심지어 우리 다리를 긁기도 하였어요. 그러나, 우리는 모두 그를 무시하기만 했습니다. 자 그것은 시간이 좀 걸렸어요. 하지만, 시간이 흐르면서, Max는 그가 식탁에서 음식을 구걸하더라도 아무도 관심을 주지 않는다는 것을 깨닫게 되었습니다. 그가 무엇을 하든 상관이 없었어요. 그리고, 그는 마침내 그렇게 하는 것이 의미가 없다는 것을 배웠죠. 그리고, 그 행동은 천천히 중단됐습니다.

어휘   beg[beg] 구걸하다   whine[hwain] (개가) 낑낑거리다, 우는 소리를 하다   pointless[pɔ́intlis] 의미 없는, 무의미한

■ 읽기 노트

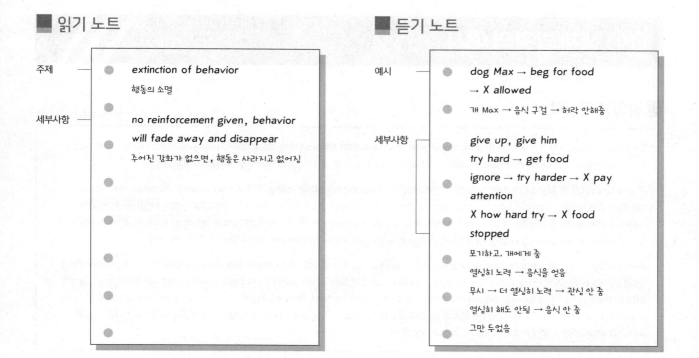

주제 — extinction of behavior
행동의 소멸

세부사항 — no reinforcement given, behavior
will fade away and disappear
주어진 강화가 없으면, 행동은 사라지고 없어짐

■ 듣기 노트

예시 — dog Max → beg for food
→ X allowed
개 Max → 음식 구걸 → 허락 안해줌

세부사항 — give up, give him
try hard → get food
ignore → try harder → X pay
attention
X how hard try → X food
stopped
포기하고, 개에게 줌
열심히 노력 → 음식을 얻음
무시 → 더 열심히 노력 → 관심 안 줌
열심히 해도 안됨 → 음식 안 줌
그만 두었음

■ 모범 답안

🎧 실전모의고사 09_R3.mp3

The reading passage is about extinction of behavior, which is when a behavior fades away if no reinforcement is given.

The speaker gives one example of this in the lecture.

He says that his dog, Max used to beg for food but he was not allowed to eat at the table. But, he would give up and give Max food. Max learned that if he tried hard, he could get food. The man began to ignore Max, but Max tried harder. The man kept ignoring Max and Max learned no matter how hard he tried, he would not get food. So he slowly stopped begging for food from the table.

해석 　읽기 지문은 행동의 소멸에 관한 것이며, 이것은 만약 아무 강화가 주어지지 않으면 어떠한 행동이 사라지는 것이다.

화자는 강의에서 이에 대한 예시 하나를 준다.

그는 그의 개, Max가 먹이를 구걸하곤 했지만 그는 식탁에서 먹도록 허용되지 않았다고 말한다. 하지만, 그 남자는 포기하고 Max에게 음식을 주곤 했다. Max는 열심히 노력하면, 음식을 얻을 수 있다는 것을 깨달았다. 남자는 Max를 무시하기 시작했지만, Max는 더 열심히 노력하였다. 남자는 계속 Max를 무시하였고 Max는 그가 아무리 노력하더라도, 그가 음식을 얻지 못한다는 것을 배웠다. 그래서 그는 식탁에서 음식을 구걸하는 것을 천천히 중단하였다.

■ 강의 스크립트

🎧 실전모의고사 09_Q4.mp3

Bioluminescence is the ability that some organisms have that allows them to actually produce light within their bodies. Many animals and bacteria have evolved this ability. Let's look at two examples of bioluminescence.

There is a type of plankton that can emit light to try to keep predators away . Now, that sounds strange, why light up if you're trying to avoid being eaten, right? Well, this plankton is a major food source for small crab-like animals called copepods. By lighting up, it's thought that the plankton is trying to attract larger fish that feed on the copepods. Copepods have been seen quickly trying to run away from areas where the plankton flashes its light.

Another animal that uses bioluminescence is the cookie-cutter shark. This shark has an arrangement of light emitting cells on its belly and chin. And, it actually looks like a small fish when seen from below. Many predators in the ocean attack their prey from below. So, when a fish sees this light pattern, they chase it. And, they have no idea that they're sneaking up on a shark. They think it's a small fish. But, when they get close enough, the shark will suddenly twist around and take a bite out of the unsuspecting fish.

해석   생체 발광은 일부 생물들이 가진 그들의 신체 안에서 실제로 빛을 발산하도록 하게 해주는 능력을 의미합니다. 많은 동물들과 박테리아가 이러한 능력을 진화 시켜 왔습니다. 생체 발광의 두 가지 예시를 살펴보겠습니다.

포식자를 쫓아내기 위해 빛을 발산할 수 있는 한 유형의 플랑크톤이 있습니다. 자, 이상하게 들리겠지만, 만약 먹히는 걸 피하고 싶다면 왜 빛을 밝히는 걸까요, 그렇죠? 음, 이러한 플랑크톤은 요각류라 불리는 게와 비슷한 작은 동물들의 주요 먹이 자원입니다. 빛을 밝힘으로써, 플랑크톤은 요각류를 먹는 더 큰 물고기 를 끌어들이려고 한다고 생각됩니다. 요각류는 플랑크톤이 빛을 발하는 장소로부터 빠르게 달아나려고 하는 것이 관찰되어 왔습니다.

생체 발광을 이용하는 또 다른 동물은 쿠키커터 상어입니다. 이 상어는 배와 턱에 빛을 발산하는 세포 배열을 갖고 있습니다. 그리고, 실제로 이것은 아래서 볼 때 작은 물고기처럼 보입니다. 해양의 많은 포식자들은 그들의 먹이를 아래에서 공격합니다. 따라서, 물고기가 이러한 빛 패턴을 보면, 그들은 그것을 쫓습니 다. 그리고, 그들은 그들이 상어 쪽으로 살금살금 가고 있다는 것을 전혀 인지하지 못합니다. 그들은 그것이 작은 물고기인 줄만 압니다. 그러나, 그들이 충분 히 가까이 갔을 때, 상어는 갑자기 몸을 휙 돌려서 그 의심하지 않는 물고기를 베어 물 것입니다.

어휘   **bioluminescence**[bàioulù:mənésns] 생체 발광, 생물 발광   **emit**[imít] 발산하다, 방출하다   **copepod**[kóupəpàd] 요각류   **chin**[tʃin] 턱
prey[prei] 먹이   **sneak**[sni:k] 살금살금 가다   **take a bite** 한입 베어먹다, ~을 물려고 달려들다
unsuspecting[ʌnsəspéktiŋ] 의심하지 않는, 이상한 낌새를 못 채는

■ 듣기 노트

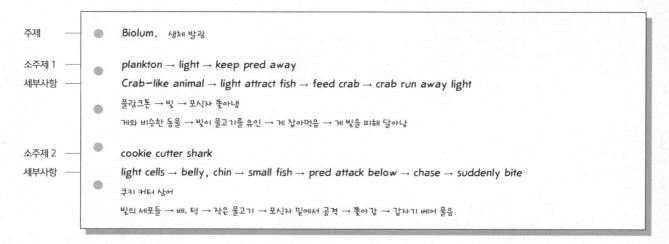

주제	● *Biolum.* 생체 발광
소주제 1	● *plankton → light → keep pred away*
세부사항	*Crab-like animal → light attract fish → feed crab → crab run away light*
	● 플랑크톤 → 빛 → 포식자 쫓아냄
	게와 비슷한 동물 → 빛이 물고기를 유인 → 게 잡아먹음 → 게 빛을 피해 달아남
소주제 2	● *cookie cutter shark*
세부사항	*light cells → belly, chin → small fish → pred attack below → chase → suddenly bite*
	● 쿠키 커터 상어
	빛의 세포들 → 배, 턱 → 작은 물고기 → 포식자 밑에서 공격 → 쫓아감 → 갑자기 베어 물음

■ 모범 답안

The lecture is about 2 animals that use bioluminescence.

First, she talks about a type of plankton. **She says that** a type of plankton uses light to keep predators away. A crab-like animal that eats the plankton runs away from the light because it attracts bigger fish that eat the crab-like animal.

Second, she talks about a type of shark. **She says that** light cells on the belly and chin of this shark look like small fish. A predator will attack from below and chase the lights because they think they are a small fish. But, the shark will suddenly bite the predator.

해석   강의는 생체 발광을 이용하는 두 동물에 관한 내용이다.

첫 번째로, 그녀는 한 유형의 플랑크톤에 대해 이야기한다. 그녀는 이 한 유형의 플랑크톤이 포식자를 쫓아내기 위해서 빛을 이용한다고 말한다. 이 플랑크톤을 먹는 게와 비슷한 한 동물은 그 빛을 피해 달아나는데 그 이유는 빛이 이 게와 비슷한 동물을 먹는 더 큰 물고기를 유인하기 때문이다.

두 번째로, 그녀는 한 유형의 상어에 대해 이야기한다. 그녀는 이 상어의 배와 턱에 있는 빛의 세포들이 마치 작은 물고기처럼 보인다고 말한다. 포식자는 그 빛을 작은 물고기라고 생각하기 때문에 그 빛을 쫓아가 아래에서 공격할 것이다. 하지만, 그 상어는 갑자기 그 포식자를 베어 물 것이다.

선생님이 알려주는 점수보장 TIP

Q3와 Q4에서는 동물이나 식물의 이름을 이야기 하는 것 보다 적응(adaptation)의 장점을 설명하는 것이 훨씬 더 중요합니다. 만일 동물의 이름이 질문에 나오지 않는 경우라면 "a type of animal"이라고만 이야기해도 됩니다.

앞서 학습한 내용을 바탕으로 자신의 답안에 대해 다음 사항을 점검하고 앞으로 개선해야 할 점을 확인해 보세요.

Question 1

하나의 특정한 예시를 잘 설명했는가?	☐ Yes	☐ No
자연스러운 대화체 억양을 사용했는가?	☐ Yes	☐ No
말하는 도중 멈추거나 머뭇거리지 않았는가?	☐ Yes	☐ No
안정되고 편안하게 말하도록 노력했는가?	☐ Yes	☐ No

Question 2

자연스러운 억양을 사용하였는가?	☐ Yes	☐ No
노트테이킹이 순조롭게 대답하는 데 도움이 되는가?	☐ Yes	☐ No
너무 빠르거나 성급하게 느껴지지 않는가?	☐ Yes	☐ No
듣기의 대화를 이해하는 데 집중하였는가?	☐ Yes	☐ No

Question 3

지문을 읽는 동안 관련 주제의 개념과 정의를 이해하고 적었는가?	☐ Yes	☐ No
임의로 추측해서 말하지 않고 확실한 세부사항만을 말했는가?	☐ Yes	☐ No
읽기 지문과 듣기의 예시 간의 관계를 정확히 이해했는가?	☐ Yes	☐ No
노트테이킹한 것을 보고 문법 실수 없이 문장으로 조리 있게 말했는가?	☐ Yes	☐ No

Question 4

제한 시간 안에 두 번째 예시의 설명까지 마쳤는가?	☐ Yes	☐ No
임의로 추측해서 말하지 않고 확실한 세부사항만을 말했는가?	☐ Yes	☐ No
답변의 서론에서 너무 많은 시간을 쓰지 않았는가?	☐ Yes	☐ No
노트테이킹한 것을 보고 문법 실수 없이 문장으로 조리 있게 말했는가?	☐ Yes	☐ No

스타토플 실전 SPEAKING

▌실전모의고사
10

Q1. 모범 답안·해석

Q2. 모범 답안·지문·해석

Q3. 모범 답안·지문·해석

Q4. 모범 답안·지문·해석

SELF-EVALUATION LIST

Question

Do you prefer to take classes where teachers frequently communicate with you or classes where teachers do not spend much time with their students?

당신은 선생님이 당신과 자주 대화하는 수업을 듣기를 선호합니까? 아니면 선생님이 학생들과 많은 시간을 보내지 않는 수업을 듣기를 선호합니까?

아웃라인

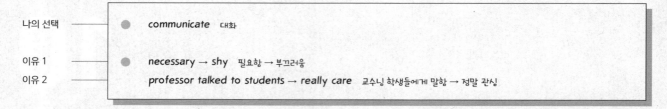

나의 선택 —— ● communicate   대화

이유 1 —— ● necessary → shy   필요함 → 부끄러움
이유 2 —— professor talked to students → really care   교수님 학생들에게 말함 → 정말 관심

■ 모범 답안

I prefer classes where teachers frequently communicate with me.

I think this is necessary **because** it lets me know if I'm doing OK or if I need to improve something.

Just last semester, I had a tough chemistry class. I didn't really understand the material, and I was too shy to talk to the professor. But, my professor often asked to talk to several students after class to give us some help or encouragement. It made me feel like he really cared and I tried harder because of it.

해석 나는 선생님이 나와 자주 대화하는 수업을 선호한다.

내가 잘하고 있는지 혹은 무언가를 더 개선할 필요가 있는지 알게 해주기 때문에 나는 이것이 필요하다고 생각한다.

바로 지난 학기에, 나는 어려운 화학 수업을 들었다. 나는 수업 자료를 잘 이해하지 못했지만, 교수님께 말씀 드리기가 너무 부끄러웠다. 하지만, 우리 교수님께서는 우리에게 도움을 주거나 격려해주고자 수업 후에 몇몇 학생들에게 종종 대화하기를 요청하셨다. 그것은 나에게 교수님께서 정말 관심을 가져 주신다고 느끼게 만들었고 그로 인해 나는 더 열심히 노력하였다.

어휘 frequently[fríːkwəntli] 자주, 빈번히 communicate[kəmjúːnəkèit] 대화하다, 의사 소통하다 necessary[nésəsèri] 필요한, 필수적인 tough[tʌf] 어려운, 힘든 chemistry[kéməstri] 화학 material[mətíəriəl] 자료, 재료 encouragement[inkə́ːridʒmənt] 격려, 장려

선생님이 알려주는 점수보장 TIP

익숙한 질문이 나올 때는 길고 복잡한 예시가 생각날 수 있는데, 이런 경우 응시자들이 자주 하는 실수는 모든 내용을 답안에 포함하기 위해 부자연스럽게 빠른 속도와 억양으로 이야기하는 것입니다. 자연스러운 속도와 대화하는 듯한 억양으로 이야기 하는 것이 많은 내용을 포함하는 것 보다 훨씬 더 중요합니다.

Q2. 도서 대여 한도 조정

■ 읽기 지문

Dear fellow students,

I believe that the university should increase the current limit of books that can be loaned out to 20 from the current limit of 8. A lot of students have jobs after their classes and don't have time to check out books at the library. I often check out books for one of my friends for this reason but it also means I can't check out that many books for myself. Also, having a higher book limit means that we can take fewer trips to the library.

Ashley Wiggins

해석   학생들에게,

저는 학교에서 현재 대여할 수 있는 책의 한도를 현재의 8권의 한도에서 20권으로 늘려야 한다고 생각합니다. 많은 학생들이 수업이 끝난 후 일을 해야 해서 도서관에서 책을 대출받을 시간이 없습니다. 저는 이러한 이유로 저의 친구들 중 한 명을 위해 책을 자주 대출을 받는데, 이는 곧 저를 위한 책을 많이 대출받지 못한다는 것을 의미합니다. 또한, 도서 대출 한도를 더 높이는 것은 우리가 도서관을 덜 방문해도 된다는 것을 의미합니다.

Ashley Wiggins 드림

어휘   limit[límit] 한도, 한계   loan[loun] 대여하다   check out 대출받다

■ 대화 스크립트

🎧 실전모의고사 10_Q2.mp3

M: Hey, did you read Ashley's letter?
W: In the student newspaper? Yeah, I saw that but . . .
M: You don't agree?
W: No, not at all.
M: What? Really? Why not?
W: It's really nice of her to think of her friends. But, I mean, taking 20 books out of the library? That's just too much. Students that can't use the campus library can just use the public library. It's like a 20 minute bus ride and it's a lot bigger than our library. You can even call ahead and reserve books in advance.
M: Hmm, yeah, I guess you're right.
W: Also, I don't get what she said about going to the library too many times. I mean, it's like a 10 minute walk from the dorms. Maybe if you're going back and forth 5 times a day, OK, that would be inconvenient. But, no one does that. I mean if you take 8 books home, you're gonna be using those for at least a few weeks.

해석   남: 저기, 너는 Ashley의 편지를 읽어 봤니?
여: 학생 신문에? 응, 편지를 봤는데...
남: 너는 동의하지 않니?
여: 응, 전혀 동의하지 않아.
남: 뭐라고? 정말? 이유가 뭐야?
여: 그녀가 친구들을 생각해 주는 건 정말 좋은 일이야. 하지만, 내 말은, 도서관에서 20권의 책을 대출받는다고? 그건 너무 많아. 학교 도서관을 이용할 수 없는 학생들은 그냥 공공 도서관을 이용할 수 있어. 버스로 20분 거리이고 그곳은 우리 학교 도서관보다 훨씬 더 커. 심지어 미리 전화해서 책을 사전에 예약할 수도 있어.
남: 흠, 그래, 네가 맞다고 생각해.
여: 또한, 나는 그녀가 도서관에 자주 가야 한다고 말했던 부분도 이해가 안 돼. 내 말은, 기숙사에서 걸어서 10분 정도 거리거든. 만약 네가 하루에 5번을 왔다 갔다 하는 거라면, 그래, 그건 불편할 거야. 하지만, 아무도 그렇게 하지 않아. 만약 네가 집으로 8권을 가지고 온다면, 적어도 몇 주 동안 책을 이용하게 될 거야.

어휘   reserve[rizə́:rv] 예약하다   in advance 사전에   back and forth 왔다 갔다   inconvenient[inkənví:njənt] 불편한

■ 읽기 노트

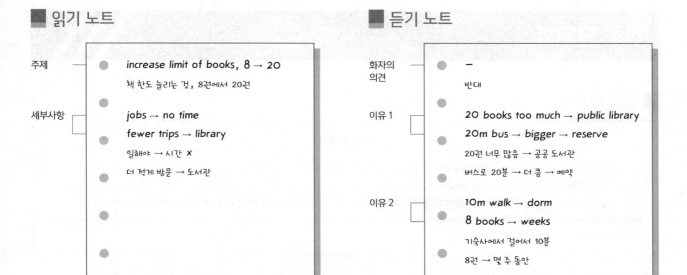

주제	●	**increase limit of books, 8 → 20**
		책 한도 늘리는 것, 8권에서 20권
세부사항	●	*jobs → no time*
	●	*fewer trips → library*
		일해야 → 시간 X
		더 적게 방문 → 도서관

■ 듣기 노트

화자의 의견	●	**–**
		반대
이유 1	●	**20 books too much → public library**
	●	**20m bus → bigger → reserve**
		20권 너무 많음 → 공공 도서관
		버스로 20분 → 더 큼 → 예약
이유 2	●	**10m walk → dorm**
	●	**8 books → weeks**
		기숙사에서 걸어서 10분
		8권 → 몇 주 동안

■ 모범 답안

🎧 실전모의고사 10_R2.mp3

The letter is about why it is good to increase the limit of books that can be loaned out to 20 from 8.

The woman in the conversation thinks that this proposal is a bad idea and talks about why she thinks so.

First, she says that it's nice to think of friends but checking out 20 books is too much. She says that students should use the public library. They can reserve books they need in advance.

Also, a second thing she mentions is that going to the library is not difficult because it's only 10 minutes away. And, she says that if you take 8 books home, you will use them for a few weeks.

해석　편지는 대출 가능한 책의 한도를 8권에서 20권으로 늘리는 것이 왜 좋은지에 관한 것이다.

대화에서 여자는 이러한 제안이 좋지 않다고 생각하며 그녀가 그렇게 생각하는 이유에 대해 말한다.

첫 번째로, 그녀가 말하는 것 중 한 가지는 친구들을 생각해 주는 점은 좋지만 20권의 책을 대출받는 것은 너무 많다는 점이다. 그녀는 학생들이 공공 도서관을 이용해야 한다고 말한다. 그들은 필요한 책을 미리 예약할 수 있다.

또한, 두 번째로 그녀가 언급하는 것은 도서관은 10분 거리밖에 되지 않기 때문에 도서관에 가는 것이 어렵지 않다는 점이다. 그리고, 만약 당신이 8권의 책을 집으로 가져오면, 몇 주 동안 그것들을 이용할 것이라고 그녀는 말한다.

선생님이 알려주는 점수보장 TIP

Q2의 음원은 시험장에서 나오는 모든 음원 중 가장 쉽고도 짧은 지문입니다. 따라서 응시자들이 편안한 속도로 대답을 다 마친 후에도 10~15초간의 시간이 남을 수 있습니다. 이러한 상황은 실수로 여겨지지 않으며 시간이 남았다 해도 이에 따른 감점은 없습니다.

Q3. 단위화

■ 읽기 지문

Chunking

People are required to memorize new things in a variety of situations. This can be increasingly difficult when the amount of information that should be memorized increases. One method of memorization is referred to as chunking. This is the process of breaking a large piece of information into smaller groups of similar things that are easier to remember. Many people find it to be easier to memorize several short pieces of information instead of a single long piece of information.

해석   단위화

사람들은 다양한 상황에서 새로운 것들을 암기하도록 요구된다. 암기되어야만 하는 정보의 양이 증가하면 그것은 점점 더 어려워질 수 있다. 암기의 한 방법은 단위화라고 불린다. 이것은 하나의 큰 정보를 기억하기 더 쉬운 더 작은 단위의 유사한 정보들로 쪼개는 과정이다. 많은 사람들이 하나의 큰 정보 대신에 여러 개의 짧은 정보들을 암기하는 것이 더 쉽다고 생각한다.

어휘   memorize[méməràiz] 암기하다   increasingly[inkrí:siŋli] 점점 더, 점차적으로   find[faind] ~라고 생각하다, ~라고 여기다

■ 강의 스크립트

🎧 실전모의고사 10_Q3.mp3

OK, so, I think that a really good example of this is how I memorized my credit card number. I often buy things online, and, a lot of times I leave my wallet at home or I just don't have my card on me at the time. This was always frustrating because I would have to wait until I had my card. And, by then I'd forget that I needed to buy something. Well, I mean, when you look at a credit card, it's just a long string of numbers, right? And, most of us, when we buy something online, we have our card on us to enter the number. Yeah, well, silly me, I always forget to bring it even now. So I told myself that I need to just memorize it. So, instead of looking at it like it was one long number, I thought of it as 4 small numbers. I just kept repeating them, over and over. Now, that's a lot easier than trying to remember one 16 digit number. And, it took some practice. But, it worked, and now I can use my card online even if I don't have it with me.

해석   좋습니다, 자, 저는 제가 어떻게 저의 신용카드 번호를 암기했는지가 이에 대한 매우 좋은 예시라고 생각합니다. 저는 온라인을 통해 물건들을 자주 구입하는데, 저는 집에 지갑을 두고 오거나 그 당시에 카드를 갖고 있지 않은 경우가 많습니다. 수중에 카드가 있을 때까지 기다려야만 하기 때문에 이런 경우는 항상 불만스럽습니다. 그리고, 그때쯤에는 제가 무언가를 사야 한다는 것을 잊어버리기도 합니다. 음, 그러니까, 여러분이 신용카드를 보면, 그것은 단순히 긴 줄의 숫자일 뿐입니다, 그렇죠? 그리고, 우리 대부분은, 온라인으로 무언가를 살 때, 그 숫자를 입력하기 위해 카드를 가지고 있습니다. 네, 그래요, 어리석게도, 저는 항상 심지어 지금도 카드를 가져오는 것을 잊습니다. 그래서 저는 제 자신에게 신용카드 숫자를 기억해야 한다고 말했습니다. 그래서, 그것을 하나의 긴 숫자로 보는 대신에, 저는 그것을 4개의 작은 숫자들로 생각했습니다. 저는 그 숫자들을 계속해서 반복하여 말했습니다. 자, 그것은 16자리의 숫자 하나를 기억하려고 노력하는 것보다 훨씬 쉬웠습니다. 그리고, 그것은 얼마간의 연습이 필요했지요. 하지만, 그것은 효과가 있었고, 그리고 이제 저는 카드를 가지고 있지 않아도 온라인에서 제 카드를 사용할 수 있습니다.

어휘   frustrating[frʌstreitiŋ] 불만스러운, 좌절스러운   a string of ~의 한 줄, 일련의 무엇   digit number 자리 숫자

■ 읽기 노트

주제 —
- chunking
  단위화

세부사항 —
- break a large piece info → smaller group sim. things → easier remem.
  하나의 큰 정보를 쪼갬 → 더 작게
  유사한 것들 → 기억하기 쉬움
- ●
- ●
- ●

■ 듣기 노트

예시 —
- memor. credit → buy online → leave wallet → wait have card → forget
  신용카드 암기 → 온라인 구입 → 지갑 두고 옴 → 카드 있을 때까지 기다림 → 잊어버림

세부사항 —
- long string numbers → X 1 long → 4 small → repeating them → lot easier than 16 digit
  긴 줄의 숫자들 → 하나의 긴 숫자가 아님 → 4개의 작은 → 반복해서 외움 → 16자리보다 훨씬 쉬움

■ 모범 답안

🎧 실전모의고사 10_R3.mp3

The reading passage is about chunking, **which is** breaking a large piece of information into smaller groups of similar things to make it easier to remember.

The speaker gives one example of this in the lecture.

She says that she memorized her credit card number. She often bought things online but left her wallet at home. So, she had to wait until she had her card but she would forget about shopping. She says that even though a credit card is one long number, she thought of it as 4 small numbers. And, she kept repeating them. It was a lot easier to remember than one long 16 digit number.

해석　읽기 지문은 단위화에 관한 것이며, 이것은 기억하기 더 쉽게 만들기 위해 큰 정보를 더 작은 유사한 정보의 단위들로 쪼개는 것이다.

화자는 강의에서 이에 대한 예시 하나를 준다.

그녀는 그녀가 신용카드 번호를 암기했다고 말한다. 그녀는 온라인으로 물건들을 자주 구입했는데 그녀의 지갑을 집에 두고 왔다. 그래서, 그녀는 카드가 수중에 있을 때까지 기다려야만 했지만 그녀는 쇼핑하는 것에 대해 잊기도 했다. 그녀는 비록 신용카드는 하나의 긴 숫자이지만, 그녀는 그 숫자를 4개의 작은 숫자들로 생각했다. 그리고, 그녀는 그 숫자들을 반복해서 말하였다. 그것은 하나의 긴 16자리 숫자를 기억하는 것보다 훨씬 더 쉬웠다.

선생님이 알려주는 점수보장 TIP

강의 문제의 음원은 대화 문제보다 훨씬 더 많은 정보를 포함하고 있습니다. 여기에서 응시자들이 반드시 기억해야 할 점은 모든 세부 내용들을 답변에 포함시킬 필요는 없다는 것입니다. 노트테이킹한 내용에 따라 정확하게 답변을 제시하는 것이 중요합니다.

강의 스크립트

🎧 실전모의고사 10_Q4.mp3

Even though we always try to achieve positive outcomes, I mean, who doesn't like a happy ending? It's also important that we are able to prepare for negative outcomes. Now, I'm not saying that we should always be very negative. I mean that there are benefits in being ready just in case something bad happens . . . Let's discuss some of the benefits that can come with being prepared for negative outcomes.

One of the benefits is that you can react quickly if something negative happens. Right, let's say that you really wanted to go on a picnic at a park during a holiday. So you got everything ready but when you got there, there were just too many people. It was a holiday, so there was nowhere to sit. And, it just looked like the day was ruined. But, you were ready for this. So, before you left the house—because you knew it might be busy—you found a less well known camping area that was close to the park. You go have your picnic there and nothing was ruined.

Another benefit in considering negative outcomes is that you won't feel as bad even if something bad actually does happen. Let's say that you worked really hard to get into a grad school. You got good grades in school and you enjoyed learning. You applied and handed in your application, but the school did not accept your application. Well, maybe you already prepared for this. You told yourself to be proud of finishing school and that there are other schools that you can apply to and it will be just fine. By doing this, you will not feel as discouraged.

해석   우리는 긍정적인 결과를 얻기 위해 항상 노력하지만, 그러니까, 누가 해피 엔딩을 원하지 않겠어요? 우리가 부정적인 결과에 대해 준비할 수 있는 것 또한 중요합니다. 자, 저는 우리가 항상 매우 부정적이어야 한다고 말하는 것이 아닙니다. 제 말은 무언가 나쁜 일이 발생하는 경우를 대비하는 것에 이점이 있다고 말하는 것입니다... 부정적인 결과에 대비하는 것으로부터 얻을 수 있는 몇 가지 이점에 대해 논의해 보겠습니다.

이점들 중 한 가지는 부정적인 어떤 일이 발생했을 때 빠르게 대처할 수 있다는 것입니다. 자, 당신이 휴일 동안 공원으로 소풍가기를 정말로 원했다고 해봅시다. 그래서 당신은 모든 준비를 했지만 당신이 그곳에 도착했을 때, 그곳에는 사람이 너무 많았습니다. 휴일이었기 때문에, 그곳엔 앉을 곳이 없었어요. 그래서, 마치 하루가 망쳐진 것처럼 보였습니다. 하지만, 당신은 이에 대한 준비가 되어 있었습니다. 그래서, 당신은 집을 떠나기 전에, 공원이 붐빌 수 있다는 것을 알았기 때문에, 당신은 사람들에게 덜 잘 알려진 공원과 가까운 곳에 있는 캠핑 장소를 찾아 놓았습니다. 당신은 그곳에서 소풍을 즐기고 아무것도 망쳐지지 않았죠.

부정적인 결과를 고려하는 것의 또 다른 이점은 만약 무언가 나쁜 일이 실제로 일어나더라도 당신은 그렇게 기분이 나쁘지 않을 것이라는 것입니다. 당신이 대학원을 가기 위해 정말 열심히 공부했다고 해봅시다. 당신은 학교에서 좋은 성적을 받았고 배우는 것을 즐겼습니다. 당신은 지원하여 당신의 지원서를 제출했지만, 학교는 당신의 지원서를 받아주지 않았지요. 음, 아마 당신은 이런 경우에 미리 대비했을 수 있습니다. 당신은 당신 자신에게 학교를 마친 것에 대해 자랑스러우며 당신이 지원할 수 있는 다른 학교들이 있으니 괜찮을 것이라고 말했습니다. 이렇게 함으로써, 당신은 그렇게 낙담하지 않을 것입니다.

어휘   outcome[áutkʌm] 결과   prepare for ~에 대해 준비하다, ~에 대비하다   benefit[bénəfit] 이점, 혜택   react[riǽkt] 반응하다   ruin[rúːin] 망치다   hand in 제출하다   application[æpləkéiʃən] 지원서   accept[æksépt] 받아들이다   discouraged[diskə́ːridʒd] 낙담한, 낙심한

■ 듣기 노트

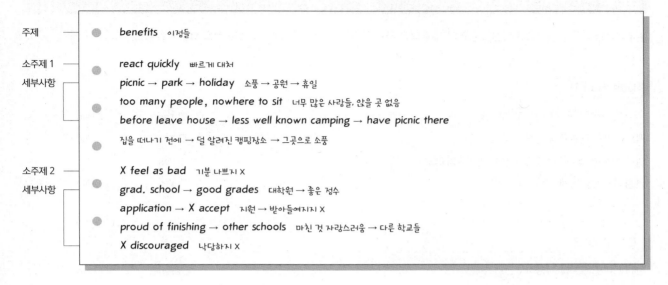

주제	● **benefits** 이점들
소주제 1	● **react quickly** 빠르게 대처
세부사항	**picnic → park → holiday** 소풍 → 공원 → 휴일
	● **too many people, nowhere to sit** 너무 많은 사람들, 앉을 곳 없음
	before leave house → less well known camping → have picnic there
	● 집을 떠나기 전에 → 덜 알려진 캠핑장소 → 그곳으로 소풍
소주제 2	● **X feel as bad** 기분 나쁘지 X
세부사항	**grad. school → good grades** 대학원 → 좋은 점수
	● **application → X accept** 지원 → 받아들여지지 X
	● **proud of finishing → other schools** 마친 것 자랑스러움 → 다른 학교들
	X discouraged 낙담하지 X

■ 모범 답안

🎧 실전모의고사 10_R4.mp3

The lecture is about 2 benefits of preparing for negative outcomes.

First, he talks about reacting quickly. **He says that** you want to go on a picnic at a park during a holiday but when you go, there are too many people. There is nowhere to sit. But, before you left the house, you found a less known camping area near the park and you just go have your picnic there.

Second, he talks about not feeling as bad. **He says that** you want to go to grad school. You get good grades, but when you apply, you don't get accepted. So, you tell yourself that you are proud of finishing school and there are other schools that you can apply to so you feel less discouraged.

해석　강의는 부정적인 결과에 대해 준비하는 것에 대한 두 가지 이점에 관한 내용이다.

첫 번째로, 그는 빠르게 대처하는 것에 대해 이야기한다. 그는 당신이 휴일에 공원에 소풍가기를 원했는데 가 보니, 그곳에는 너무 많은 사람들이 있다고 말한다. 그곳에는 앉을 곳이 없다. 하지만, 당신은 집을 떠나기 전에, 공원 근처에 있는 사람들에게 잘 알려지지 않은 캠핑 장소를 찾았고 당신은 그냥 그곳에서 소풍을 즐길 수 있다.

두 번째로, 그는 그렇게 기분이 나쁘지 않다는 것에 대해 이야기한다. 그는 당신이 대학원에 가기를 원한다고 말한다. 당신은 좋은 점수를 받았지만, 당신이 지원했을 때, 당신은 받아들여지지 않았다. 그래서, 당신이 당신 자신에게 학교를 마친 것이 자랑스러우며 지원할 수 있는 다른 학교들이 있다고 말한다면 당신은 덜 낙담하게 될 것이다.

앞서 학습한 내용을 바탕으로 자신의 답안에 대해 다음 사항을 점검하고 앞으로 개선해야 할 점을 확인해 보세요.

Question 1

하나의 특정한 예시를 잘 설명했는가?	☐ Yes	☐ No
자연스러운 대화체 억양을 사용했는가?	☐ Yes	☐ No
말하는 도중 멈추거나 머뭇거리지 않았는가?	☐ Yes	☐ No
안정되고 편안하게 말하도록 노력했는가?	☐ Yes	☐ No

Question 2

자연스러운 억양을 사용하였는가?	☐ Yes	☐ No
노트테이킹이 순조롭게 대답하는 데 도움이 되는가?	☐ Yes	☐ No
너무 빠르거나 성급하게 느껴지지 않는가?	☐ Yes	☐ No
듣기의 대화를 이해하는 데 집중하였는가?	☐ Yes	☐ No

Question 3

지문을 읽는 동안 관련 주제의 개념과 정의를 이해하고 적었는가?	☐ Yes	☐ No
임의로 추측해서 말하지 않고 확실한 세부사항만을 말했는가?	☐ Yes	☐ No
읽기 지문과 듣기의 예시 간의 관계를 정확히 이해했는가?	☐ Yes	☐ No
노트테이킹한 것을 보고 문법 실수 없이 문장으로 조리 있게 말했는가?	☐ Yes	☐ No

Question 4

제한 시간 안에 두 번째 예시의 설명까지 마쳤는가?	☐ Yes	☐ No
임의로 추측해서 말하지 않고 확실한 세부사항만을 말했는가?	☐ Yes	☐ No
답변의 서론에서 너무 많은 시간을 쓰지 않았는가?	☐ Yes	☐ No
노트테이킹한 것을 보고 문법 실수 없이 문장으로 조리 있게 말했는가?	☐ Yes	☐ No

스타토플 실전 SPEAKING

실전모의고사

11

SELF-EVALUATION LIST

Question

Would you say it's better to live in a small place in a fashionable area of a city or in a large place that is in an unknown part of a city?

당신은 도시에서 인기 있는 지역의 작은 장소에서 사는 것을 선호합니까? 아니면 도시의 잘 알려지지 않은 지역의 큰 장소에서 사는 것을 선호합니까?

■ 아웃라인

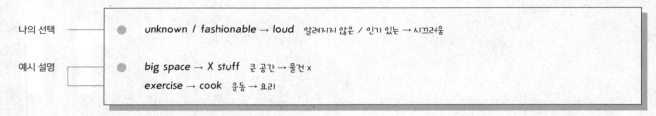

나의 선택 —— ● *unknown / fashionable → loud* 알려지지 않은 / 인기 있는 → 시끄러움

예시 설명 —— ● *big space → X stuff* 큰 공간 → 물건 x

exercise → cook 운동 → 요리

■ 모범 답안

A fashionable part of the city might be fun but I think it would be really loud at night when I need to sleep. **I would say** it's better to live in a large place in an unknown part of the city.

I like having a big space to live in. I don't have a lot of stuff. But, I want to be able to exercise at home. Or sometimes I read on the floor. Also, I like to cook. So, it would be nice to have a big kitchen. I don't think I could do that in a fashionable place.

해석   도시에서 인기 있는 지역이 재미는 있겠지만 잠을 자야 하는 밤에는 매우 시끄러울 것이라고 생각한다.
나는 도시의 알려지지 않은 지역의 큰 장소에서 사는 것이 더 낫다고 말할 것이다.

나는 거주하기 위한 큰 공간을 가지기를 원한다. 나는 많은 물건들을 가지고 있지는 않다. 하지만, 집에서 운동을 하기를 원한다. 혹은 때로는 마루에서 책을 읽을 수 있기를 원한다. 또한, 나는 요리하는 것을 좋아한다. 그래서, 큰 부엌이 있으면 좋을 것이다. 나는 인기 있는 지역에서 그런 일들을 할 수 있을 것이라 생각하지 않는다.

어휘   fashionable[fǽʃənəbl] 인기 있는, 유행의 loud[laud] 시끄러운, 큰 live in ~에서 살다, 거주하다 unknown[ʌnnoun] 알려지지 않은
stuff[stʌf] 물건, 물질 exercise[éksərsàiz] 운동하다

선생님이 알려주는 점수보장 TIP

Q1의 첫 문장은 단지 중심 생각을 제시하는 것이지만 제시된 질문을 읽으면서 첫 문장을 구성하여 조금 더 장문의 문장을 구성한다면 음성 점수 (voice score)에서 좀 더 많은 점수를 확보할 수 있습니다.

* 녹색으로 하이라이트된 부분은 지문의 주요 부분으로 노트에 작성해야 하는 부분입니다.

■ 읽기 지문

University to Close Planetarium

The university has decided to close down its planetarium on campus. The planetarium was intended to increase student awareness of astronomy and was popular for several decades. However, the facility is very old. The machines that are required to run the display have not been maintained and require replacement. Also, the exhibition is no longer as popular with students as it once was. Plans for the area will be discussed during the next faculty meeting.

해석

플라네타륨을 폐쇄하기로 한 대학교

대학은 캠퍼스에 있는 플라네타륨을 폐쇄하기로 결정하였습니다. 플라네타륨은 학생들의 천문학에 대한 인식을 높이기 위한 의도로 만들어졌고 수십 년간 인기가 있었습니다. 하지만, 시설이 매우 노후되었습니다. 전시를 운영하는데 필요한 기계들이 유지 보수가 되지 않아 왔으며 교체가 필요합니다. 또한, 전시는 예전만큼 학생들에게 더 이상 인기가 없습니다. 이 구역에 대한 계획들은 다음 교수 회의에서 논의될 것입니다.

어휘 planetarium[plænətéəriəm] 플라네타륨, 별자리 투영기 intend[inténd] 의도하다, 계획하다 awareness[əwéwrnis] 인식, 의식
astronomy[əstránəmi] 천문학 decade[dékeid] 10년간 facility[fəsíləti] 시설, 설비 run the display 전시를 운영하다
maintain[meintéin] 유지하다 replacement[ripléismənt] 교체, 대체 exhibition[èksəbíʃən] 전시, 공연 faculty meeting 교수 회의

■ 대화 스크립트

🎧 실전모의고사 11_Q2.mp3

W: Did you hear about the planetarium?

M: What? Yeah. I really don't agree with it though.

W: Really? Why?

M: Well, for one, sure the machines are old. I mean the planetarium has been a part of the campus for 30 years. But, I know the machines that they use to run it. They're pretty easy to work on, and there are replacement parts online that aren't that expensive. I bet if the school asked for student volunteers to help keep the machines running, a bunch would sign up. And, it'd be a whole lot cheaper than trying to replace the machines.

W: Yeah, I guess it would. So you really like the place, huh? To be honest, I didn't even know we had one.

M: Yeah, that's the other thing; it's only unpopular with students because no one knows about it. I didn't either. My uncle told me about it—and he went to the school almost 30 years ago. It's kinda far away from the main buildings. I really wish the school would actually hold events there and let the students know we have one. You know what? Most schools don't even have a planetarium.

해석 여: 플라네타륨에 대한 소식 들었니?
남: 뭐? 응. 하지만 난 정말 그것에 동의하지 않아.
여: 정말? 왜?
남: 음, 우선, 물론 기계들이 노후되긴 했어. 내 말은 플라네타륨이 30년 동안 캠퍼스의 일부였으니까. 하지만, 그들이 그것을 운영하기 위해 사용하는 기계를 내가 알고 있는데. 그 기계들은 작업하기에 상당히 쉬워, 그리고 그리 비싸지 않은 교체 부품들을 온라인에서 구할 수 있어. 만약 학교가 그 기계들이 계속 작동하도록 도와줄 학생 지원자를 요청한다면, 틀림없이 많은 학생이 등록할 거야. 그러면, 기계들을 교체하려고 하는 것보다 훨씬 비용이 저렴할 거야.
여: 그래, 그럴 수 있겠다. 그러니까 넌 그 장소를 정말 좋아하는구나, 그렇지? 솔직히 말하면, 난 우리 학교에 플라네타륨이 있는 줄도 몰랐어.
남: 그래, 그건 또 다른 문제인데, 학생들에게 인기가 없는 이유는 아무도 그것에 대해 모르기 때문이야. 나 역시도 그것에 대해 몰랐고. 우리 삼촌이 플라네타륨에 대해 얘기해 줬는데, 삼촌은 거의 30년 전에 이 학교에 다니셨어. 플라네타륨은 본관에서 좀 멀리 떨어져 있어. 난 학교가 그곳에 행사를 열어서 학생들에게 우리가 플라네타륨을 가지고 있다는 것을 알게 해 주길 바라. 그거 아니? 대부분의 학교들은 심지어 플라네타륨을 갖고 있지도 않아.

어휘 ask for ~을 요청하다 volunteer[vàləntíər] 지원자, 자원봉사자 a bunch (무리의) 사람들 unpopular[ʌnpápjulər] 인기 없는
hold[hould] 열다, 개최하다

■ 읽기 노트

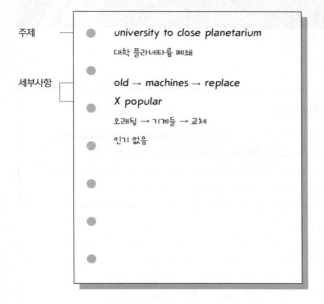

주제 —
- university to close planetarium
  대학 플라네타륨 폐쇄

세부사항 —
- old → machines → replace
  X popular
  오래됨 → 기계들 → 교체
  인기 없음

■ 듣기 노트

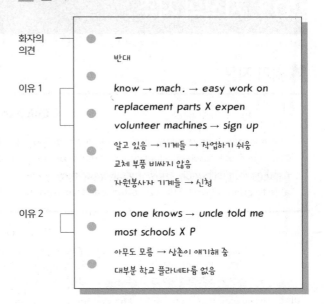

화자의 의견 —
- –
  반대

이유 1 —
- know → mach. → easy work on
  replacement parts X expen
  volunteer machines → sign up
  알고 있음 → 기계들 → 작업하기 쉬움
  교체 부품 비싸지 않음
  자원봉사자 기계들 → 신청

이유 2 —
- no one knows → uncle told me
  most schools X P
  아무도 모름 → 삼촌이 얘기해 줌
  대부분 학교 플라네타륨 없음

■ 모범 답안

🎧 실전모의고사 11_R2.mp3

The reading says that the school will close the planetarium because the old machines need to be replaced and the planetarium isn't popular.

The man in the conversation thinks that this change is a bad idea and talks about why he thinks so.

First, one of the things that he says is that he knows the machines in the planetarium. They are easy to work on and replacement parts are not expensive.

Also, a second thing he mentions is that no one knows about the planetarium. The only reason he knows is because his uncle told him about it. And, most schools don't even have a planetarium.

해석   지문은 학교가 플라네타륨의 오래된 기계들이 교체될 필요가 있으며 인기가 없기 때문에 플라네타륨을 폐쇄할 것이라고 말한다.

대화에서 남자는 이러한 변화가 좋지 않다고 생각하며 그가 그렇게 생각하는 이유에 대해 말한다.

첫 번째로, 그가 말하는 것 중 한 가지는 그는 플라네타륨에 있는 기계들에 대해 알고 있다는 점이다. 그 기계들은 작업하기 쉬우며 교체 부품들이 비싸지 않다.

또한, 두 번째로 그가 언급하는 것은 아무도 플라네타륨에 대해 모른다는 점이다. 그가 플라네타륨에 대해 알고 있는 유일한 이유는 그의 삼촌이 그에게 플라네타륨에 대해 말해주었기 때문이다. 그리고, 대부분의 학교는 플라네타륨을 갖고 있지도 않다.

선생님이 알려주는 점수보장 TIP

Q2에서 읽기 지문이 나올 때, 안내문의 경우에는 항상 학교 내에서의 변화를 예고하고, 편지 형식의 경우에는 제안 내용이 포함 되어 있습니다.
지문에서 나온 변화 혹은 제안의 내용들을 그대로 적어 두었다가 답변 시작에 활용한다면 답변 구성이 훨씬 용이해집니다.

Q3. 지식의 저주

읽기 지문

> ### Curse of Knowledge
>
> There is idea in psychology that having too much knowledge may become a disadvantage in a variety of situations. The Curse of Knowledge theory holds that a person is unable to consider the perception of others. This person will assume that all people know exactly what they know and is not able to explain information in a way that listeners are able to comprehend. This can often lead to frustration on both the part of the speaker and the listener.

해석

지식의 저주

심리학에는 너무 많은 지식을 갖는 것은 다양한 상황에서 불리하게 작용할 수 있다는 개념이 있다. 지식의 저주 이론은 한 사람이 다른 사람들의 생각을 고려할 수 없다고 간주한다. 이러한 사람은 모든 사람들이 그들이 아는 것을 정확하게 알고 있다고 추정하고, 청중들이 이해할 수 있는 방식으로 정보를 설명하지 못한다. 이는 종종 발화자와 청중들 모두에게 실망감을 초래할 수 있다.

어휘   psychology[saikáləʤi] 심리학   knowledge[nálidʒ] 지식   disadvantage[dìsədvǽntidʒ] 불리한 점, 약점   a variety of 다양한
hold[hould] 간주하다, 생각하다   perception[pərsépʃən] 지각, 자각   assume[əsú:m] 추정하다   comprehend[kàmprihénd] 이해하다
lead to ~를 초래하다, 야기하다   frustration[frʌstréiʃən] 실망, 좌절, 낙담

강의 스크립트

🎧 실전모의고사 11_Q3.mp3

> OK, so, I went through a really good example of this when I was in a regional sales meeting back when I worked at a beverage company. We were supposed to have a major meeting to discuss our recent sales and to discuss some predictions of our future sales. The owner of the company thought it would be a good idea to bring in a very famous consultant to explain the graphs to us. The person was used to speaking with other consultants and said things like "Here, you can easily see from this picture that" and "See, this is easy, right?" And honestly, none of us had any idea what he was talking about. We told him that we were sales managers, but we didn't look at these types of graphs, and to please use easier words. It just wasn't our area of expertise. Well, this frustrated the consultant because, well, for him, it really was easy to understand. And, I guess, if you were a consultant, it really was easy stuff. But, the problem here was that he couldn't relate to our point of view and everyone ended up getting upset.

해석   좋습니다, 자, 저는 예전에 제가 음료 회사에서 근무했을 당시 지방 영업 회의 중에 이것에 대한 좋은 사례를 경험하였습니다. 우리는 최근 판매 실적과 향후 판매에 대한 몇 가지 예상에 대해 논의하기 위해 주요 회의를 하기로 되어 있었습니다. 회사 사장님은 매우 유명한 자문가를 데리고 와서 우리에게 그래프를 설명해 주는 것이 좋은 방법일 것이라고 생각하셨지요. 그 분은 다른 자문가들과 같이 대화하는 데 익숙했고 "여기, 이 그림에서 쉽게 볼 수 있듯이"나 "보세요, 쉬워요. 그렇죠?" 등과 같은 말을 하였습니다. 그리고 솔직히 말하면, 우리 중 누구도 그가 말하고 있는 것을 전혀 알아듣지 못했습니다. 우리는 그에게 우리가 영업부 관리자이긴 하지만, 이러한 유형의 그래프를 봤던 적이 없으니, 쉬운 말을 사용해 달라고 부탁했습니다. 그것은 단지 우리의 전문 분야가 아니었던 것이죠. 음, 이는 자문가를 실망시켰는데, 그 이유는, 음, 그에게 있어서, 그것은 이해하기 매우 쉬운 것이었기 때문입니다. 그리고, 제 생각에, 만약 당신이 자문가라면, 그것은 정말 쉬운 것이었을 겁니다. 하지만, 여기서 문제는 그가 우리의 관점에 결부시키지 못했다는 것이며 결국 모든 사람들은 언짢아졌습니다.

어휘   regional[rí:dʒənl] 지방의, 지역의   beverage[bévəridʒ] 음료, 마실 것   major[méidʒər] 주요한, 큰   recent[rí:snt] 최근, 최신
sales[seilz] 판매량, 매출, 영업   prediction[pridíkʃən] 예상, 예측   consultant[kənsʌltənt] 자문가, 상담가
expertise[èkspərtí:z] 전문 지식, 전문 기술   relate[riléit] 결부시키다, 관련시키다   point of view 관점, 생각   end up 결국 ~되다

■ 읽기 노트

주제 — ● curse of knowledge
지식의 저주

세부사항 — ● person X consider percept. others
● assume → all know exactly what they know
한 사람이 다른 사람들 생각 고려 못함
● 추정 → 그들이 알고 있는 것을 모두가 정확히 알고 있다고

■ 듣기 노트

예시 — ● bev. comp. → major meeting → sales
음료 회사 → 주요 회의 → 영업

세부사항 — ● famous consultant → easy
no idea → pls easier words → frustrated C → X relate our point of view
유명한 자문가 → 쉬움
전혀 모름 → 쉬운 말 사용 부탁 →
● 상담가 실망시킴 → 우리의 관점 이해하지 못함

■ 모범 답안

🎧 실전모의고사 11_R3.mp3

The reading passage is about curse of knowledge, **which is** when a person is unable to consider the perception of others and assumes everyone knows what they know.

The speaker gives one example of this in the lecture.

He says that he worked at a beverage company. He had a major sales meeting with a famous consultant. The consultant said "this is easy, right?" But, the man had no idea what he was talking about and asked the consultant to please use easier words. This frustrated the consultant because if you were a consultant, it really was very easy. The consultant could not relate to the point of view of the others.

해석　읽기 지문은 지식의 저주에 관한 것이며, 이것은 한 사람이 다른 사람들의 생각을 고려할 수 없으며 그들이 알고 있는 것을 모든 사람들이 안다고 추정하는 것이다.

화자는 강의에서 이에 대한 예시 하나를 준다.

그는 그가 음료 회사에 근무했다고 말한다. 그는 유명한 자문가와 중요한 영업 회의가 있었다. 그 자문가는 "쉬워요. 그렇죠?"라고 말했다. 하지만, 그는 그가 무슨 말을 하는지 알아듣지 못했고 자문가에게 더 쉬운 말을 사용해 달라고 요청했다. 이는 자문가를 실망시켰는데 그 이유는 만약 당신이 자문가라면, 이것이 매우 쉬웠을 것이기 때문이다. 그 자문가는 다른 사람들의 관점을 이해하지 못했다..

선생님이 알려주는 점수보장 TIP

Q3의 읽기 지문에는 특정 학문 분야의 주제에 대한 정의가 제시됩니다. 이 정의에 대한 내용을 노트테이킹해 두고 답변에 포함하는 것이 좋습니다. 이 정보는 듣기 음원에서 다시 제공되지 않습니다.

Q4. 로마인들이 불을 얻는 방법

강의 스크립트

🎧 실전모의고사 11_Q4.mp3

We think of the ancient Romans as being very advanced for their time. And, I think something that is often overlooked is they didn't have electricity. They used fire for heat, cooking, and so on. How did the Romans get their fire? I mean, if the fire went out, then, they wouldn't be able to make food or stay warm, right? Well, let's look at two different methods that Romans used to make sure they always had fire.

The first way was social. They actually had temples that would have a communal fire. These temples were required to always keep their fire burning. Maybe a fire went out during the night at a house. And, in the morning, they would wake to see their fire had died and suddenly heating up food would be impossible. Well, they could take a short walk to the nearest temple and get some embers—er, the hot glowing wood in a fire—uh, from the big communal fire at the temple. They would then take that back home and restart a fire at home.

The second was more technical. Well, what if there was no temple? For example, Roman soldiers frequently set up camp in areas that didn't have any temple fires burning. Well, in these situations, once camp was set up, soldiers would all work to get a fire going. They would use a piece of flint, which is a rock that produces sparks when it's scratched. And, well, they would scrape at the flint with a knife next to some really dry plant material. Eventually one of those sparks would light the dry plant material and a fire would start.

해석　우리는 고대 로마인들을 당시의 매우 진보한 존재로 생각합니다. 그리고, 저는 그들이 전기가 없었다는 점이 자주 간과되고 있다고 생각합니다. 그들은 난방, 요리 등을 위해 불을 사용했지요. 로마인들은 어떻게 불을 얻었을까요? 제 말은, 만약 불이 꺼지면, 그들은 음식을 만들거나 난방을 유지할 수 없었을 겁니다, 그렇죠? 자, 로마인들이 항상 불을 유지하기 위해 사용한 두 가지 다른 방법들을 살펴봅시다.

첫 번째 방법은 사회적인 것이었습니다. 그들은 사실 공동의 불이 있는 신전을 가지고 있었습니다. 이러한 신전들은 그들의 불이 계속 타도록 해야 했습니다. 어쩌면 어느 가정에서 밤에 불이 꺼졌을 수도 있습니다. 그러면, 아침에, 그들은 일어나서 그들의 불이 꺼진 것을 볼 것이고 갑자기 음식을 데우는 것이 불가능해졌음을 알게 될 것입니다. 음, 그들은 가장 가까운 신전으로 잠깐 걸어가, 어, 신전에 있는 큰 공동의 불로부터 몇 개의 불씨들, 그러니까, 불에서 뜨겁게 타고 있는 나무를 얻을 수 있었죠. 그리고 난 후 그들은 다시 집으로 그것을 가지고 와서 불을 다시 피웠습니다.

두 번째 방법은 보다 기술적인 것이었습니다. 음, 만약 신전이 없다면요? 예를 들어, 로마 군인들은 자주 불이 타고 있는 신전이 없었던 장소에 막사를 세웠습니다. 음, 이러한 상황에서는, 일단 막사가 세워지고 나서, 군인들은 모두 불을 피우려고 노력했었지요. 그들은 부싯돌 조각을 사용했는데, 이것은 긁히면 불꽃이 일어나는 돌입니다. 그리고, 음, 그들은 바싹 마른 일부 식물 물질 옆에서 칼로 부싯돌을 긁었습니다. 마침내 이러한 불꽃 중 하나가 그 마른 식물 물질에 불을 붙였고 불이 일어나기 시작했습니다.

어휘　ancient[éinʃənt] 고대의　advanced[ædvǽnst] 진보한, 발달된　overlook[óuvərlùk] 간과하다　electricity[ilektrísəti] 전기
method[méθəd] 방법　social[sóuʃəl] 사회적인　temple[témpl] 신전, 사원　communal[kəmjú:nəl] 공동의, 공용의　glow[glou] 타다, 빛나다
technical[téknikəl] 기술적인, 과학 기술의　frequently[frí:kwəntli] 자주, 빈번히　flint[flint] 부싯돌, 부시　scratch[skrætʃ] 긁다
scrape[skreip] 긁다, 긁어내다

■ 듣기 노트

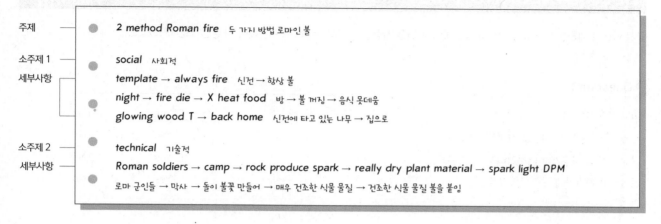

주제 ─ ● **2 method Roman fire** 두 가지 방법 로마인 불

소주제 1 ─ ● **social** 사회적

세부사항 ─ **template → always fire** 신전 → 항상 불

● **night → fire die → X heat food** 밤 → 불 꺼짐 → 음식 못데움

glowing wood T → back home 신전에 타고 있는 나무 → 집으로

소주제 2 ─ ● **technical** 기술적

세부사항 ─ **Roman soldiers → camp → rock produce spark → really dry plant material → spark light DPM**

● 로마 군인들 → 막사 → 돌이 불꽃 만들어 → 매우 건조한 식물 물질 → 건조한 식물 물질 불을 붙임

■ 모범 답안

🎧 실전모의고사 11_R4.mp3

The lecture is about two ways Romans made fire.

First, she talks about a social method. **She says that** temples would always keep their fire going. So, if during the night, someone's fire died, then they could not heat food in the morning. They could go to the temple and take some fire back home.

Second, she talks about a technical method. **She says that** Roman soldiers often needed fire in camps. They would use a rock that produces sparks. They would use the rock next to dry plant material. The sparks would eventually light the plant material and start a fire.

해석　강의는 로마인들이 불을 만드는 두 가지 방법에 관한 내용이다.

첫 번째로, 그녀는 사회적인 방법에 대해 이야기한다. 그녀는 신전에서 불이 계속 타도록 했다고 말한다. 그래서, 만약 밤 동안에, 누군가의 불이 꺼지면, 그들은 아침에 음식을 데울 수 없었다. 그들은 신전으로 가서 불을 집으로 가지고 올 수 있었다.

두 번째로, 그녀는 기술적인 방법에 대해 이야기한다. 그녀는 로마 군인들이 주로 막사에서 불이 필요했다고 말한다. 그들은 불꽃을 만들어 내는 돌을 사용했다. 그들은 마른 식물 물질 옆에서 돌을 사용했다. 그 불꽃은 결국 식물 물질에 불을 지펴 불이 일어나기 시작했다.

앞서 학습한 내용을 바탕으로 자신의 답안에 대해 다음 사항을 점검하고 앞으로 개선해야 할 점을 확인해 보세요.

Question 1

하나의 특정한 예시를 잘 설명했는가?	☐ Yes	☐ No
자연스러운 대화체 억양을 사용했는가?	☐ Yes	☐ No
말하는 도중 멈추거나 머뭇거리지 않았는가?	☐ Yes	☐ No
안정되고 편안하게 말하도록 노력했는가?	☐ Yes	☐ No

Question 2

자연스러운 억양을 사용하였는가?	☐ Yes	☐ No
노트테이킹이 순조롭게 대답하는 데 도움이 되는가?	☐ Yes	☐ No
너무 빠르거나 성급하게 느껴지지 않는가?	☐ Yes	☐ No
듣기의 대화를 이해하는 데 집중하였는가?	☐ Yes	☐ No

Question 3

지문을 읽는 동안 관련 주제의 개념과 정의를 이해하고 적었는가?	☐ Yes	☐ No
임의로 추측해서 말하지 않고 확실한 세부사항만을 말했는가?	☐ Yes	☐ No
읽기 지문과 듣기의 예시 간의 관계를 정확히 이해했는가?	☐ Yes	☐ No
노트테이킹한 것을 보고 문법 실수 없이 문장으로 조리 있게 말했는가?	☐ Yes	☐ No

Question 4

제한 시간 안에 두 번째 예시의 설명까지 마쳤는가?	☐ Yes	☐ No
임의로 추측해서 말하지 않고 확실한 세부사항만을 말했는가?	☐ Yes	☐ No
답변의 서론에서 너무 많은 시간을 쓰지 않았는가?	☐ Yes	☐ No
노트테이킹한 것을 보고 문법 실수 없이 문장으로 조리 있게 말했는가?	☐ Yes	☐ No

스타토플 실전 SPEAKING

실전모의고사

12

SELF-EVALUATION LIST

Question

Do you think that people become professional athletes because they are highly talented or because they train hard?

당신은 사람들이 뛰어난 재능을 타고났기 때문에 전문적인 운동선수가 된다고 생각합니까? 아니면 그들이 열심히 훈련하기 때문에 전문적인 운동선수가 된다고 생각합니까?

■ 아웃라인

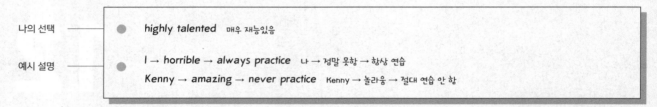

나의 선택 ── ● **highly talented** 매우 재능있음

예시 설명 ── ● I → horrible → always practice 나 → 정말 못함 → 항상 연습

Kenny → amazing → never practice Kenny → 놀라움 → 절대 연습 안 함

■ 모범 답안

🎧 실전모의고사 12_R1.mp3

I think that people become professional athletes because they are highly talented. This is easy to explain because I can just talk about my own experience.

I'm horrible at soccer. I've been playing soccer since I was four and I always practice. But, I'm just not that good at it. But, my best friend, Kenny is amazing at soccer. He's much better than me and he plays on our school's soccer team. He practices a lot now, but, he never practiced when we were younger and he was still better than me.

해석 나는 사람들이 매우 재능이 있기 때문에 그들이 전문적인 운동선수가 된다고 생각한다. 이것은 내가 나의 경험을 그냥 얘기할 수 있기 때문에 설명하기 쉽다.

나는 축구를 못한다. 나는 4살 때부터 축구를 해왔고 항상 연습한다. 하지만, 나는 단지 축구를 잘 못한다. 하지만, 나의 가장 친한 친구, Kenny는 축구에 놀랍게 뛰어나다. 그는 나보다 훨씬 뛰어나고 우리 학교 축구팀에서 뛰고 있다. 그는 지금은 연습을 많이 하지만, 우리가 더 어릴 때는 연습을 전혀 하지 않아도 나보다 훨씬 잘했다.

어휘 professional[prəféʃənl] 전문의, 직업의 athlete[ǽθliːt] 운동 선수 highly[háili] 매우, 고도로 talented[tǽləntid] (타고난) 재능이 있는 explain[ikspléin] 설명하다 be good at ~에 잘하다, 능숙하다 practice[prǽktis] 연습하다

선생님이 알려주는 점수보장 TIP

응시자들이 가장 많이 하는 실수 중 하나는 답변 내용과 시간 조절에 집중하느라 자연스러운 음성으로 답변하는 것을 소홀히 하는 것입니다. 연습 시 답변을 녹음한 후 다시 들어보며 자연스러운 음성으로 녹음되었는지 확인해 보도록 합니다.

Q2. 중고 책 거래를 위한 게시판

■ 읽기 지문

Student Board for Trading or Selling Old Books

The university would like to announce a new section on the school website that will collect and manage information related to buying and selling old books. This will be much more convenient for students as they will only need to look at a single site. Also, this system will be much easier to use for new students who do not yet know all of the sites that students currently use. Though students may still return used books to the campus bookstore, it seems that most students will prefer this new section on the website.

해석

중고 책 거래를 위한 학생회 게시판

대학은 중고 책을 사고파는 것과 관련된 정보를 수집하고 관리할 학교 웹사이트의 새로운 구획에 대해 공지하고자 합니다. 이는 학생들이 하나의 사이트만 보면 되기 때문에 학생들에게 훨씬 더 편리할 것입니다. 또한, 이 체계는 현재 학생들이 사용하는 모든 사이트에 대하여 아직 잘 모르는 신입생들이 사용하기에도 훨씬 쉬울 것입니다. 비록 학생들은 여전히 구내 서점으로 중고 책을 돌려줄 수도 있지만, 대부분의 학생들이 학교 웹사이트의 새로운 구획을 더 선호할 것으로 보입니다.

어휘   trade[treid] 거래하다, 사고 팔다, 매매하다   convenient[kənvíːnjənt] 편리한   currently[kə́ːrəntli] 현재

■ 대화 스크립트

🎧 실전모의고사 12_Q2.mp3

M: Hey, did you hear they're adding a board to the school website for trading old books?

W: Yeah, I did. And it's a wonderful idea.

M: OK, why do you like it?

W: I mean, just last semester, I tried finding a couple books and the students all use different sites to post stuff. I had to go through all of the sites to find the books that I needed. It was just such a pain because I spent like an hour a day for a couple days just going through sites and then going through them again just in case someone posted something I needed.

M: Yeah, I did that too. It's really annoying, because, it's not like we have that much time.

W: Seriously. But, I also think it makes sense that this will be a lot easier for students new to the school. Now that I think about it, I know all the sites now; but, I remember the first time someone explained which sites I needed to go to, it was really confusing. I think we have like 6 or 7 sites that students use to try to sell old books. This way, everything is on the same site. And, it's the school's website. So, should be no problem for even new students.

해석   남: 저기 학교 웹사이트에 중고 책을 사고파는 게시판을 추가할 것이라는 것에 대해 들었니?

여: 응, 들었어. 그리고 그건 훌륭한 생각이야.

남: 그래, 너는 그것을 왜 좋아하니?

여: 내 말은, 바로 지난 학기에, 내가 몇 권의 책을 찾고 있었는데 게시물을 올리기 위해 학생들이 모두 다른 웹사이트를 사용하는 거야. 나는 내가 필요한 책을 찾기 위해 모든 사이트를 살펴봐야만 했어. 그건 너무 골치 아픈 일이었는데 왜냐하면 누군가가 나한테 필요한 것을 올렸을까 봐 사이트들을 살펴보고 또 살펴보는 데 며칠 동안 하루에 한 시간 정도를 보냈기 때문이야.

남: 그래, 나도 역시 그랬어. 그건 정말 골치 아픈 일이야, 왜냐하면, 우리가 시간이 많은 것이 아니잖아.

여: 정말 그래. 그런데, 나는 또한 그것이 학교가 처음인 학생들에게 훨씬 더 쉬울 거라는 것도 말이 된다고 생각해. 지금 와서 생각해 보면, 지금이야 내가 모든 사이트에 대해 알고 있지만, 누군가가 나에게 어떤 사이트를 가야 했는지 처음으로 설명해 줬을 때 너무 혼란스러웠던 게 기억나. 내 생각에 학생들이 중고 책을 팔기 위해 사용하는 사이트가 6개 또는 7개 정도 있는 것 같아. 이번 방법으로, 모든 것이 동일한 사이트에 올라오게 돼. 그리고, 그것은 학교 웹사이트잖아. 그러니, 심지어 신입생들에게도 아무 문제 없을 거야.

어휘   go through ~을 살펴보다, ~을 조사하다   annoying[ənɔ́iiŋ] 골치 아픈, 짜증 나는

■ 읽기 노트

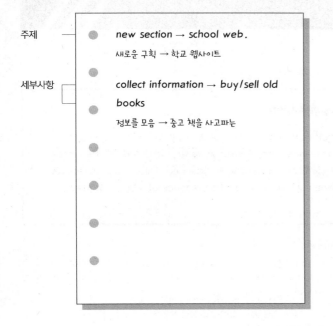

주제 — new section → school web.
새로운 구획 → 학교 웹사이트

세부사항 — collect information → buy/sell old books
정보를 모음 → 중고 책을 사고파는

■ 듣기 노트

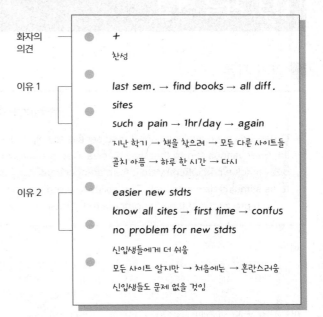

화자의 의견 — +
찬성

이유 1 — last sem. → find books → all diff. sites
such a pain → 1hr/day → again
지난 학기 → 책을 찾으려 → 모든 다른 사이트들
골치 아픔 → 하루 한 시간 → 다시

이유 2 — easier new stdts
know all sites → first time → confus
no problem for new stdts
신입생들에게 더 쉬움
모든 사이트 알지만 → 처음에는 → 혼란스러움
신입생들도 문제 없을 것임

■ 모범 답안

🎧 실전모의고사 12_R2.mp3

The reading says that the school will have a new section on the school website that will collect and manage information about buying and selling old books.

The woman in the conversation thinks that this change is a good idea and talks about why she thinks so.

First, one of the things that she says is that last semester, she needed to find some books. But, books were posted on different sites. It was such a pain because she would spend an hour every day.

Also, a second thing she mentions is that it's easier for students. She says that she knows the sites now, but, the first time she learned them, it was confusing. Now, it should be no problem for students.

해석   지문은 학교에서 학교 웹사이트에 중고 책을 사고파는 것에 대한 정보를 모으고 관리할 새로운 구획을 만들 것이라고 말한다.

대화에서 여자는 이러한 변화가 좋다고 생각하며 그녀가 그렇게 생각하는 이유에 대해 말한다.

첫 번째로, 그녀가 말하는 것 중 한 가지는 지난 학기에, 그녀는 몇몇 책들을 찾아야만 했다는 점이다. 하지만, 책들이 다른 웹사이트들에 게시되어 있었다. 그녀는 매일 한 시간을 사용해야 했기 때문에 그것은 너무 골치 아픈 일이었다.

또한, 두 번째로 그녀가 언급하는 것은 학생들에게 더 쉽다는 점이다. 그녀는 그녀가 지금은 그 사이트들을 알고 있지만, 그녀가 처음에 그것들에 대해 배웠을 때는, 혼란스러웠다. 지금은, 학생들에게 문제가 되지 않을 것이다.

Q3. 자극 변별

■ 읽기 지문

Stimulus Discrimination

Organisms have evolved finely tuned senses to help make their way through the world. They use these senses to interpret various stimuli that they receive. Complex organisms have learned the ability to tell the difference between one stimulus and differentiate it from another stimulus that is similar but not exactly the same. This is what is referred to as stimulus discrimination. The ability to discriminate between stimuli requires the presence of a brain large enough to both process and then to compare the stimuli.

해석

자극 변별

생물들은 세상을 살아가는 데 도움이 되는 정교하게 조정된 감각들을 진화시켜 왔다. 그들은 그들이 받는 다양한 자극들을 해석하기 위해 이러한 감각들을 사용한다. 복합적 생물체들은 하나의 자극을 유사하지만 정확히 같지는 않은 다른 자극으로부터 구별하는 능력을 배워 왔다. 이것은 자극 변별이라 불린다. 자극들을 변별하는 능력은 자극을 처리한 뒤 비교할 수 있을 만큼 충분히 큰 뇌가 있어야 한다.

어휘 **stimuli**[stímjulài] 자극들(stimulus의 복수) **discriminate**[diskrímənèit] 구별하다, 차별하다 **evolve**[iválv] 진화하다
finely[fáinli] 정교하게, 미세하게 **interpret**[intə́ːrprit] 해석하다 **tell the difference** 구별하다, 분간하다
differentiate[dìfərénʃièit] 구별하다, 분간하다 **presence**[prézns] 있음, 존재함

■ 강의 스크립트

🎧 실전모의고사 12_Q3.mp3

A great example of this was my cat back when I was in college. OK, so, I lived with 3 roommates and we had this really great electric can opener at home and I used it to open cans of food for her. Now, when I was in class or at work, my roommates also used the can opener to open their food or whatever cans needed to be opened. The thing is only I fed my cat. So, I would use the can opener once in the morning and then once at about 6 p.m. Otherwise, I never used the can opener. So during both of those times—the second the can opener started—my cat would appear and wait next to her bowl. The funny thing is my roommates told me that she never came when they used the can opener to open their stuff. She only came when I used the can opener. So, she learned that even though the sound was the same every time the can opener was used, she learned that she would only get food if I was using the can opener, which was once in the morning and then once in the evening.

해석 이에 대한 좋은 사례는 제가 대학교 재학 중이었을 때 있었던 저의 고양이였습니다. 좋습니다, 자, 저는 세 명의 룸메이트와 함께 살았고 우리는 집에 정말 좋은 전기 깡통 따개를 가지고 있어서 저는 고양이의 먹이 깡통을 열기 위해 그것을 사용했습니다. 자, 제가 수업 중이거나 일하고 있을 때, 제 룸메이트들 또한 그들의 음식이나 열어야 할 필요가 있는 어떤 깡통이든 열기 위해 깡통 따개를 사용했지요. 문제는 오직 저만 고양이에게 먹이를 주었다는 것입니다. 그래서, 저는 그 깡통 따개를 아침에 한 번, 저녁 6시에 한 번 사용했습니다. 그 외에는, 저는 절대 깡통 따개를 사용하지 않았죠. 그런데, 이 두 시간대 모두, 깡통 따개가 작동되는 순간, 저의 고양이가 나타나서 그녀의 그릇 옆에서 기다렸습니다. 재미있는 점은 제 룸메이트들이 그들이 그들의 물건을 열기 위해 깡통 따개를 사용할 때는 고양이가 절대 오지 않았다고 저에게 말했어요. 그래서, 비록 깡통 따개를 사용할 때마다 항상 같은 소리가 났지만, 고양이는 제가 깡통 따개를 사용하면 그녀가 먹이를 유일하게 먹이를 먹을 수 있다는 것을 그녀는 배웠고, 그것은 아침에 한번 그리고 나서 저녁에 한 번이었습니다.

어휘 **electric**[iléktrik] 전기의 **feed**[fiːd] 먹이를 주다(과거형은 fed)

■ 읽기 노트

주제 —— ● stimulus Discrimination

자극 변별

세부사항 —— ● tell diff. → one stim. / another stim.

구별함 → 하나의 자극 / 또 다른 자극

■ 듣기 노트

예시 —— ● cat → college

고양이 → 대학교 때

세부사항 —— ● 3 roommates

● can opener

R use

● only W feed → morning /6 → cat

appear

● never came R

sound same → only food W

● 세 명의 룸메이트들

깡통 따개

● 룸메이트 사용

여자만 먹이 줌 → 아침/6 → 고양이 나타남

● 룸메이트 절대 안 나타남

같은 소리 → 여자만 먹이 줌

■ 모범 답안

🎧 실전모의고사 12_R3.mp3

The reading passage is about Stimulus of Discrimination, **which is** telling the difference between one stimulus and another stimulus.

The speaker gives one example of this in the lecture.

She says that she had a cat in college when she had 3 roommates. They shared a can opener. Her roommates used the can opener but only the woman would feed her cat. She used the can opener in the morning and at 6 p.m. The cat would appear both times. But, the cat never came when the roommates used the can opener. Even though the sound was the same, the woman's cat knew it would only get food from the woman.

해석   읽기 지문은 자극 변별에 관한 것이며, 이것은 하나의 자극과 또 다른 하나의 자극을 구별하는 것이다.

화자는 강의에서 이에 대한 예시 하나를 준다.

그녀는 그녀가 대학교 재학 중이었을 때 세 명의 룸메이트와 고양이 한 마리가 있었다고 말한다. 그들은 깡통 따개를 같이 사용하였다. 그녀의 룸메이트들은 깡통 따개를 사용했지만 오직 그녀만이 고양이에게 먹이를 주었다. 그녀는 아침과 저녁 6시에 깡통 따개를 사용하였다. 고양이는 두 시간대에 모두 나타났다. 하지만, 룸메이트들이 깡통 따개를 사용할 때는 결코 온 적이 없다. 비록 소리가 똑같았음에도 불구하고, 여자의 고양이는 여자에게서만 먹이를 얻을 것이라는 것을 알았다.

Q4. 침입종의 적응

강의 스크립트

실전모의고사 12_Q4.mp3

Invasive species are serious problems because they are plants or animals that are introduced into an area and quickly dominate native species. They completely transform the biodiversity in ecosystems they disturb. However, this is not an easy task and a successful invasive species requires a few adaptations to make them successful. Let's look at adaptations of two invasive species.

First, the harlequin ladybug is a small insect that was introduced into Britain to prey on agricultural pests, such as aphids. These ladybugs eat a much broader range of food than native ladybugs which allows them to reproduce at a much faster rate. So, while they did eat a lot of aphids, when there were no aphids—like when the weather was a lot cooler—then the harlequin ladybugs began eating fruit crops, which native ladybugs don't eat. So, this invasive species still had the energy to breed and reproduce when the native species didn't have much to eat.

Next, the Himalayan balsam is a type of plant that is considered a weed pest. This is a plant that grows very quickly and grows to be larger than many of the native species in many areas where it has been introduced. This plant is a particular problem in riverbeds where it can grow fast enough to completely cover any of the native plants. It also grows taller than native plants meaning that the balsam is able to outcompete native species for sunlight. Also, another aspect of being larger is that it offers bigger flowers that offer more nectar to pollinating insects than native plants. Attracting a greater number of insects means that balsams have a much better potential for reproduction than other plants.

해석   침입종은 한 지역에 도입되어 토착종을 빠르게 지배하는 식물이나 동물이기 때문에 심각한 문제입니다. 그들은 그들이 어지럽히는 생태계의 생물 다양성을 완전히 변형시킵니다. 하지만, 이는 쉬운 일이 아니며 성공한 침입종들에게는 성공하기 위해서 몇 가지 적응을 필요로 합니다. 두 가지 침입종의 적응에 대해 살펴봅시다.

먼저, 할러퀸 무당벌레는 진딧물과 같은, 농해충을 잡아먹기 위해 영국에 도입된 작은 곤충입니다. 이 무당벌레는 토착 무당벌레보다 훨씬 더 다양한 종류의 먹이를 먹어 치웠으며, 이것은 그들이 훨씬 더 빠른 속도로 번식하도록 해주었습니다. 그래서, 그들은 많은 진딧물을 먹었지만, 날씨가 더욱 추워지는 시기와 같이, 진딧물이 없는 때가 되면, 할러퀸 무당벌레들은 과일 농작물을 먹기 시작했습니다, 그런데 토착 무당벌레들은 과일 농작물을 먹지 않지요. 그리하여, 이 침입종은 토착종이 얼마 먹지 못하는 때에도 번식할 수 있고 새끼를 낳을 수 있는 에너지를 꾸준히 갖게 되었습니다.

다음은, 잡초 해충으로 생각되는 식물 유형인 히말라야 발삼나무입니다. 이것은 매우 빠르게 자라는 식물로 이 식물이 도입된 많은 지역에서 많은 토착종보다 더 크게 자라납니다. 이 식물은 모든 토착 식물들을 완전히 덮을 만큼 충분히 빠른 속도로 자라날 수 있는 강바닥에서 특히 문제가 됩니다. 발삼나무는 또한 토착 식물들보다 키가 크게 자라는데 이는 발삼나무가 햇빛 경쟁에서 토착종을 이길 수 있다는 것을 의미합니다. 또한, 더 크다는 점의 또 다른 측면은 그것이 토착종보다 수분하는 곤충들에게 보다 많은 꿀을 주는 더 큰 꽃들을 제공해 준다는 것입니다. 더 많은 수의 곤충을 끌어들인다는 것은 발삼나무가 다른 식물들보다 더 나은 번식의 가능성을 가진다는 것을 의미합니다.

어휘   invasive[invéisiv] 침입의, 급속히 퍼지는   dominate[dámənèit] 지배하다   native[néitiv] 토착의, 태어난 곳의, 토박이의
biodiversity[báioudivə́:rsəti] 생물 다양성   disturb[distə́:rb] 어지럽히다, 방해하다, 건드리다   adaptation[æedəptéiʃən] 적응   prey on ~을 잡아먹다
pest[pest] 해충   reproduce[riprədjú:s] 번식하다   aphid[éifid] 진딧물   breed[bri:d] 새끼를 낳다   riverbed[rívərbèd] 강바닥, 하상
outcompete[autkəmpí:t] 경쟁에서 이기다, 앞서다   pollinate[pálənèit] ~에 수분하다

듣기 노트

주제	● **2 adapt** 두 가지 적응
소주제 1	● H bug → small insect → eat broader range → native
세부사항	→ when no food, ate fruit crops
	● → X native
	had energy to breed when native X
	● H 벌레 → 작은 곤충 → 다양한 종류 먹음 → 토종
	→ 먹이 없으면, 과일 농작물 먹음
	● → 토종 X
	토종이 못할 때, 번식할 에너지 가졌음
소주제 2	● H B plant → weed → grow quickly / large → cover native
세부사항	outcompete sunlight
	● bigger flowers → more nectar → pollinate insets → + reprod.
	● H B 식물 → 잡초 → 빨리 자람 / 크고 → 토종 덮어버림
	● 햇빛 경쟁에서 이김
	더 큰 꽃들 → 더 많은 꿀 → 곤충 수분 → 더 나은 번식

모범 답안

🎧 실전모의고사 12_R4.mp3

The lecture is about 2 successful invasive species.

First, he talks about the Harlequin ladybug. **He says that** it is a small insect that eats a broader range of food than native ladybugs. When there is no food, they can eat fruit crops. Native ladybugs cannot eat fruit. The harlequin ladybug has energy to breed when the native ladybugs have no food.

Second, he talks about the Himalayan balsam. **He says that** this plant grows quickly and is very large. It covers native plants. Also, it has bigger flowers and more nectar. So it has more pollinating insects and has a higher chance to reproduce more than native plants.

해석　강의는 성공한 두 침입종에 관한 내용이다.

첫 번째로, 그는 할러퀸 무당벌레에 대해 이야기한다. 그는 그것이 토종 무당벌레보다 더 다양한 종류의 먹이를 먹는 작은 곤충이라고 말한다. 먹이가 없을 때, 그것들은 과일 농작물을 먹을 수 있다. 토종 무당벌레는 과일을 먹지 못한다. 할러퀸 무당벌레는 토종 무당벌레에게 먹이가 없을 때 번식할 수 있는 에너지를 가진다.

두 번째로, 그는 히말라야 발삼나무에 대해 이야기한다. 그는 그 식물은 빨리 자라고 매우 크다고 말한다. 이것은 토종 식물을 덮어 버린다. 또한, 이것은 더 큰 꽃들과 더 많은 꿀을 가진다. 그래서 발삼나무에는 수분하는 곤충들이 더 많이 있고 토종 식물보다 번식할 가능성이 더 높다.

선생님이 알려주는 점수보장 TIP

노트테이킹 시 이해가 안 되는 부분이 있다 하더라도 그 부분에 대해 생각하면서 시간을 허비해서는 안됩니다. 이해된 내용을 채점자에게 잘 전달할 수 있도록 충분히 설명하는데 중점을 두는 것이 좋습니다.

앞서 학습한 내용을 바탕으로 자신의 답안에 대해 다음 사항을 점검하고 앞으로 개선해야 할 점을 확인해 보세요.

Question 1

하나의 특정한 예시를 잘 설명했는가?	☐ Yes	☐ No
자연스러운 대화체 억양을 사용했는가?	☐ Yes	☐ No
말하는 도중 멈추거나 머뭇거리지 않았는가?	☐ Yes	☐ No
안정되고 편안하게 말하도록 노력했는가?	☐ Yes	☐ No

Question 2

자연스러운 억양을 사용하였는가?	☐ Yes	☐ No
노트테이킹이 순조롭게 대답하는 데 도움이 되는가?	☐ Yes	☐ No
너무 빠르거나 성급하게 느껴지지 않는가?	☐ Yes	☐ No
듣기의 대화를 이해하는 데 집중하였는가?	☐ Yes	☐ No

Question 3

지문을 읽는 동안 관련 주제의 개념과 정의를 이해하고 적었는가?	☐ Yes	☐ No
임의로 추측해서 말하지 않고 확실한 세부사항만을 말했는가?	☐ Yes	☐ No
읽기 지문과 듣기의 예시 간의 관계를 정확히 이해했는가?	☐ Yes	☐ No
노트테이킹한 것을 보고 문법 실수 없이 문장으로 조리 있게 말했는가?	☐ Yes	☐ No

Question 4

제한 시간 안에 두 번째 예시의 설명까지 마쳤는가?	☐ Yes	☐ No
임의로 추측해서 말하지 않고 확실한 세부사항만을 말했는가?	☐ Yes	☐ No
답변의 서론에서 너무 많은 시간을 쓰지 않았는가?	☐ Yes	☐ No
노트테이킹한 것을 보고 문법 실수 없이 문장으로 조리 있게 말했는가?	☐ Yes	☐ No

스타토플 실전 SPEAKING

실전모의고사

13

SELF-EVALUATION LIST

Q1. 대인 면접 vs. 온라인 면접

Question

Do you agree or disagree with the following statement: Job interviews that are conducted face-to-face are better than online interviews.

당신은 다음 진술에 동의합니까 혹은 반대합니까. 대인 면접이 온라인 면접보다 낫다.

■ 아웃라인

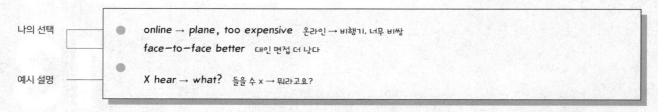

나의 선택

- online → plane, too expensive   온라인 → 비행기, 너무 비쌈
- face-to-face better   대인 면접 더 낫다

예시 설명

- X hear → what?   들을 수 x → 뭐라고요?

Well, I can understand why online interviews happen. Sometimes the two people are in different countries and a plane ticket is too expensive.

But, honestly, **I think that** face-to-face interviews are much better.

Voices are very clear and it feels like a natural interaction. But, for online interviews, the sound might not be clear or the internet connection might be slow.

Just last month, I had an online interview for an internship; but we couldn't hear each other. So we kept saying "what?" "can you repeat that?" over and over. It was really annoying.

해석 음, 나는 왜 온라인 면접을 하는지 이해할 수 있다. 때로는 두 사람이 서로 다른 나라에 있기도 하고 비행기 표는 매우 비싸다.

하지만, 솔직히, 나는 대인 면접이 더 낫다고 생각한다.

목소리가 매우 명확하고 그것은 마치 자연스러운 소통과 같이 느껴진다. 하지만, 온라인 면접은, 소리가 명확하지 않을 수도 있고 혹은 인터넷 연결이 느릴 수도 있다.

바로 지난달에, 나는 인턴십을 위한 온라인 면접이 있었다. 하지만 우리는 서로의 말이 들리지 않았다. 그래서 계속 "뭐라고요?" "다시 말씀해 주시겠어요?" 라는 말만 되풀이하였다. 그것은 매우 짜증스러웠다.

어휘 **plane ticket** 비행기 표, 항공권 **face-to-face** 마주보는, 대면하는 **interaction**[intərǽkʃən] 소통, 상호 작용
internship[intə́ːrnʃip] 인턴십, 실습 훈련 기간 **annoying**[ənɔ́iiŋ] 짜증스러운

선생님이 알려주는 점수보장 TIP

가장 빈번하게 활용할 수 있는 예시는 개인의 경험을 바탕으로 하는 예시입니다. 경험을 바탕으로 한 예시는 많은 주제에 보편적으로 활용할 수 있습니다.

Q2. 인쇄실 사용 시간 연장

■ 읽기 지문

Dear administration,

I'd like to request that the copy center on campus be open until at least 10 p.m. Currently, the copy center closes at 6 p.m., which is just too early for a lot of us, especially those of that have night classes. This is very inconvenient because many students need to make copies after dinner time. Also, by keeping the copy center the school will be able to reduce the number of people that are using computers in the lab.

Craig Brewster

해석   관리자님께,

저는 캠퍼스에 있는 인쇄실이 적어도 저녁 10시까지 열기를 요청드립니다. 현재, 인쇄실은 저녁 6시에 문을 닫는데, 이는 많은 학생들, 특히 야간 수업이 있는 학생들에게는 단지 너무 이른 시간입니다. 이는 많은 학생들이 저녁 시간 이후에 인쇄를 해야 하기 때문에 매우 불편합니다. 또한 인쇄실을 열어 두면, 학교는 컴퓨터실에서 컴퓨터를 사용하는 사람들의 수를 줄일 수 있을 것입니다.

Craig Brewster

어휘   administration[ədmìnistréiʃən] 관리직(원들), 행정직   request[rikwést] 요청하다   currently[kə́:rəntli] 현재
inconvenient[ìnkənvíːnjənt] 불편한   make copies 인쇄하다, 복사하다

■ 대화 스크립트

🎧 실전모의고사 13_Q2.mp3

W: Hey, did you see Craig's letter in the newspaper?
M: The one about the copy center? Yeah, I completely agree with what he said.
W: Oh, which part?
M: Well, first, students are always in a rush to get everything done and printed from the copy center before 6 p.m. But a lot of us finish classes late in the afternoon. Some of us have night classes. So, if we need to make copies, we're in such a rush that we have to wait on eating dinner. By the time the copies are done, the good restaurants on campus are all closed. By staying open until 10, we can get a good dinner first, and then make our copies at a relaxed pace after.
W: Yeah, that's true. But, can't you just print in the lab though?
M: Not really, that's why we have a copy center. The lab has one printer. And, geez, if you go after 6 p.m. when the copy center closes, good luck. They have a sign-up just for the printer in the lab. They only connected 2 computers to the printer so that everyone's not standing next to the printer waiting for their prints. I mean, I understand why they did that. But they really should give us more options to print.

해석   여: 저기, 신문에서 Craig의 편지 봤니?
남: 인쇄실에 관한 거 말이니? 응, 난 그가 한 말에 완전히 동의해.
여: 아, 어떤 부분에?
남: 음, 우선, 학생들은 모든 것을 끝내고 저녁 6시 이전에 인쇄실에서 인쇄하려고 항상 서두르잖아. 하지만 많은 학생들은 수업이 오후 늦게 마치거든. 일부 학생들은 야간 수업을 하기도 하고. 그래서, 만약 우리가 인쇄를 해야 하면, 정말 서둘러야 하기 때문에 저녁 식사도 못 먹고 기다려야만 해. 인쇄가 끝날 때쯤에는, 학교에 있는 괜찮은 식당들은 모두 문을 닫아. 10시까지 열어두면, 우리는 먼저 좋은 저녁을 먹은 이후에 느긋한 속도로 인쇄를 할 수 있어.
여: 그래, 사실이야. 하지만, 너는 그냥 컴퓨터실에서 인쇄할 수 있지 않아?
남: 그렇지 않아, 그게 바로 인쇄실이 있는 이유거든. 컴퓨터실에는 한 대의 인쇄기가 있어. 그리고, 으, 만약 인쇄실이 문을 닫는 저녁 6시 이후에 가면, 행운을 빌어. 컴퓨터실에는 단지 그 인쇄기만을 위한 신청서가 있어. 모든 사람들이 인쇄물을 기다리느라 인쇄기 옆에 서서 기다리지 않도록 그들은 두 대의 컴퓨터를 인쇄기에 연결했을 뿐이야. 내 말은, 나는 그들이 왜 그렇게 했는지 이해가 가. 하지만 그들은 우리에게 인쇄할 수 있는 더 많은 선택권을 주어야만 해.

어휘   be in a rush 서두르다   at a relaxed pace 느긋한 속도로   option[ápʃən] 선택권

■ 읽기 노트

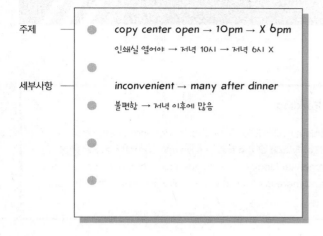

주제	●	copy center open → 10pm → X 6pm
		인쇄실 열어야 → 저녁 10시 → 저녁 6시 X
	●	
세부사항		inconvenient → many after dinner
		불편함 → 저녁 이후에 많음
	●	
	●	
	●	

■ 듣기 노트

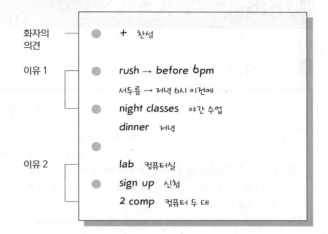

화자의 의견	●	+ 찬성
이유 1	●	rush → before 6pm
		서두름 → 저녁 6시 이전에
	●	night classes 야간 수업
		dinner 저녁
	●	
이유 2	●	lab 컴퓨터실
	●	sign up 신청
		2 comp 컴퓨터 두 대

■ 모범 답안

🎧 실전모의고사 13_R2.mp3

The letter is about why it is good to open the copy center on campus until 10 and not 6 because right now it is very inconvenient as many students make copies after dinner.

The man in the conversation thinks that this proposal is a good idea and talks about why he thinks so.

First, one of the things that he says is that students are always in a rush to print before 6 p.m. Many students have night classes so they have to wait on dinner to print before 6. When they finish, all of the good restaurants are closed.

Also, a second thing he mentions is that the lab only has one printer. There is a sign-up sheet just to use the printer in the lab because the school only connected 2 computers to the printer.

해석   편지는 캠퍼스에 있는 인쇄실이 6시가 아닌 10시까지 열어 두는 것이 왜 좋은지에 관한 것이며, 그 이유는 많은 학생들이 저녁 식사 이후에 복사를 하므로 현재 그것이 매우 불편하기 때문이다.

대화에서 남자는 이러한 제안이 좋다고 생각하며 그가 그렇게 생각하는 이유에 대해 말한다.

첫 번째로, 그가 말하는 것 중 한 가지는 학생들이 저녁 6시 이전에 인쇄를 하기 위해 항상 서둘러야 한다는 점이다. 많은 학생들이 야간 수업이 있어서 6시 이전에 인쇄를 하기 위해서는 저녁 식사를 먹지 않고 기다려야 한다는 것이다. 그들이 마치면, 모든 괜찮은 식당들은 문이 닫혀있다.

또한, 두 번째로 그가 언급하는 것은 컴퓨터실에 프린터가 하나만 있다는 점이다. 학교는 단지 두 대의 컴퓨터를 인쇄기에 연결했기 때문에, 컴퓨터실의 인쇄기만을 사용하기 위한 신청서도 있다.

선생님이 알려주는 점수보장 TIP

대화 문제에서는 노트테이킹의 내용을 최대한 줄이는 시도를 해 보길 권합니다. 강의 문제처럼 정보가 많지 않은데 너무 많은 내용을 복잡하게 전달하려고 할 경우에는 답변에서 단어와 단어 사이가 끊기는 등 감점 요인으로 작용할 수 있습니다.

Q3. 편리공생자 섭식

■ 읽기 지문

Commensal Feeding

Many examples of symbiosis exist in nature in which two organisms will mutually benefit in working together to achieve common goals. There is a type of relationship in which only one of the species benefits greatly due to the activities of another species. This is what is referred to as commensal feeding. This is not a form of parasitism as none of the species is taken advantage of or is harmed in any way and there is often little to no direct interaction between the members.

해석
편리공생자 섭식

두 생물체가 공동의 목표를 달성하기 위해 함께 협력하는 것이 상호 간에 이득이 되는 공생의 많은 사례들이 자연에 존재한다. 다른 종의 활동으로 인해 단 하나의 종만이 크게 혜택을 받는 관계 유형도 있다. 이것은 편리공생자 섭식라 불린다. 이는 기생의 형태가 아닌데 그 이유는 그 종들은 어떠한 방식으로도 이용되거나 해를 입지 않기 때문이며 흔히 개체 간에 직접적인 상호 작용이 거의 없다.

어휘 commensal[kəménsəl] 편리공생 symbiosis[sìmbióusis] 공생 mutually[mjú:tʃuəli] 서로, 상호간에 parasitism[pǽrəsàitizm] 기생 take advantage of ~을 이용하다 interaction[ìntərǽkʃən] 상호 작용

■ 강의 스크립트

🎧 실전모의고사 13_Q3.mp3

You know, I think a really good example of this is humans and dogs. I mean, now, you can argue that humans and dogs are symbiotic, but this wasn't true before dog domestication occurred. So, in the beginning, humans just lived with other humans and hunted together. They worked together to catch big prey, such as wooly mammoths. Often times, they could not eat all of the food from a kill and just left the body of the animal. Now, dogs, which, back then were most likely wolves, well, those dogs that were watching the humans could now eat the leftovers from humans. So, even though the humans did all of the work in catching the animal, the dogs gained a pretty big food resource. This also didn't harm people in any way because they ate as much as they could and moved on. So, certain groups of dogs began to follow humans, and, every time they left a kill, they would eat from that kill. Of course, later, humans intentionally started feeding the dogs, and dogs became domesticated. But, that turned into a fully symbiotic relationship and not the example of commensal feeding that I just mentioned.

해석 자, 저는 이에 대한 매우 좋은 사례가 사람과 개라고 생각합니다. 그러니까, 지금은, 사람과 개가 공생의 관계라고 여러분들이 주장할 수 있지만, 개의 가축화가 일어나기 이전에는 아니었지요. 자, 처음에는, 사람들은 단지 다른 사람들과 함께 지내며 함께 사냥했습니다. 그들은 털이 많은 매머드와 같은 큰 먹이를 잡기 위해 함께 일했습니다. 때때로, 그들은 사냥감에서 나온 음식을 모두 먹지 못했고 동물의 사체를 그냥 남겨두었습니다. 자, 개들은, 그 당시에 그들은 늑대에 가까웠죠, 음, 사람들을 주시하고 있던 그 개들은 사람들이 남긴 음식을 그제야 먹을 수 있었습니다. 그래서, 비록 사람들이 동물을 잡는 모든 일들을 했지만, 개들은 꽤 큰 먹이 자원을 얻었죠. 이것은 또한 어떠한 방식으로든 사람들에게 해를 끼치지 않았는데 그들은 먹을 수 있는 만큼 먹고 이동했기 때문입니다. 따라서, 특정 개 무리들이 사람들을 따르기 시작했고, 그리고, 사람들이 사냥감을 남길 때마다, 개들은 그 사냥감을 먹었습니다. 물론, 이후에, 사람들은 의도적으로 개들을 사육하기 시작했고, 개들은 가축화되었습니다. 하지만, 이는 완전한 공생 관계로 변했고 제가 방금 언급했던 편리공생자 섭식의 예시는 아닙니다.

어휘 domestication[dəmèstikéiʃən] 가축화, 사육 prey[prei] 먹이, 사냥감 leftover[léftouvər] 남은 음식 intentionally[inténʃənəli] 의도적으로 symbiotic[sìmbiátik] 공생의, 공생하는

■ 읽기 노트

주제 ── ● **commensal feeding** 편리공생자 섭식

세부사항 ── ● **only one species benefits greatly**
activ. anoth spe.
● 오직 한 종만 크게 혜택을 보는 것
다른 종의 활동 때문에

■ 듣기 노트

예시 ── ● **humans / dogs** 사람들 / 개들

세부사항 ── ● **hunt → mammoth** 사냥 → 맘모스
dogs watch 개들 추시
● **X harm** 해를 끼치지 않음
follow → eat 따라다니며 → 먹음

■ 모범 답안

🎧 실전모의고사 13_R3.mp3

The reading passage is about commensal feeding, which is when one species benefits greatly from the activities of another species.

The speaker gives one example of this in the lecture.

He says that in the beginning, humans hunted together and caught big animals, such as mammoths. Dogs would watch humans. And, after humans left, they would eat the leftovers. This did not harm people because people ate as much as they could and left the body. After a while, certain dogs began to follow humans and continued to eat human leftovers.

해석 읽기 지문은 편리공생자 섭식에 관한 것으로, 이것은 한 종이 다른 종의 활동으로 크게 혜택을 보는 것이다.

화자는 강의에서 이에 대한 예시 하나를 준다.

그는 처음에는, 인간들이 함께 사냥하고 매머드와 같은, 큰 동물들을 잡았다고 말한다. 개들은 인간들을 주시했다. 그리고, 인간들이 떠난 뒤에, 그들은 남은 음식을 먹었다. 이는 사람들에게 해를 끼치지 않았는데 그 이유는 사람들이 그들이 먹을 수 있을 만큼 먹고 사체를 남겨두었기 때문이다. 얼마 후에, 어떤 개들은 인간들을 따르기 시작하였고 인간들이 먹다 남은 음식을 계속 먹었다.

선생님이 알려주는 점수보장 TIP

강의 문제에서 노트테이킹의 내용이 적으면 내용의 누락이 있을 수 있습니다. 하지만 너무 많은 노트테이킹은 답변을 할 때 문장 구성에 어려움을 줄 수도 있으니 본인이 소화할 수 있는 노트테이킹의 양이 어느 정도인지 알아보기 위해 연습시 다른 분량의 노트 테이킹으로 답변을 구성하는 시도를 해 보는 것이 좋습니다.

강의 스크립트

🎧 실전모의고사 13_Q4.mp3

Salt accumulation occurs when the soil in an area increases in salt content. Um, this is very common because all water, even freshwater, contains some salt. Over time, as farmers water their plants, the salt builds up and when the amount is high enough it prevents plants from absorbing moisture, leading to crop loss. Let's discuss two ways that farmers can prevent salt accumulation from occurring.

One way that farmers can prevent salt accumulation is by choosing the right fertilizers. Now, plants do take up some salt that's in the ground through their roots. When the plant is removed, the salt goes with it. So there is a natural mechanism here in removing salts. But, there are some fertilizers that use salts that plants can't absorb in large amounts. Um, such as fertilizers that contain chlorides. The majority of the salt from these types of fertilizers stays in the ground after that plant is harvested and should, therefore, be avoided.

Another way to make sure that salt accumulation is managed is by making sure that the soil is tested professionally. Oftentimes, farmers just guess at the amount of salt that is being put into the ground. And, though these guesses are often fairly close to the actual figure, you don't really know if the salt level is too high until the land produces fewer usable plants. At this point, it's really already too late. So, the recommended testing interval is once every 6 weeks. This will give farmers an exact number and they can adjust their irrigation or fertilizers as necessary.

해석   염류 축적은 한 지역의 토양에서 염분 함량이 증가할 때 발생합니다. 음, 이는 매우 흔한 일인데 모든 물, 심지어 민물도 약간의 염분을 포함하고 있기 때문입니다. 시간이 지나면서, 농부가 작물에 물을 주면, 염분이 쌓이게 되고 그 양이 충분히 높아지면 염분은 작물들이 수분을 흡수하는 것을 방해하여, 작물 손실로 이어지게 됩니다. 농부들이 염류 축적의 발생을 예방할 수 있는 두 가지 방법에 대해 논의해 봅시다.

농부들이 염류 축적을 예방할 수 있는 한 가지 방법은 알맞은 비료를 선택하는 것입니다. 자, 작물들은 그들의 뿌리를 통해 토양에 있는 약간의 염분을 흡수합니다. 이러한 작물이 제거될 때, 염분도 함께 딸려 갑니다. 자, 여기에 염분을 제거하는 자연적인 방법이 있지요. 하지만, 작물이 많은 양으로 섭취할 수 없는 염분을 사용하는 일부 비료들이 있습니다. 음, 염화물을 포함하고 있는 비료 같은 것이죠. 이러한 유형의 비료들로부터의 대부분의 염분은 작물이 수확된 이후에도 땅에 남아 있기 때문에, 따라서, 피해야만 합니다.

염류 축적이 관리 되는 것을 확실히 하는 또 다른 방법은 토양이 전문적으로 검사되도록 하는 것을 분명히 하는 것입니다. 주로, 농부들은 땅에 들어간 염분의 양을 추측만 합니다. 그리고, 비록 이러한 추측이 실제 수치와 주로 상당히 비슷함에도 불구하고, 땅이 쓸 만한 작물을 훨씬 적게 생산하기 전까지 염분 수치가 매우 높은지 당신은 잘 알 수 없습니다. 이 시점에서는, 이미 너무 늦은 것이죠. 따라서, 권고 검사 간격은 6주에 한 번입니다. 이를 통해 농부들은 정확한 수치를 알 수 있고 필요한 경우 그들은 그들의 관개나 비료를 조절할 수 있습니다.

어휘   accumulation[əkjùːmjuléiʃən] 축적   content[kántent] 함유량, 함량   freshwater[freʃwɔ́ːtər] 민물   crop loss 작물 손실
fertilizer[fə́ːrtəlàizər] 비료   mechanism[mékənizm] 체계, 방법   chloride[klɔ́ːraid] 염화물   harvest[káːrvist] 수확하다
fairly[féərli] 꽤, 상당히   interval[interval] 간격, 기간   adjust[ədʒʌst] 조절하다   irrigation[ìrəgéiʃən] 관개

■ 듣기 노트

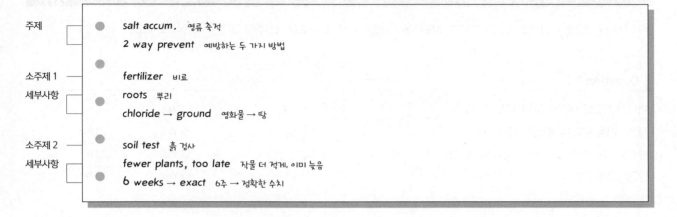

주제 ─┌─ ● salt accum. 염류 축적
　　　 └─　　2 way prevent 예방하는 두 가지 방법

　　　 ●
소주제 1 ─── fertilizer 비료
세부사항 ─┌─ ● roots 뿌리
　　　　　└─　 chloride → ground 염화물 → 땅

소주제 2 ─── ● soil test 흙 검사
세부사항 ─┌─　 fewer plants, too late 작물 더 적게, 이미 늦음
　　　　　└─ ● 6 weeks → exact 6주 → 정확한 수치

■ 모범 답안

🎧 실전모의고사 13_R4.mp3

The lecture is about 2 ways to prevent salt accumulation.

First, she talks about picking the right fertilizers. **She says that** plants are able to take up some salt through their roots. However, some fertilizers use salts that plants can't take up, such as fertilizers that use chlorides. These salts will just remain in the ground so farmers should not use them.

Second, she talks about testing the soil. **She says that** if a farmer waits until he produces fewer usable plants, then it is already too late. The suggested period is one time every 6 weeks and this will tell the farmer the exact amount of salt in the soil.

해석　강의는 염류 축적을 예방하는 두 가지 방법에 관한 내용이다.

첫 번째로, 그녀는 적절한 비료를 선택하는 것에 관해 이야기한다. 그녀는 식물들이 뿌리를 통해 염분의 일부를 흡수한다고 말한다. 하지만, 염화물을 이용하는 비료와 같은 일부 비료들은 식물들이 흡수할 수 없는 염분을 이용한다. 이러한 염분은 땅에 그대로 남게 되므로 농부들은 그런 비료들을 사용해서는 안 된다.

두 번째로, 그녀는 토양을 검사하는 것에 대해 이야기한다. 그녀는 만약 농부가 쓸 만한 작물을 더 적게 생산해 낼 때까지 기다린다면, 그것은 이미 늦은 것이라고 말한다. 권고 기간은 6주에 한 번이며 이는 농부에게 토양에 있는 정확한 염분의 양을 말해 줄 것이다.

앞서 학습한 내용을 바탕으로 자신의 답안에 대해 다음 사항을 점검하고 앞으로 개선해야 할 점을 확인해 보세요.

Question 1

하나의 특정한 예시를 잘 설명했는가?	☐ Yes	☐ No
자연스러운 대화체 억양을 사용했는가?	☐ Yes	☐ No
말하는 도중 멈추거나 머뭇거리지 않았는가?	☐ Yes	☐ No
안정되고 편안하게 말하도록 노력했는가?	☐ Yes	☐ No

Question 2

자연스러운 억양을 사용하였는가?	☐ Yes	☐ No
노트테이킹이 순조롭게 대답하는 데 도움이 되는가?	☐ Yes	☐ No
너무 빠르거나 성급하게 느껴지지 않는가?	☐ Yes	☐ No
듣기의 대화를 이해하는 데 집중하였는가?	☐ Yes	☐ No

Question 3

지문을 읽는 동안 관련 주제의 개념과 정의를 이해하고 적었는가?	☐ Yes	☐ No
임의로 추측해서 말하지 않고 확실한 세부사항만을 말했는가?	☐ Yes	☐ No
읽기 지문과 듣기의 예시 간의 관계를 정확히 이해했는가?	☐ Yes	☐ No
노트테이킹한 것을 보고 문법 실수 없이 문장으로 조리 있게 말했는가?	☐ Yes	☐ No

Question 4

제한 시간 안에 두 번째 예시의 설명까지 마쳤는가?	☐ Yes	☐ No
임의로 추측해서 말하지 않고 확실한 세부사항만을 말했는가?	☐ Yes	☐ No
답변의 서론에서 너무 많은 시간을 쓰지 않았는가?	☐ Yes	☐ No
노트테이킹한 것을 보고 문법 실수 없이 문장으로 조리 있게 말했는가?	☐ Yes	☐ No

스타토플 실전 SPEAKING

실전모의고사
14

Q1. 박물관에 가는 것에 대한 필요성

Question

State whether you agree or disagree with the following statement: **Going to museums is no longer necessary in modern society due to online resources.**

다음 진술에 동의하는지 혹은 반대하는지 진술하세요: 현대 사회에서는 온라인 자료들로 인해 박물관에 가는 것이 더 이상 필요하지 않다.

아웃라인

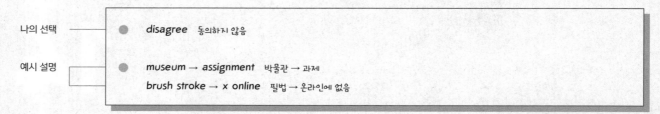

나의 선택
- *disagree* 동의하지 않음

예시 설명
- *museum → assignment* 박물관 → 과제
  brush stroke → x online 필법 → 온라인에 없음

■ 모범 답안

🎧 실전모의고사 14_R1.mp3

I disagree that going to museums is no longer necessary in modern society.

Just last weekend, I went to the national museum with my best friend, Kenny. I don't even like art. But we went because he had an art assignment and I was keeping him company. The point is, at the museum, I noticed that artist brush strokes are not flat; they are very three dimensional.

You can't see this from online pictures. Online resources are important but I think you miss too much of the actual experience.

해석   나는 박물관에 가는 것이 현대 사회에서 더 이상 필요하지 않다는 생각에 동의하지 않는다.

바로 지난주에, 나는 나의 가장 친한 친구, Kenny와 함께 국립 박물관에 갔다. 나는 예술을 좋아하지도 않는다. 하지만 그에게 미술 과제가 있었기 때문에 우리는 갔고 내가 그와 동행해 주었다. 요점은, 박물관에서, 나는 화가들의 필법이 편평하지 않음을 발견했다. 그것들은 매우 입체적이었다.

당신은 이런 것을 온라인 사진에서는 볼 수 없다. 온라인 자료들은 중요하지만 나는 당신이 실제 경험의 매우 많은 것들을 놓치게 된다고 생각한다.

어휘   **necessary**[nésəsèri] 필요한   **keep A company** A와 동행해 주다, 친구가 되어주다   **notice**[nóutis] 발견하다   **brush stroke** 필법, 붓놀림
flat[flæt] 편평한, 납작한   **three dimensional** 입체적인, 3차원적인

선생님이 알려주는 점수보장 TIP

전달하고 싶은 내용이 많은 경우에 천천히 이야기하다가 시간이 다 되어 끝까지 답변하지 못한 경우에도 만점 득점이 가능합니다. 즉, 답변 내용 중 예시가 구체적으로 포함되어 있으나 그 예시가 길어져 설명을 끝까지 전달하지 못했다고 하더라도 채점관이 해당 예시를 충분히 이해한 경우에는 만점을 받는데 지장이 없습니다.

Q2. 대학교 건물 증축 계획

읽기 지문

New Addition to Foley Hall

The university is pleased to announce new plans to attach an additional 300-dormitory extension to Foley Hall. The planned extension will require the removal of parking lot H as the new building will be erected there. The university believes that this will encourage more students to use public transportation as the parking situation on campus is not ideal. Also, there have been an increasing number of applications for on campus housing and this new extension should be able to meet that demand.

해석

Foley 홀의 새로운 증축

대학은 Foley 홀에 추가적인 300개 방의 기숙사 증축 건물을 붙이는 새로운 계획을 공지하게 되어 기쁩니다. 증축 계획에는 새로운 건물이 H 주차장에 건설되기 때문에 주차장 철거가 필요할 것입니다. 캠퍼스에서의 주차 상황이 이상적이지 않기 때문에 학교는 이것이 더 많은 학생들이 대중교통을 이용하도록 장려할 것이라 생각합니다. 또한, 교내 숙소에 대한 신청이 점점 증가하고 있었으며 이번 새로운 증축이 그 수요를 충족할 수 있을 것입니다.

어휘 attach[ətǽtʃ] 붙이다, 부착하다 dormitory[dɔ́ːrmətɔ̀ːri] 기숙사 extension[iksténʃən] 증축, 확장, 연장 erect[irékt] 건설하다, 세우다 public transportation 대중 교통 application[æ̀pləkéiʃən] 신청, 지원 meet the demand 수요를 충족하다

대화 스크립트

🎧 실전모의고사 14_Q2.mp3

M: Hi Stacy, what're you reading?
W: What? Oh hey, Eddie. This? School newspaper; something about Foley Hall.
M: Oh, right, the new extension. What do you think?
W: To be totally honest, I don't really think it's a smart idea.
M: Really? Why not?
W: Driving to school is terrible because parking spaces are so limited. But, most of us have to because public transportation isn't that great. I'm always waiting for, like, an hour, just waiting for one of the spots to open up. And, they're building the new building on lot H. That lot is one of the bigger ones that we have. So, if we lose that lot, then parking is just gonna get worse.
M: Ah, right, I didn't think about that. But, it's a lot of rooms, right? That should bring down the number of student drivers. I mean, right?
W: And about that. The new dormitory can only house 300 students, and, sure, it will be great for the students that actually get a room on campus. But, there are way more than 300 students who drive to school. I mean, think about it, our campus has like 17,000 students. And that's just the undergrads. I dunno, I think it would've been better if we had just made a new larger parking garage instead.

해석   남: 안녕, Stacy, 뭘 읽고 있니?
여: 뭐? 오 안녕, Eddie. 이거? 학교 신문인데, Foley 홀에 관한 거야.
남: 오, 그래, 새로운 증축 건물 말이지. 너는 어떻게 생각해?
여: 정말 솔직히 말하면, 나는 정말 그것이 현명한 방안이라고 생각하지 않아.
남: 정말? 왜 아니야?
여: 주차 공간이 너무 한정되어 있기 때문에 학교에 운전하고 오는 건 끔찍해. 하지만, 대중교통이 그리 좋지 않기 때문에, 대부분의 학생들은 운전을 할 수밖에 없어. 나는 자리들 중 하나를 기다리 데만, 한 시간 정도를, 항상 기다리고 있어. 그리고, 그들은 학교에서 H 주차장에 새로운 건물을 건설할거야. 그 주차장은 학교에서 더 큰 주차장들 중에 하나인데 말이야. 그래서, 만약 그 주차장을 잃으면, 주차 문제는 단지 더 악화될 거야.
남: 아, 그래. 난 그 생각은 못 했어. 그렇지만, 방들이 많은데, 그렇지? 그게 학생 운전자들의 수를 줄여 줄거야. 내 말은, 그렇지?
여: 그리고 그것에 관해서도. 새로운 기숙사는 단지 300명의 학생들만 수용할 수 있어, 그리고, 물론, 교내에 기숙사를 실제로 얻는 학생들에게는 좋을 거야. 하지만, 학교에 운전해서 오는 학생들은 300명보다 훨씬 많아. 내 말은, 생각해 봐, 학교에는 17,000명 정도의 학생들이 있어. 그리고 그건 단지 학부생들이야. 그러니까, 내 생각에 만약 우리가 그 대신에 새로운 더 큰 주차장 건물을 만들었더라면, 더 좋았을 거야.

■ 읽기 노트

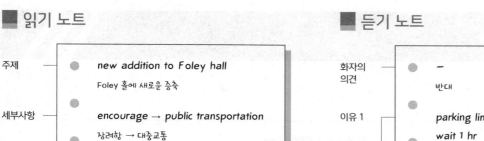

주제	**new addition to Foley hall** Foley 홀에 새로운 증축
세부사항	**encourage → public transportation** 장려함 → 대중교통

■ 듣기 노트

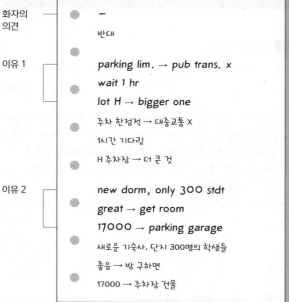

화자의 의견	– 반대
이유 1	**parking lim. → pub trans. x** **wait 1 hr** **lot H → bigger one** 주차 한정적 → 대중교통 X 1시간 기다림 H 주차장 → 더 큰 것
이유 2	**new dorm, only 300 stdt** **great → get room** **17000 → parking garage** 새로운 기숙사, 단지 300명의 학생들 좋음 → 방 구하면 17000 → 주차장 건물

■ 모범 답안

🎧 실전모의고사 14_R2.mp3

The reading says the school will make a new addition to Foley Hall. They hope it will encourage more students to use public transportation.

The woman in the conversation thinks that this proposal is a bad idea and talks about why she thinks so.

First, one of the things that she says is that parking is very limited and public transportation is not that good. She has to wait for 1 hour for a parking spot.

Also, a second thing she mentions is that the new dorm only has 300 rooms. It's great for students that can find a room. But, there are 17,000 students, so a bigger parking garage would've been better.

해석 지문은 학교가 Foley 홀에 새로운 건물을 증축할 것이라고 말한다. 그들은 이것이 더 많은 학생들이 대중교통을 이용하도록 장려하기를 바란다.

대화에서 여자는 이러한 제안이 좋지 않다고 생각하며 그녀가 그렇게 생각하는 이유에 대해 말한다.

첫 번째로, 그녀가 말하는 것 중 한 가지는 주차할 곳이 매우 한정되어 있고 대중교통이 그리 좋지 않다는 점이다. 그녀는 주차 자리를 위해 1시간을 기다려야만 한다.

또한, 두 번째로 그녀가 언급하는 것은 새로운 기숙사에는 단지 300개의 방이 있다는 점이다. 방을 구할 수 있는 학생들에게는 좋은 일이다. 하지만, 17,000명의 학생들이 있기 때문에, 더 큰 주차장 건물이 더욱 좋았을 것이다.

선생님이 알려주는 점수보장 TIP

노트를 보면서 메모하는 경우 노트테이킹 자체에 너무 집중하여 음원 듣는 것을 소홀히 하게 될 위험이 있습니다. 그러므로 노트테이킹 연습 시, 음원의 내용을 듣는데 집중하며 노트를 보지 않고도 메모를 적을 수 있도록 연습해 봅니다.

읽기 지문

Behavior Chaining

Learning complex behaviors can be difficult especially in the beginning because the behavior involves the memorization of a sequence of multiple actions. When one action provides a clue to the next action in a complex behavior, this is what is referred as behavior chaining. The sequence of the actions must remain the same in order to allow the person to learn the complex behavior through frequent repetition. This is particularly useful in learning difficult behaviors.

해석

행동 연쇄

행동은 많은 동작들의 순서에 대한 암기를 수반하기 때문에 복잡한 행동을 배우는 것은 특히 처음에는 어려울 수 있다. 복잡한 행동에서 한 동작이 다음 동작에 대한 단서를 제공해 줄 때, 이것이 행동 연쇄라고 불리는 것이다. 사람이 잦은 반복을 통해 복잡한 행동을 배울 수 있도록 해주기 위해서는 동작의 순서가 반드시 동일하게 유지되어야만 한다. 이는 특히 어려운 행동을 배우는 데 있어서 유용하다.

어휘   memorization[mèmərəzéiʃən] 암기 sequence[síːkwəns] 순서 complex[kəmpléks] 복잡한 refer[rifɔ́ːr] 부르다, 말하다
repetition[rèpətíʃən] 반복 particularly[pərtíkjulərli] 특히

강의 스크립트

🎧 실전모의고사 14_Q3.mp3

A really good example of this is how my husband and I taught our daughter how to get ready for bed. So, there was a time when my daughter had a hard time getting ready for bed. She'd always want to stay up a little longer and play. So, what we decided to do was follow a specific routine every single day. So, we would first give her a bath. Next, we would let her watch one of her favorite movies or shows for a little bit. After that, she would have some milk and then brush her teeth. Once her teeth were brushed, we would read her a book or two. And, then, she would fall asleep. But, we followed this exact sequence every single day. It was always the same, after a little while she learned that when she had her bath, it was the beginning of the sequence of getting ready for bed. She took her bath and then she knew that a movie or show was next. She started asking for milk by herself and after that, she started choosing the books that she wanted read to her by herself. And, falling asleep became easy after that.

해석   저와 제 남편이 우리 딸에게 어떻게 잠들 준비를 하는지에 대해 가르쳤던 방법이 이에 대한 정말 좋은 예시입니다. 자, 저희 딸이 잠들 준비하기를 어려워했던 때가 있었습니다. 그녀는 항상 조금 더 오래 깨어있고 놀고 싶어 했습니다. 그래서, 우리가 하기로 결심한 것은 매일 특정한 일과를 따르도록 하는 것이었습니다. 그래서, 저희는 먼저 그녀를 목욕시켰습니다. 다음으로, 우리는 그녀가 가장 좋아하는 영화나 쇼를 잠깐 보여주었지요. 그런 후에, 그녀는 약간의 우유를 마시고 양치질을 했습니다. 양치질이 끝나면, 우리는 그녀에게 한두 권의 책을 읽어 주었습니다. 그리고, 그 후에, 그녀는 잠이 들었습니다. 그런데, 우리는 매일 정확하게 이 순서를 따랐습니다. 그것은 항상 같았고, 얼마 후에 그녀는 그녀가 목욕을 했을 때, 그것이 잠들 준비를 하는 순서의 시작이라는 것을 알게 되었습니다. 그녀는 목욕을 하고 나면 영화나 쇼를 보는 것이 그다음 순서라는 것을 알았습니다. 그녀는 스스로 우유를 찾기 시작했고 그 후에, 그녀 스스로 읽고 싶은 책을 고르기 시작했습니다. 그리고, 그 이후에 잠드는 것은 쉬워졌습니다.

어휘   get ready 준비를 하다 stay up 깨어있다 routine[ruːtíːn] 일과, 정해진 과정

■ 읽기 노트

주제 — ● behavior chaining   행동 연쇄

세부사항 — ● When one action provides a clue to
the next action in a complex behavior
복잡한 행동에서 한 동작이 다음 동작에 대한
단서를 제공할 때

■ 듣기 노트

예시 — ● daughter → ready for bed
딸 → 잘 준비

세부사항 — ● stay up longer
● specific routine
● bath → movie → teeth → book →
sleep
● exact every day
● bath = ready for bed
더 오래 깨어있으려
특정한 일과
목욕 → 영화 → 양치질 → 책 → 잠
정확하게 매일
목욕 = 잘 준비

■ 모범 답안

🎧 실전모의고사 14_R3.mp3

The reading passage is about behavior chaining, **which is** when one action provides a clue to the next action in a complex behavior.

The speaker gives one example of this in the lecture.

She says that her daughter did not like getting ready for bed. She always wanted to stay up longer. So, she made a specific routine. The daughter would have a bath, then watch a movie, then brush her teeth, then read some books, and then sleep. The speaker used this exact sequence every day. So, later, the daughter knew that taking a bath was the beginning of getting ready to go to bed.

해석   읽기 지문은 행동 연쇄에 관한 것으로, 이것은 복잡한 행동에서 한 동작이 다음 동작에 대한 단서를 제공하는 것이다.

화자는 강의에서 이에 대한 예시 하나를 준다.

그녀는 그녀의 딸이 잠들 준비하는 것을 좋아하지 않았다고 말한다. 그녀는 항상 더 오래 깨어있기를 원했다. 그래서, 그녀는 특정한 일과를 정했다. 딸은 목욕을 하고 나서, 영화를 보고, 양치질을 한 뒤, 몇 권의 책을 읽고 나서, 잠이 든다. 화자는 매일 정확한 순서를 이용했다. 그래서, 나중에, 딸은 목욕하는 것이 잠들 준비를 하는 것의 시작이라는 것을 알게 되었다

선생님이 알려주는 점수보장 TIP

일반적으로 강의 문제의 경우, 교수의 개인적 경험이나 실험을 단계별로 묘사하는 연습을 충분히 하는 것이 도움이 됩니다. 심리학(Psychology) 관련 내용이 가장 빈번하게 출제되는 분야입니다.

Q4. 조각 기법

강의 스크립트

🎧 실전모의고사 14_Q4.mp3

Sculpting is a unique form of art because the art is a three dimensional piece that shows a message that the artist wanted to communicate. Now that we've looked at examples of sculptures, let's talk about some of the different techniques that artists use to create them. I wanted to talk with you today about two of these techniques.

One technique is referred to as the subtractive method. This means that the artists will usually start with a large piece of a substance and then carve away the material that they feel is undesirable. So, basically an artist would start with a very large block of something—um, like marble or limestone. And they use various tools to help them carve away the material that they don't want until they are satisfied with the sculpture that remains. This is significant because it feels like the artist is revealing the sculpture that was hidden within the block.

Another technique is known as the substitutive method. This means that the artist will transform a liquid form into a solid form using a mold. So, an artist would create an example of the ideal sculpture using clay. The artist would then cover the model in plaster to create a mold. Then a liquid, such as molten metal or plastic, can be poured into the mold to create an exact copy of the original clay sculpture. This style of creating sculpture is significant because it allows an artist to experiment using various liquids to produce the same final shape.

해석 조각은 조각가가 전달하고자 하는 메시지를 보여주는 삼차원 작품이기 때문에 독특한 형태의 예술입니다. 이제 우리는 조각품의 예시들을 살펴보았으므로, 조각가들이 조각품들을 만들어내는 데 사용하는 여러 가지 기법들 중 일부에 대해 이야기해 봅시다. 저는 오늘 이러한 조각 기법들 중에서 두 가지 기법에 대해 대해서 이야기하고자 합니다.

한 가지 기법은 공제 기법이라 불립니다. 이것은 조각가들이 주로 어떤 물질의 큰 조각으로 시작할 것이며 그들이 생각하기에 원하지 않는 물질을 깎아낼 것이라는 것을 의미합니다. 따라서, 기본적으로 조각가는, 음, 대리석이나 석회석과 같은 것의 아주 큰 덩어리로 시작할 겁니다. 그리고 그들은 그들이 남은 조각물에 만족할 때까지 그들이 원하지 않는 물질을 깎아내도록 도와주는 다양한 도구들을 사용합니다. 그것은 마치 조각가가 덩어리 안에 숨어있던 조각물을 드러내는 것과 같기 때문에 이것은 중요합니다.

또 다른 기법은 대체 기법이라 알려져 있습니다. 이것은 조각가가 틀을 이용하여 액체 형태를 고체 형태로 바꿀 것이라는 것을 의미합니다. 따라서, 조각가는 점토를 이용해 이상적인 조각상의 전형을 만들어냈습니다. 그리고 나서 그 조각가는 틀을 만들기 위해 석고 반죽으로 해당 모형을 덮었습니다. 그리고 난 후 원래의 점토 조각상과 똑같은 복사본을 만들어내기 위해 녹은 금속이나 플라스틱과 같은 액체가 틀 안에 부어질 수 있습니다. 조각상을 만드는 이러한 방식은 중요한데 그 이유는 그것은 조각가들이 동일한 최종 형태를 만드는 데 다양한 액체들을 사용하는 실험을 하도록 해주기 때문입니다.

어휘 sculpt[skʌlpt] 조각하다 three dimensional 삼차원인, 입체인 sculpture[skʌlptʃər] 조각품, 조각 subtractive[səbtrǽktiv] 공제하는, 빼는
substance[sʌbstəns] 물질, 본질 carve[kɑːrv] 깎아내다, 새기다 material[mətíəriəl] 물질, 원료, 소재
undesirable[ʌndizáiərəbl] 원하지 않는, 탐탁지 않는 marble[mɑːrbl] 대리석 limestone[láimstoun] 석회석
substitutive[sʌbstitjùːtiv] 대체의, 대리의 mold[mould] 틀, 주형, 형태 clay[klei] 점토, 진흙 plaster[plǽstər] 석고, 회반죽
molten[móultən] 녹은, 용해된(melt의 과거분사형)

■ 듣기 노트

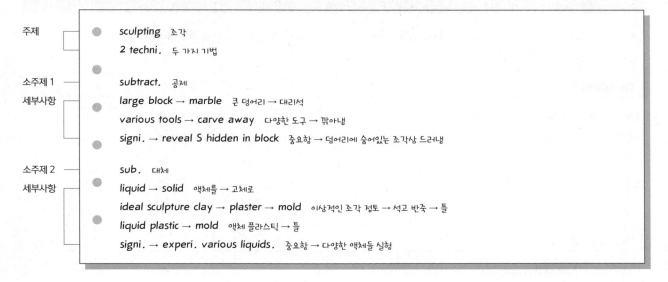

주제 —
- sculpting 조각
- 2 techni. 두 가지 기법

소주제 1 —
- subtract. 공제

세부사항
- large block → marble 큰 덩어리 → 대리석
- various tools → carve away 다양한 도구 → 깎아냄
- signi. → reveal S hidden in block 중요함 → 덩어리에 숨어있는 조각상 드러냄

소주제 2 —
- sub. 대체

세부사항
- liquid → solid 액체를 → 고체로
- ideal sculpture clay → plaster → mold 이상적인 조각 점토 → 석고 반죽 → 틀
- liquid plastic → mold 액체 플라스틱 → 틀
- signi. → experi. various liquids. 중요함 → 다양한 액체들 실험

■ 모범 답안

🎧 실전모의고사 14_R4.mp3

The lecture is about two methods in sculpting.

First, he talks about the subtractive method. **He says that** artists will use a large block of marble. The artist will use various tools to carve away marble he doesn't want. This is significant because it feels like the artist is revealing the sculpture hidden in the block.

Second, he talks about the substitutive method. **He says that** an artist will turn a liquid into a solid. For example, the artist will make the ideal sculpture with clay. Then, they use plaster to make a mold. Finally, they pour liquid plastic into the mold to make a copy of the ideal sculpture. This is significant because they can experiment with various liquids.

해석 강의는 조각에 있어 두 가지 기법에 관한 내용이다.

첫 번째로, 그는 공제 기법에 대해 이야기한다. 그는 조각가가 큰 대리석 덩어리를 사용할 것이라고 말한다. 그는 그가 원하지 않는 대리석을 깎아내기 위해 다양한 도구들을 사용할 것이다. 이것은 조각가가 덩어리에 숨어있는 조각상을 드러내는 것과 같기 때문에 중요하다.

두 번째로, 그는 대체 기법에 대해 이야기한다. 그는 조각가가 액체를 고체로 바꿀 것이라고 말한다. 예를 들어, 그 조각가는 이상적인 조각상을 점토로 만들 것이다. 그리고 나서, 그들은 틀을 만들기 위해 석고 반죽을 사용한다. 마지막으로, 그들은 이상적인 조각상의 본을 만들기 위해 액체 플라스틱 반죽을 붓는다. 그들은 다양한 액체로 실험을 할 수 있기 때문에 이것은 중요하다.

앞서 학습한 내용을 바탕으로 자신의 답안에 대해 다음 사항을 점검하고 앞으로 개선해야 할 점을 확인해 보세요.

Question 1

하나의 특정한 예시를 잘 설명했는가?	☐ Yes	☐ No
자연스러운 대화체 억양을 사용했는가?	☐ Yes	☐ No
말하는 도중 멈추거나 머뭇거리지 않았는가?	☐ Yes	☐ No
안정되고 편안하게 말하도록 노력했는가?	☐ Yes	☐ No

Question 2

자연스러운 억양을 사용하였는가?	☐ Yes	☐ No
노트테이킹이 순조롭게 대답하는 데 도움이 되는가?	☐ Yes	☐ No
너무 빠르거나 성급하게 느껴지지 않는가?	☐ Yes	☐ No
듣기의 대화를 이해하는 데 집중하였는가?	☐ Yes	☐ No

Question 3

지문을 읽는 동안 관련 주제의 개념과 정의를 이해하고 적었는가?	☐ Yes	☐ No
임의로 추측해서 말하지 않고 확실한 세부사항만을 말했는가?	☐ Yes	☐ No
읽기 지문과 듣기의 예시 간의 관계를 정확히 이해했는가?	☐ Yes	☐ No
노트테이킹한 것을 보고 문법 실수 없이 문장으로 조리 있게 말했는가?	☐ Yes	☐ No

Question 4

제한 시간 안에 두 번째 예시의 설명까지 마쳤는가?	☐ Yes	☐ No
임의로 추측해서 말하지 않고 확실한 세부사항만을 말했는가?	☐ Yes	☐ No
답변의 서론에서 너무 많은 시간을 쓰지 않았는가?	☐ Yes	☐ No
노트테이킹한 것을 보고 문법 실수 없이 문장으로 조리 있게 말했는가?	☐ Yes	☐ No

스타토플 실전 SPEAKING

실전모의고사 15

Question

Do you agree or disagree with the following statement: **A business's success depends on its ability to continuously invest in marketing.**

다음 진술에 동의하는가 혹은 반대하는가. 사업의 성공은 마케팅에 지속적으로 투자하는 능력에 달려 있다.

■ 아웃라인

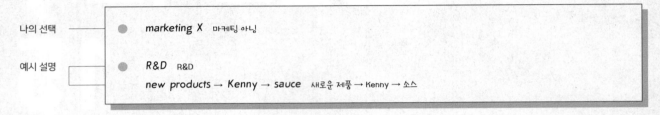

나의 선택

● *marketing X*   마케팅 아님

예시 설명

● *R&D*   R&D
new products → Kenny → *sauce*   새로운 제품 → Kenny → 소스

■ 모범 답안

I disagree that a business's success depends on its ability to continuously invest in marketing.

I think that companies need to focus on research and development.

Spending money on research means that they can make new products. Good, new products will sell well even without advertising because people will tell their friends about it. Just last weekend, my best friend, Kenny told me to buy a totally new pasta sauce from one of my favorite sauce companies. I love the sauce, but I had no idea it was being sold.

해석 나는 사업의 성공이 마케팅에 지속적으로 투자하는 능력에 달렸다는 사실에 동의하지 않는다.

나는 회사는 연구와 개발에 집중해야 한다고 생각한다.

연구에 돈을 쓴다는 것은 그들이 새로운 제품을 만들 수 있다는 것을 의미한다. 훌륭하고, 새로운 제품은 사람들이 친구들에게 그 상품에 대해 얘기해 주기 때문에 광고가 없이도 잘 팔릴 것이다. 바로 지난주에, 나의 가장 친한 친구, Kenny는 내가 가장 좋아하는 소스 회사들 중 한 회사에서 나온 완전히 새로운 파스타 소스를 사라고 나에게 말해 주었다. 나는 그 소스를 좋아하지만, 그것이 팔리고 있었는지도 몰랐다.

어휘 **depend on** ~에 달리다, 의존하다 **continuously**[kəntínjuəsli] 지속적으로 **invest in** ~에 투자하다 **research**[risə́ːrtʃ] 연구, 조사 **development**[divéləpmənt] 개발, 발전 **product**[prádʌkt] 제품, 상품 **advertising**[ǽdvərtàiziŋ] 광고, 광고하기

선생님이 알려주는 점수보장 TIP

아무리 풍성한 답변을 구성하더라도 답변을 전달하는 태도에 있어 자신없는 목소리나 확신없는 억양 등은 음성 점수(voice score)에 악영향을 주게 됩니다. 문제가 어렵게 느껴지더라도 자신있는 태도로 답변하는 연습을 합니다.

Q2. 장학금 지원자를 위한 면접 요구 사항

* 녹색으로 하이라이트된 부분은 지문의 주요 부분으로 노트에 작성해야 하는 부분입니다.

■ 읽기 지문

New Interview Requirement for Scholarship Applicants

In the past, the school awarded scholarships to students with exemplary grades and their written personal essay. Starting this fall, the university will add a new interview step to the scholarship process. This will give admissions officials a chance to get to know the personality of the person applying for the scholarship. This will be much more personal than a simple essay. Also, this will help to make decisions among applicants that have very similar qualifications as there are many instances when two or more students are very close and the decision is difficult.

해석

장학금 지원자들을 위한 새로운 면접 요구 사항

과거에는, 학교는 모범적인 성적을 받고 개인 수필을 쓴 학생들에게 장학금을 수여했습니다. 이번 가을부터, 대학은 장학금 선발 절차에 새로운 면접 단계를 추가하고자 합니다. 이것은 입학 관계자들에게 장학금에 지원하는 학생의 인성을 알 수 있는 기회를 제공할 것입니다. 이는 단순한 수필보다 훨씬 더욱 인간적일 것입니다. 또한, 이는 두 학생 또는 그 이상의 학생들이 매우 비슷하며 결정이 어려운 많은 경우들이 있기 때문에 매우 유사한 자격을 가지고 있는 지원자 중에서 결정을 내리는 데 도움이 될 것입니다.

어휘

requirement[rikwáiərmənt] 요구, 요건 applicant[金plikənt] 지원자, 신청자 exemplary[igzémpləri] 모범적인, 본보기의
admission[ædmíʃən] 입학 official[əfíʃəl] 관계자, 담당자 personality[pə̀:rsən金ləti] 인성, 성격 personal[pə́:rsən] 인간적인, 개인적인
apply for ~에 지원하다 qualification[kwὰləfikéiʃən] 자격, 자질 instance[ínstəns] 경우, 사례

■ 대화 스크립트

🎧 실전모의고사 15_Q2.mp3

W: Did you hear about the change to scholarships?
M: Yeah, and, it's such a bad idea.
W: You think so?
M: Yeah, I mean, having an interview to judge a scholarship applicant's personality? I mean, c'mon, that's completely unfair.
W: Unfair?
M: Yeah, a lot of scholarship awardees, myself included, are really shy. Like, we have good grades, and, we do really well in our classes. But, we just freeze up when we have to talk in front of people, especially someone we don't know that well. And, I dunno, it might give the wrong impression to the person doing the interview. Academic scholarships shouldn't be awarded by how well we can have a conversation.
W: Yeah, I guess you have a point there.
M: And you know what? If choosing close applicants is really that hard, they can just give us a much harder essay along with the personal essay. I mean, right now, it's just one, way too general, personal essay. Other schools make applicants write a personal essay and then they also have them write a much harder creative or abstract essay. That type of essay would be really different for each applicant. And honestly, I know a lot of us would definitely prefer having a chance to write something like that rather than some awkward face-to-face interview.

해석

여: 너는 장학금에 대한 변경 사항에 대해 들었니?
남: 그래, 그런데, 그건 정말 좋지 않은 생각 같아.
여: 넌 그렇게 생각하니?
남: 응, 내 말은, 장학금 지원자의 인성을 판단하기 위해 면접을 한다? 그러니까, 봐봐, 그건 완전히 불공정해.
여: 불공정하다니?
남: 그래, 나를 포함해서, 많은 장학금 수급자들은, 정말 부끄러움을 많이 타. 그러니까, 우리는 좋은 성적을 가지고 있고, 그리고, 우리는 수업 시간에는 매우 잘 하거든. 하지만, 우리가 사람들 앞에서 말을 해야 할 때는, 그냥 얼어 버려, 특히 우리가 잘 모르는 사람들 앞에서 말이야. 그리고, 아마도, 그것은 면접을 하

는 사람에게 잘못된 인상을 줄지도 몰라. 성적 장학금은 우리가 얼마나 잘 대화하는지에 따라 수여돼서는 안 돼.

여: 그래, 내 생각에 네 말도 맞는 말 같아.

남: 그리고 그거 아니? 만약 비슷한 지원자들을 선택하는 것이 그렇게 어려우면, 그들은 단지 우리에게 개인 수필과 더불어 훨씬 더 어려운 수필을 내 줄 수 있어. 그러니까, 지금 현재는, 너무 일반적이고 개인적인 수필 단 하나만 쓰면 되거든. 다른 학교에서는 지원자들에게 개인 수필을 쓰고 나서 좀 더 어려운 창작 또는 추상 수필을 쓰도록 하고 있어. 그러한 유형의 수필은 각각의 지원자마다 매우 차이가 날 거야. 그리고 솔직히, 우리 중 많은 지원자들이 어색한 대인 면접보다 차라리 그런 창의적인 글을 쓸 수 있는 기회를 가지는 것을 분명히 더 선호할 거라는 것을 난 알고 있어.

어휘   **completely**[kəmplíːtli] 완전히, 전적으로 **unfair**[ʌnfér] 불공정한, 불공평한 **awardee**[əwɔːrdíː] 수급자, 수상자 **freeze up** 얼어붙다
impression[impréʃən] 인상 **abstract**[æbstrǽkt] 추상적인 **awkward**[ɔ́ːkwərd] 어색한 **face-to-face interview** 대인 면접, 대면 면접

■ 읽기 노트

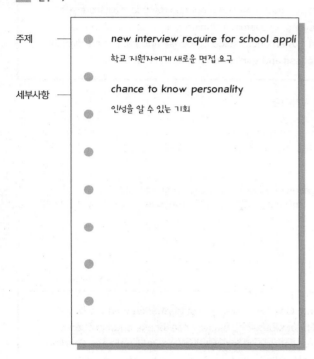

주제 — new interview require for school appli
학교 지원자에게 새로운 면접 요구

세부사항 — chance to know personality
인성을 알 수 있는 기회

■ 듣기 노트

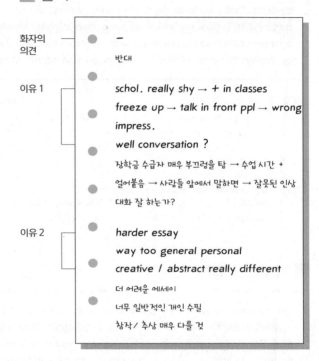

화자의 의견 — –
반대

이유 1 — schol. really shy → + in classes
freeze up → talk in front ppl → wrong impress.
well conversation ?
장학금 수급자 매우 부끄럼을 탐 → 수업 시간 +
얼어붙음 → 사람들 앞에서 말하면 → 잘못된 인상
대화 잘 하는가?

이유 2 — harder essay
way too general personal
creative / abstract really different
더 어려운 에세이
너무 일반적인 개인 수필
창작 / 추상 매우 다를 것

■ 모범 답안

🎧 실전모의고사 15_R2.mp3

The reading says the school will have a new interview requirement for scholarship applications because interviewers have a chance to know the personality of the applicant.

The man in the conversation thinks that this change is a bad idea and talks about why he thinks so.

First, one of the things that he says is that people with scholarships are really shy. They do well in classes, but they freeze up when they talk in front of people. This might give the wrong impression.

Also, a second thing he mentions is that a much harder essay would be better than the way too general personal essay. A creative or abstract essay would be really different for each person.

해석   지문은 학교에서 면접관들이 지원자의 인성에 대해 알 수 있는 기회를 갖기 때문에 장학금 지원자들을 위한 새로운 면접 요구 사항이 있을 것이라고 말한다.

대화에서 남자는 이러한 변화가 좋지 않다고 생각하며 그가 그렇게 생각하는 이유에 대해 말한다.

첫 번째로, 그가 말하는 것 중 한 가지는 장학금을 받는 사람들은 매우 부끄럼을 탄다는 점이다. 그들은 수업 시간에는 잘하지만, 사람들 앞에서 말할 때는 얼어붙는다. 이것은 잘못된 인상을 줄 수도 있다.

또한, 두 번째로 그가 언급하는 것은 훨씬 더 어려운 수필이 너무 일반적인 개인 수필을 쓰는 것보다 더 좋을 것이라는 점이다. 창작 수필이나 추상 수필은 사람마다 매우 다를 것이다.

Q3. 이중 정보 처리 이론

■ 읽기 지문

Dual Process Theory

There is a theory in psychology that states that people make decisions based on the existence of two different systems. Referred to as the dual process theory, this concept holds that a person's mind is divided into system 1 and system 2 thinking, which are responsible for all decision making. In system 1 thinking, a person is influenced by instinct and makes decisions with very little thought. System 1 is an unconscious process and cannot be directly controlled. In system 2 thinking, a person is in control of the process and thinks about a decision rationally.

해석   이중 정보 처리 이론

심리학에는 사람들이 두 개의 다른 시스템의 존재에 기초를 두고 결정을 내린다고 말하는 이론이 있다. 이중 정보 처리 이론이라 불리는 이 개념은 사람의 생각은 시스템 1 사고와 시스템 2 사고로 나뉘며, 이것이 모든 결정 과정에 책임이 있다고 간주한다. 시스템 1 사고에서, 사람은 본능에 영향을 받고 거의 아무런 생각 없이 결정을 내린다. 시스템 1은 무의식적인 과정이며 직접적으로 통제될 수 없다. 시스템 2 사고에서, 사람은 과정을 통제하며 결정에 대해 합리적으로 생각한다.

어휘   psychology[saikáləʤi] 심리학 state[steit] (분명히) 말하다, 진술하다 existence[igzístəns] 존재, 실재 referred to as ~라고 불리는
        hold[hould] 생각하다, 평가하다, 간주하다 influence[ínfluəns] 영향을 주다 instinct[ínstiŋkt] 본능, 직감 unconscious[ʌnkɑ:nʃəs] 무의식의
        be in control of ~를 통제하다, 관리하다 rationally[ræʃənli] 합리적으로, 이성적으로

■ 강의 스크립트

🎧 실전모의고사 15_Q3.mp3

OK, so here is a good example of dual process system 1 thinking. One time I was in a supermarket trying to buy a dessert to eat for that night. When I was younger, I had a really bad experience eating cheesecake and I got really sick. So, in the supermarket, while walking past the cheesecakes, I suddenly felt sick the second I saw one. I had no control over this and, it was pretty much an automatic reaction. Now, I'm sure that cheesecakes are very good. And, I used to love eating them. But, ever since I had that bad cheesecake, I feel sick every time I see one. That decision is automatic, it's almost a reflex.

Now, in dual process system 2 thinking, it's totally the opposite. So, after I walked past the cheesecakes, I saw that there were some carrot cakes and some apple pies. Now, I really like carrot cake; much more than apple pie. But, at the time, the supermarket was having a special on apple pies and they were 50% off, which was much cheaper than the carrot cakes. So, I thought about it and I figured that, well, I mean, I still like apple pie. And, it was a pretty good deal. So I chose the apple pie. Now this decision was not automatic. I focused on the options, spent time thinking about each, and consciously chose the apple pie.

해석   자, 여기 이중 정보 처리 시스템 1 사고에 대한 좋은 예시가 있습니다. 한 번은 제가 슈퍼마켓에서 그날 밤에 먹을 디저트를 사려고 했어요. 제가 더 어렸을 때, 저는 치즈케이크를 먹고 매우 아팠던 안 좋은 경험이 있었지요. 그래서, 슈퍼마켓에서, 치즈케이크를 지나쳐 갔을 때, 저는 그것을 보는 순간 갑자기 속이 울렁거렸습니다. 저는 이것을 제어할 수 없었고, 그것은 거의 무의식적인 반응이었어요. 자, 저는 치즈케이크는 매우 훌륭하다는 것은 확신합니다. 그리고, 저는 치즈케이크를 먹는 것을 좋아했었지요. 하지만, 제가 상한 치즈케이크를 먹었던 이후로, 치즈케이크를 볼 때마다 속이 울렁거립니다. 이 결정은 무의식적이며, 이는 거의 반사 행동입니다.
        자, 이중 정보 처리 시스템 2 사고에서, 이는 완전히 정반대입니다. 그러니까, 제가 치즈케이크를 지나쳐간 후에, 저는 몇 개의 당근 케이크와 애플파이가 있는 것을 보았습니다. 자, 저는 당근 케이크를, 애플파이보다 훨씬 더 좋아합니다. 하지만, 당시에, 슈퍼마켓은 애플파이에 특별 판매를 하고 있었고 그것들은 50% 할인 중이었는데, 그것은 당근 케이크보다 훨씬 저렴했어요. 그래서, 저는 그것에 대해 생각해 보고 판단하길, 음, 그러니까, 제가 애플파이를 여전히 좋아한다는 것이었어요. 그리고, 그것은 매우 저렴한 가격이었지요. 그래서, 저는 애플파이를 골랐습니다. 이제 이 결정은 무의식적인 것이 아니었어요. 저는 선택 사항에 집중하였으며, 각각에 대해 생각하는 데 시간을 할애하였고, 의식적으로 애플파이를 선택하였습니다.

어휘   walk past ~을 지나치다, 걸어서 지나가다 automatic[ɔ:təmætik] 무의식적인, 자동의 reaction[riækʃən] 반응 reflex[rí:fleks] 반사 행동, 반사 작용
        opposite[ápəzit] 반대, 정반대 figure[fígjər] 판단하다, 생각하다 consciously[kánʃəsli] 의식적으로

■ 읽기 노트

주제 ——— ● dual process theory 이중 정보 처리 이론

세부사항 —— ● person's mind is divided into sys 1 /
sys 2 thinking, respon. all decision
making
● 사람의 생각이 시스템 1 / 2로 나뉘어 모든 의사 결
정에 책임 있음

■ 듣기 노트

예시 ——— ● dessert – super. 디저트 – 슈퍼마켓

세부사항 —— ● younger → bad exp. chz ck → sick
saw → sick
● no control
● automatic reflex
● 어릴 적 → 치즈케이크 안 좋은 경험 → 아픔
봤더니 → 아픔
통제 안됨
무의식적인 반사 행동

세부사항 —— ● carrot cake / apple pie
CC + / AP 50% sale → AP
● focus on options, conscious
● 당근 케이크 / 애플 파이
당근 케이크 + / 애플 파이 50% 할인 → 애플 파이
선택사항에 집중, 의식적

■ 모범 답안

🎧 실전모의고사 15_R3.mp3

The reading passage is about dual process theory, which is when a person's mind is divided into system 1 and system 2 thinking. These systems are responsible for all decision making.

The speaker gives one example of this in the lecture.

She says that one time she was buying dessert at the supermarket. When she saw a cheesecake, she felt sick because she had a bad experience with a cheesecake when she was younger. It was an automatic reflex. Later, she saw carrot cakes and apple pies. She liked carrot cakes more, but apple pies were having a 50% sale. So, she chose the apple pie. She focused on the options and chose consciously.

해석 읽기 지문은 이중 정보 처리 이론에 관한 것으로, 이것은 한 사람의 생각이 시스템 1과 시스템 2 사고로 나뉘는 것이다. 이러한 시스템은 모든 의사 결정에 책임이 있다.

화자는 강의에서 이에 대한 예시 하나를 준다.

한 번은 그녀가 슈퍼마켓에서 디저트를 사고 있었다고 그녀는 말한다. 그녀가 치즈케이크를 보았을 때, 그녀는 어릴 적 치즈케이크에 대한 안 좋은 경험 때문에 속이 울렁거렸다. 이것은 무의식적인 반사 행동이다. 그 후에, 그녀는 당근 케이크와 애플파이를 보았다. 그녀는 당근 케이크를 더 좋아했지만, 애플파이가 50퍼센트 세일 중이었다. 그래서, 그녀는 애플파이를 선택했다. 그녀는 선택 사항에 집중하였고 의식적으로 선택하였다.

강의 스크립트

🎧 실전모의고사 15_Q4.mp3

Telescope observatories enable scientists to track objects in the sky, study other galaxies, and learn more about the universe in general. The telescopes that we have on earth have helped scientists do all of these things. But, there are some important factors that builders need to consider before choosing where to put observatories.

Obviously, clear observations are important so, one factor in selecting observatory location is if wind in the area is very calm. This is critical because wind carries dust and areas that are very windy do not have very clear skies. This means that when you look at the stars, the stars look like they are twinkling. If the stars look like they're shaking when you're trying to make observations, then the problem is that any pictures you take will end up being blurry. Observatories often stare at exactly one spot for a very long time to try and collect as much light as possible from that spot. So, you need that light to be very stable, which you only get in areas with calm winds.

Another factor that they look at is the humidity of the air. Areas that are very humid will cause the mirrors on the telescope or the glass on the lenses to become foggy. This will result in constantly having to clean the components. And, really, this wouldn't make any sense, you know, to have an observatory in a place like that because the whole point is to try to get very clear pictures. So, ideal places are where the air is very dry, such as in deserts. Also, believe it or not, Antarctica is also a perfect location in some areas because you have extremely cold and extremely dry air that won't produce any condensation on the telescope's optics.

해석 망원경 천문대는 과학자들이 하늘의 물체를 추적하고, 다른 은하계를 연구하며, 우주에 대해 일반적으로 더 많이 알 수 있도록 해 주었습니다. 지구 상에 우리가 가진 망원경은 과학자들이 이러한 모든 일들을 하도록 도와주었지요. 하지만, 어디에 천문대를 설치할지를 선택하기 이전에 건축가가 고려해야 할 중요한 요인들이 있습니다.
명백하게도, 선명한 관측이 중요하기 때문에, 천문대 위치를 결정하는 하나의 요인은 해당 지역의 바람이 매우 잔잔한지 입니다. 이는 중요한 데 그 이유는 바람은 먼지를 운반하며 바람이 많이 부는 지역은 매우 맑은 하늘을 갖고 있지 않기 때문이죠. 이는 당신이 별을 볼 때, 별이 반짝이고 있는 것과 같아 보일 수 있다는 것을 의미합니다. 당신이 관측을 하려고 할 때, 별이 흔들리는 듯 보이는 경우 문제는 당신이 찍은 사진이 흐릿하게 나올 수 있다는 것입니다. 천문대는 한 자리에서 가능한 한 많은 빛을 찾아 모으기 위해 주로 한 자리만 정확히 오랜 시간 동안 응시합니다. 따라서, 매우 안정적인 빛이 필요하며, 이는 바람이 잔잔한 지역에서만 얻을 수 있습니다.
그들이 검토해야 할 또 다른 요인은 공기의 습도입니다. 매우 습한 지역은 망원경의 거울이나 렌즈의 유리를 뿌옇게 만들 것입니다. 이렇게 되면 결과적으로 해당 부품을 끊임없이 닦아야야 하게 되죠. 그리고, 실제로, 이러한 장소에 천문대를 두는 것은 말이 되지 않는데, 왜냐하면 가장 중요한 문제는 매우 깨끗한 사진을 얻으려 하는 것이기 때문이죠. 따라서, 이상적인 장소는 사막과 같이, 공기가 매우 건조한 지역들입니다. 또한, 믿을진 모르겠지만, 남극도 일부 지역은 매우 완벽한 장소인데 그 이유는 망원경의 광학 렌즈에 어떠한 응결도 만들어내지 않는 극도의 추위와 건조한 공기가 있기 때문입니다.

어휘 telescope [télǝskòup] 망원경 observatory [ǝbzə́ːrvǝtɔ̀ːri] 천문대, 관측소 object [ábdʒikt] 물체, 물건 observation [àbzǝrvéiʃǝn] 관측, 관찰
critical [krítikǝl] 중요한, 결정적인 twinkle [twíŋkl] 반짝이다 end up -ing 결과적으로 ~이 되다 blurry [blə́ːri] 흐릿한, 뿌연
stable [stéibl] 안정적인 humidity [hjuːmídǝti] 습도 foggy [fɔ́ːgi] 뿌연, 안개가 긴 constantly [kánstǝntli] 끊임없이, 계속
component [kǝmpóunǝnt] 부품, 구성 요소 ideal [aidíːǝl] 이상적인 Antarctica [æntáːrktikǝ] 남극 condensation [kàndenséiʃǝn] 응결, 응축
optics [áptiks] 광학 렌즈, 광학

■ 듣기 노트

주제 ── ● factors → put observ. 요인들 → 천문대 설치

소주제 1 ── ● wind calm → wind dust → x clear sky 바람 잔잔 → 바람 먼지 → 하늘 선명 x
세부사항   stars twinkling → blurry 별들 반짝 → 흐릿하게
           ● stare at one spot 한 자리만 응시
             need light very stable 안정적인 빛 필요

소주제 2 ── ● humidity → mirrors / glass foggy 습도 → 거울 / 유리 뿌옇게
세부사항   ● constantly clean 끊임없이 닦아야
           ● ideal → dry → desert/Antarc. 이상적 → 건조한 → 사막 / 남극

■ 모범 답안

🎧 실전모의고사 15_R4.mp3

The lecture is about two factors in placing observatories.

First, he talks about calm wind. **He says that** wind carries dust and that means the sky will not be clear. Stars will twinkle, which means they will be blurry. Observatories need very stable light.

Second, he talks about humidity. **He says that** if air is very humid, then the mirrors and glass of the telescope will be foggy. Then they have to be constantly cleaned. The ideal place for a telescope observatory is the desert or in Antarctica.

해석   강의는 천문대를 세울 때 고려해야 할 두 가지 요인들에 관한 내용이다.

첫 번째로, 그는 잔잔한 바람에 대해 이야기한다. 그는 바람이 먼지를 운반하며 그것은 하늘이 맑지 않을 것이라는 것을 의미한다고 말한다. 별들은 반짝일 것이며, 이는 별들이 흐릿할 것이라는 것을 의미한다. 천문대는 매우 안정된 빛이 필요하다.

두 번째로, 그는 습도에 대해 이야기한다. 그는 공기가 너무 습하면, 망원경의 거울과 유리들이 뿌옇게 될 것이라고 말한다. 그러면 그것들은 끊임없이 닦아내 져야만 한다. 망원경 천문대를 위한 이상적인 장소는 사막이나 남극이다.

선생님이 알려주는 점수보장 TIP

강의 문제를 준비하는데 어려움이 많은 학생의 경우, 리스닝 영역의 강의 유형(lectures)을 듣고 노트테이킹을 한 후 강의의 내용을 본인이 작성한 노트테이킹의 메모를 따라 다시 말로 설명해 보는 연습을 한다면 스피킹 영역의 강의 문제를 준비하는데 도움이 될 수 있습니다.

앞서 학습한 내용을 바탕으로 자신의 답안에 대해 다음 사항을 점검하고 앞으로 개선해야 할 점을 확인해 보세요.

Question 1

하나의 특정한 예시를 잘 설명했는가?	☐ Yes	☐ No
자연스러운 대화체 억양을 사용했는가?	☐ Yes	☐ No
말하는 도중 멈추거나 머뭇거리지 않았는가?	☐ Yes	☐ No
안정되고 편안하게 말하도록 노력했는가?	☐ Yes	☐ No

Question 2

자연스러운 억양을 사용하였는가?	☐ Yes	☐ No
노트테이킹이 순조롭게 대답하는 데 도움이 되는가?	☐ Yes	☐ No
너무 빠르거나 성급하게 느껴지지 않는가?	☐ Yes	☐ No
듣기의 대화를 이해하는 데 집중하였는가?	☐ Yes	☐ No

Question 3

지문을 읽는 동안 관련 주제의 개념과 정의를 이해하고 적었는가?	☐ Yes	☐ No
임의로 추측해서 말하지 않고 확실한 세부사항만을 말했는가?	☐ Yes	☐ No
읽기 지문과 듣기의 예시 간의 관계를 정확히 이해했는가?	☐ Yes	☐ No
노트테이킹한 것을 보고 문법 실수 없이 문장으로 조리 있게 말했는가?	☐ Yes	☐ No

Question 4

제한 시간 안에 두 번째 예시의 설명까지 마쳤는가?	☐ Yes	☐ No
임의로 추측해서 말하지 않고 확실한 세부사항만을 말했는가?	☐ Yes	☐ No
답변의 서론에서 너무 많은 시간을 쓰지 않았는가?	☐ Yes	☐ No
노트테이킹한 것을 보고 문법 실수 없이 문장으로 조리 있게 말했는가?	☐ Yes	☐ No

goHackers.com

너는 오르고, 나는 오르지 않았던 이유
너만 알았던 **그 비법**!

고우해커스에 다 있다!

goHackers.com

목표점수 단기 달성을 위한 실전서

스타토플
실전
SPEAKING

[2nd iBT Edition] 계정석

문제집

새롭게 시행된
NEW TOEFL iBT
완벽 반영

실전용/복습용 MP3 · 무료 토플자료 게시판 해커스인강 HackersIngang.com
토플 스피킹/라이팅 무료 첨삭 게시판 · 무료 토플 말하기 연습/쉐도잉 프로그램 ·
토플공부전략 무료 강의 고우해커스 goHackers.com

해커스인강

스타토플
실전
SPEAKING

문제집

해커스인강

목표점수 단기 달성을 위한 실전서

스타토플
실전 SPEAKING [문제집]

지은이	계정석
펴낸곳	(주)챔프스터디
펴낸이	챔프스터디 출판팀

주소	서울특별시 서초구 강남대로61길 23 (주)챔프스터디
고객센터	02-566-0001
교재 관련 문의	publishing@hackers.com

ISBN	978-89-6965-143-3 (13740)

외국어인강 1위,
해커스인강
HackersIngang.com

해커스인강

• 토플 무료 학습자료가 가득한 **토플자료게시판**
• 토플길라잡이, 토플 Q&A 게시판 등 무료 콘텐츠

전세계 유학정보의 중심,
고우해커스
goHackers.com

고우해커스

• 무료 토플 말하기 연습 프로그램
• 토플 스피킹/라이팅 무료 첨삭 게시판 및 토플 공부전략 무료 강의
• 국가별 대학 및 전공별 정보, 유학Q&A 게시판 등 다양한 유학정보

[외국어인강 1위] 헤럴드 선정 2018 대학생 선호브랜드 대상 '대학생이 선정한 외국어인강' 부문 1위

스타토플 실전 SPEAKING
CONTENTS

스타토플 실전 SPEAKING

실전모의고사

01

Q1 | Q2 | Q3 | Q4

🎧 mp3는 실전모의고사 01 폴더에 수록되어 있습니다.

Speaking Section Directions

The TOEFL iBT Speaking Section tests your ability to speak about a wide range of subjects. There are four questions, and you must use the microphone to answer each one. Provide complete answers for all questions.

In question one, you will be required to speak about a familiar topic. Your ability to speak clearly and coherently will determine your score.

In questions two and three, you will first have to read a short text. The text will then disappear from the screen, and you will hear a talk on the same topic. You will then have to respond to a question. To answer this question, you must combine details from the text and talk. Your ability to speak clearly and coherently and to accurately convey what you have read and heard will determine your score.

In question four, you will hear part of a lecture. You must then respond to a question about this lecture. Your ability to speak clearly and coherently and to accurately convey what you have heard will determine your score.

Taking notes while listening to a conversation or lecture is allowed. These notes may be used as you prepare your response.

Listen carefully to the directions for each question. The directions will not appear on the screen.

You will have a limited amount of time to prepare a response for each question, as indicated by the clock on the screen. You will be instructed to begin your response once you have no preparation time remaining. Likewise, the amount of response time you have remaining will be shown by a clock on the screen. When you have run out of response time, a message will appear on the screen.

🎧 실전모의고사 01_Q1

Question 1 of 4

Do you think it's better for students to begin their first job while they are still in high school or should they wait until they have finished their education before finding a job?

PREPARATION TIME
00: 00: 15

RESPONSE TIME
00: 00: 45

Question 2 of 4

Reading Time: 45 seconds

New Mentoring Program for Business Majors

After working with a number of former graduates in the area, the business department is happy to announce a new summer mentoring program. Students will be able to sign up for spots to work with local graduates during the summer session. They will be able to learn networking skills and meet new people in fields related to their majors. Also, they will be able to receive valuable advice from mentors about how to proceed with their careers shortly after graduation.

Now get ready to answer the question.

Briefly summarize the change that is mentioned in the school's announcement. State the woman's opinion of the change and explain the reasons that she gives for holding that opinion.

PREPARATION TIME
00: 00: 30

RESPONSE TIME
00: 00: 60

Question 3 of 4

Reading Time: 45 seconds

Information Bias

Making decisions requires certain information in order to mitigate risk and to increase the accuracy or relevance of the action that is taken. However, decisions must also be made in a timely fashion. Information bias occurs when too much time is used in gathering information regarding a pending decision because the decision maker places a higher priority on having information as opposed to making the decision promptly.

Now get ready to answer the question.

Using points and examples presented in the lecture, explain an example of information bias.

PREPARATION TIME
00 : 00 : 30

RESPONSE TIME
00 : 00 : 60

Now get ready to answer the question.

Using points and examples, discuss examples of positive and negative reinforcement.

PREPARATION TIME
00: 00: 20

RESPONSE TIME
00: 00: 60

모범 답안·지문·해석 **p.25**

goHackers.com

실전모의고사

02

Q1 | Q2 | Q3 | Q4

🎧 mp3는 실전모의고사 02 폴더에 수록되어 있습니다.

Speaking Section Directions

The TOEFL iBT Speaking Section tests your ability to speak about a wide range of subjects. There are four questions, and you must use the microphone to answer each one. Provide complete answers for all questions.

In question one, you will be required to speak about a familiar topic. Your ability to speak clearly and coherently will determine your score.

In questions two and three, you will first have to read a short text. The text will then disappear from the screen, and you will hear a talk on the same topic. You will then have to respond to a question. To answer this question, you must combine details from the text and talk. Your ability to speak clearly and coherently and to accurately convey what you have read and heard will determine your score.

In question four, you will hear part of a lecture. You must then respond to a question about this lecture. Your ability to speak clearly and coherently and to accurately convey what you have heard will determine your score.

Taking notes while listening to a conversation or lecture is allowed. These notes may be used as you prepare your response.

Listen carefully to the directions for each question. The directions will not appear on the screen.

You will have a limited amount of time to prepare a response for each question, as indicated by the clock on the screen. You will be instructed to begin your response once you have no preparation time remaining. Likewise, the amount of response time you have remaining will be shown by a clock on the screen. When you have run out of response time, a message will appear on the screen.

🎧 실전모의고사 02_Q1

Question 1 of 4

State whether you agree or disagree with the following statement: **Students do not learn anything useful doing part-time jobs while they are still in school.**

PREPARATION TIME

00: 00: 15

RESPONSE TIME

00: 00: 45

Reading Time: 50 seconds

Change to Student Magazine

The university would like to get more students involved in the making of its monthly school magazine. Starting next semester, a new section will be created for students' creative writing submissions and will be open to all majors. This will give students a chance to get creative and share their short stories with other students. Additionally, the school will be offering a small prize to the highest voted short story by the student body.

Now get ready to answer the question.

Briefly summarize the change that is mentioned in the school's announcement. State the woman's opinion of the change and explain the reasons that she gives for holding that opinion.

PREPARATION TIME
00 : 00 : 30

RESPONSE TIME
00 : 00 : 60

Reading Time: 50 seconds

Dead Reckoning

Dead reckoning is a navigational strategy that a variety of organisms, ranging from insects to animals, can use to correctly determine their location. The organism must be aware of their starting position and the speed and direction that they have moved away from their starting location. With no other external clues, they are able to find their way back to their initial starting point. Humans are capable of dead reckoning to some degree, though not at the level observed in other organisms.

Now get ready to answer the question.

Using points and examples from the lecture, explain an example of dead reckoning.

PREPARATION TIME

00: 00: 30

RESPONSE TIME

00: 00: 60

VOLUME

Now get ready to answer the question.

Using points and examples from the lecture, explain how the deer and gazelle react to predators.

PREPARATION TIME
00: 00: 20

RESPONSE TIME
00: 00: 60

모범 답안·지문·해석 **p.35**

goHackers.com

스타토플 실전 SPEAKING

▌실전모의고사
03

Q1 | Q2 | Q3 | Q4

🎧 mp3는 실전모의고사 03 폴더에 수록되어 있습니다.

Speaking Section Directions

The TOEFL iBT Speaking Section tests your ability to speak about a wide range of subjects. There are four questions, and you must use the microphone to answer each one. Provide complete answers for all questions.

In question one, you will be required to speak about a familiar topic. Your ability to speak clearly and coherently will determine your score.

In questions two and three, you will first have to read a short text. The text will then disappear from the screen, and you will hear a talk on the same topic. You will then have to respond to a question. To answer this question, you must combine details from the text and talk. Your ability to speak clearly and coherently and to accurately convey what you have read and heard will determine your score.

In question four, you will hear part of a lecture. You must then respond to a question about this lecture. Your ability to speak clearly and coherently and to accurately convey what you have heard will determine your score.

Taking notes while listening to a conversation or lecture is allowed. These notes may be used as you prepare your response.

Listen carefully to the directions for each question. The directions will not appear on the screen.

You will have a limited amount of time to prepare a response for each question, as indicated by the clock on the screen. You will be instructed to begin your response once you have no preparation time remaining. Likewise, the amount of response time you have remaining will be shown by a clock on the screen. When you have run out of response time, a message will appear on the screen.

🎧 실전모의고사 03_Q1

Question 1 of 4

For group projects, do you think teachers should assign groups or that students should be allowed to make their own?

PREPARATION TIME
00: 00: 15

RESPONSE TIME
00: 00: 45

Reading Time: 45 seconds

Dear administration,

My name is Dane Markel, and I'm currently a junior at the school. There should be a strict policy that students only do school related activities in the computer lab. The last time I went to the lab, more than half of the machines were being used by students to play some game called *League of Legends.* First of all, it's really distracting. Also, I think that if students were required to only do schoolwork in the lab, it would also be a lot quieter for everyone else trying to do their work.

Now get ready to answer the question.

Briefly summarize the proposal that is mentioned in the student's letter. State the man's opinion of the change and explain the reasons that he gives for holding that opinion.

PREPARATION TIME
00: 00: 30

RESPONSE TIME
00: 00: 60

Question 3 of 4

Reading Time: 45 seconds

Test Marketing

In many situations before a product is released to consumers, companies will attempt to analyze where the best position is for that product to be released in the market. In these cases, companies will often engage in a practice known as *test-marketing*. This is when a company will select a group of individuals that are most likely to buy the product. They will invite them to try the product and ask for feedback. Depending on the type of feedback that they receive, the company may even choose to make alterations to the final product to make it even more appealing to potential consumers.

Now get ready to answer the question.

Using points and examples from the lecture, explain an example of test marketing.

PREPARATION TIME
00: 00: 30

RESPONSE TIME
00: 00: 60

Now get ready to answer the question.

Using points and examples from the lecture, discuss two methods of evaluation that yield positive results.

PREPARATION TIME
00: 00: 20

RESPONSE TIME
00: 00: 60

모범 답안·지문·해석 **p.45**

goHackers.com

스타토플 실전 SPEAKING

실전모의고사
04

Q1 | Q2 | Q3 | Q4

🎧 mp3는 실전모의고사 04 폴더에 수록되어 있습니다.

Speaking Section Directions

The TOEFL iBT Speaking Section tests your ability to speak about a wide range of subjects. There are four questions, and you must use the microphone to answer each one. Provide complete answers for all questions.

In question one, you will be required to speak about a familiar topic. Your ability to speak clearly and coherently will determine your score.

In questions two and three, you will first have to read a short text. The text will then disappear from the screen, and you will hear a talk on the same topic. You will then have to respond to a question. To answer this question, you must combine details from the text and talk. Your ability to speak clearly and coherently and to accurately convey what you have read and heard will determine your score.

In question four, you will hear part of a lecture. You must then respond to a question about this lecture. Your ability to speak clearly and coherently and to accurately convey what you have heard will determine your score.

Taking notes while listening to a conversation or lecture is allowed. These notes may be used as you prepare your response.

Listen carefully to the directions for each question. The directions will not appear on the screen.

You will have a limited amount of time to prepare a response for each question, as indicated by the clock on the screen. You will be instructed to begin your response once you have no preparation time remaining. Likewise, the amount of response time you have remaining will be shown by a clock on the screen. When you have run out of response time, a message will appear on the screen.

🎧 실전모의고사 04_Q1

Question 1 of 4

Do you agree or disagree with the following statement: **Big cities provide a higher quality of life than small towns.**

PREPARATION TIME
00: 00: 15

RESPONSE TIME
00: 00: 45

Reading Time: 45 seconds

New Program for Student Trainers in the School Gym

The university has decided to begin a student personal trainer program in the student gym. In order to increase physical awareness at school, the university would like to ask students to help other students learn how to properly exercise and maintain healthy lifestyles. One of the benefits is that work will be paid at the standard university pay rate, so this is not a volunteer position. Secondly, all hires will be allowed to bring immediate family members to work out at the gym for free.

Now get ready to answer the question.

Briefly summarize the change that is mentioned in the school's announcement. State the woman's opinion of the change and explain the reasons that she gives for holding that opinion.

PREPARATION TIME
00 : 00 : 30

RESPONSE TIME
00 : 00 : 60

Question 3 of 4

Reading Time: 45 seconds

Integrated Farming

Farmers will often raise animals and crops on the same farm but neglect seeing them as a single unified entity. Farmers will use resources to raise their animals and a separate set of resources to raise their crops. However, in integrated farming, all farming activities are combined together in order to create a form of synergy. This will ensure that the overall costs of farming will reduce while simultaneously resulting in higher productivity from the available resources.

Now get ready to answer the question.

Using points and examples from the lecture, explain two examples of integrated farming.

PREPARATION TIME
00: 00: 30

RESPONSE TIME
00: 00: 60

Now get ready to answer the question.

Using points and examples from the lecture, discuss two ways that companies can make products more marketable.

PREPARATION TIME
00 : 00 : 20

RESPONSE TIME
00 : 00 : 60

모범 답안·지문·해석 p.55

goHackers.com

스타토플 실전 SPEAKING

실전모의고사
05

Q1 | Q2 | Q3 | Q4

🎧 mp3는 실전모의고사 05 폴더에 수록되어 있습니다.

Speaking Section Directions

The TOEFL iBT Speaking Section tests your ability to speak about a wide range of subjects. There are four questions, and you must use the microphone to answer each one. Provide complete answers for all questions.

In question one, you will be required to speak about a familiar topic. Your ability to speak clearly and coherently will determine your score.

In questions two and three, you will first have to read a short text. The text will then disappear from the screen, and you will hear a talk on the same topic. You will then have to respond to a question. To answer this question, you must combine details from the text and talk. Your ability to speak clearly and coherently and to accurately convey what you have read and heard will determine your score.

In question four, you will hear part of a lecture. You must then respond to a question about this lecture. Your ability to speak clearly and coherently and to accurately convey what you have heard will determine your score.

Taking notes while listening to a conversation or lecture is allowed. These notes may be used as you prepare your response.

Listen carefully to the directions for each question. The directions will not appear on the screen.

You will have a limited amount of time to prepare a response for each question, as indicated by the clock on the screen. You will be instructed to begin your response once you have no preparation time remaining. Likewise, the amount of response time you have remaining will be shown by a clock on the screen. When you have run out of response time, a message will appear on the screen.

🎧 실전모의고사 05_Q1

Question 1 of 4

Do you think it's better to have a job where you make a lot of money but have only a little free time or a job that pays little but allows you to have a lot of free time?

PREPARATION TIME
00: 00: 15

RESPONSE TIME
00: 00: 45

VOLUME

Reading Time: 50 seconds

New Swimming Pool

For the past 2 years, the school has been building an indoor swimming pool in the area next to the main gym. We're excited to announce that the pool is now ready and will be open next semester. This means that, from now on, students will have the chance to swim right here on campus. Also, we have decided to allow the swim club to organize any school-wide swim events. The club has already submitted a number of events and we look forward to seeing you there!

Now get ready to answer the question.

Briefly summarize the change that is mentioned in the school's announcement. State the man's opinion of the change and explain the reasons that he gives for holding that opinion.

PREPARATION TIME
00 : 00 : 30

RESPONSE TIME
00 : 00 : 60

Reading Time: 50 seconds

Dunning-Kruger Effect

There are many times when a person gives their opinion regarding a topic in which they do not possess any expertise. This occurs when the person's position or status gives them the impression that they are also experts in totally unrelated areas. This is what is referred to as the Dunning-Kruger effect. This can be particularly dangerous in situations where people who listen to them also believe them due to their elevated status or position.

Now get ready to answer the question.

Using points and examples from the lecture, discuss two examples of the Dunning-Kruger effect.

PREPARATION TIME
00: 00: 30

RESPONSE TIME
00: 00: 60

Now get ready to answer the question.

Using points and examples from the lecture, discuss how the kangaroo rat and the black desert scorpion have evolved to survive in desert environments.

PREPARATION TIME
00: 00: 20

RESPONSE TIME
00: 00: 60

모범 답안·지문·해석 **p.65**

goHackers.com

실전모의고사
06

Q1 | Q2 | Q3 | Q4

🎧 mp3는 실전모의고사 06 폴더에 수록되어 있습니다.

Speaking Section Directions

The TOEFL iBT Speaking Section tests your ability to speak about a wide range of subjects. There are four questions, and you must use the microphone to answer each one. Provide complete answers for all questions.

In question one, you will be required to speak about a familiar topic. Your ability to speak clearly and coherently will determine your score.

In questions two and three, you will first have to read a short text. The text will then disappear from the screen, and you will hear a talk on the same topic. You will then have to respond to a question. To answer this question, you must combine details from the text and talk. Your ability to speak clearly and coherently and to accurately convey what you have read and heard will determine your score.

In question four, you will hear part of a lecture. You must then respond to a question about this lecture. Your ability to speak clearly and coherently and to accurately convey what you have heard will determine your score.

Taking notes while listening to a conversation or lecture is allowed. These notes may be used as you prepare your response.

Listen carefully to the directions for each question. The directions will not appear on the screen.

You will have a limited amount of time to prepare a response for each question, as indicated by the clock on the screen. You will be instructed to begin your response once you have no preparation time remaining. Likewise, the amount of response time you have remaining will be shown by a clock on the screen. When you have run out of response time, a message will appear on the screen.

Question 1 of 4

When listening to music, do you prefer to play it loudly while focusing on the music or to have it playing in the background quietly while doing some other activity?

PREPARATION TIME
00: 00: 15

RESPONSE TIME
00: 00: 45

Reading Time: 45 seconds

Advance Sign-up Sheet for Job Fair

For this year's job fair, the school has decided to accept sign-ups in advance to talk to recruiters. This is because last year's job fair was extremely popular, but students lost a lot of time waiting in lines to talk to certain businesses. A reason for this is now students can request a time slot and know that they will be able to talk to the recruiter at that time. This will also help students know which companies will be represented instead of having to use the posted map.

Now get ready to answer the question.

Briefly summarize the change that is mentioned in the school's announcement. State the woman's opinion of the change and explain the reasons that she gives for holding that opinion.

PREPARATION TIME
00: 00: 30

RESPONSE TIME
00: 00: 60

Question 3 of 4

Reading Time: 45 seconds

Impact Bias

Impact bias occurs when individuals overestimate the effect that a possible outcome will have on their lives. This is the idea that if the outcome is positive, that the individual believes they will have good feelings for an overly extended period of time. Similarly, the individual feels that a negative outcome will result in bad feelings for an overly extended period of time. However, in both cases, the belief is incorrect and the residual emotion will wear off.

Now get ready to answer the question.

Using points and examples from the lecture, explain an example of impact bias.

PREPARATION TIME
00: 00: 30

RESPONSE TIME
00: 00: 60

Question 4 of 4

Now get ready to answer the question.

Using points and examples from the lecture, discuss how the cactus wren and the wrybill camouflage their nests.

PREPARATION TIME
00: 00: 20

RESPONSE TIME
00: 00: 60

모범 답안·지문·해석 **p.75**

실전모의고사

1 2 3 4 5 **6** 7 8 9 10 11 12 13 14 15

스타트폴 실전 Speaking

스타토플 실전 SPEAKING

실전모의고사 07

Q1 | Q2 | Q3 | Q4

🎧 mp3는 실전모의고사 07 폴더에 수록되어 있습니다.

Speaking Section Directions

The TOEFL iBT Speaking Section tests your ability to speak about a wide range of subjects. There are four questions, and you must use the microphone to answer each one. Provide complete answers for all questions.

In question one, you will be required to speak about a familiar topic. Your ability to speak clearly and coherently will determine your score.

In questions two and three, you will first have to read a short text. The text will then disappear from the screen, and you will hear a talk on the same topic. You will then have to respond to a question. To answer this question, you must combine details from the text and talk. Your ability to speak clearly and coherently and to accurately convey what you have read and heard will determine your score.

In question four, you will hear part of a lecture. You must then respond to a question about this lecture. Your ability to speak clearly and coherently and to accurately convey what you have heard will determine your score.

Taking notes while listening to a conversation or lecture is allowed. These notes may be used as you prepare your response.

Listen carefully to the directions for each question. The directions will not appear on the screen.

You will have a limited amount of time to prepare a response for each question, as indicated by the clock on the screen. You will be instructed to begin your response once you have no preparation time remaining. Likewise, the amount of response time you have remaining will be shown by a clock on the screen. When you have run out of response time, a message will appear on the screen.

🎧 실전모의고사 07_Q1

Question 1 of 4

Do you think that it's better if restaurants always served the same menu or that if they frequently changed dishes that they serve?

PREPARATION TIME
00: 00: 15

RESPONSE TIME
00: 00: 45

Question 2 of 4

Reading Time: 45 seconds

Replacing Sitting Area in the Student Lounge

The university has decided to renovate the student lounge sitting area. The change was decided because the sitting area has become worn down throughout the years and it will be nice for students to have nicer, newer chairs to study in. The renovation construction will not affect studies because students will still be able to use the library until the job has been completed. We apologize for any inconvenience, but we believe that this will ultimately be much more beneficial for our students.

Now get ready to answer the question.

Briefly summarize the change that is mentioned in the school's announcement. State the woman's opinion of the change and explain the reasons that she gives for holding that opinion.

PREPARATION TIME

00: 00: 30

RESPONSE TIME

00: 00: 60

Question 3 of 4

Reading Time: 45 seconds

Interest-Based Learning

The study of effective methods of education is useful in learning how to best provide information in a manner that students will be able to absorb quickly. One technique used in the creation of study plans is referred to as interest-based learning. This means that study plans are created with student interests as the focus. By presenting information in a way that students may find interesting, they will be more eager to learn and resulting class time will have higher productivity rates.

Now get ready to answer the question.

Using points and examples from the lecture, discuss an example of interest- based learning.

PREPARATION TIME
00: 00: 30

RESPONSE TIME
00: 00: 60

VOLUME

Now get ready to answer the question.

Using points and examples from the lecture, explain how companies use internal growth and external growth to expand their businesses.

PREPARATION TIME
00: 00: 20

RESPONSE TIME
00: 00: 60

모범 답안·지문·해석 **p.85**

goHackers.com

스타토플 실전 SPEAKING

▌실전모의고사
08

Q1 | Q2 | Q3 | Q4

🎧 mp3는 실전모의고사 08 폴더에 수록되어 있습니다.

Speaking Section Directions

The TOEFL iBT Speaking Section tests your ability to speak about a wide range of subjects. There are four questions, and you must use the microphone to answer each one. Provide complete answers for all questions.

In question one, you will be required to speak about a familiar topic. Your ability to speak clearly and coherently will determine your score.

In questions two and three, you will first have to read a short text. The text will then disappear from the screen, and you will hear a talk on the same topic. You will then have to respond to a question. To answer this question, you must combine details from the text and talk. Your ability to speak clearly and coherently and to accurately convey what you have read and heard will determine your score.

In question four, you will hear part of a lecture. You must then respond to a question about this lecture. Your ability to speak clearly and coherently and to accurately convey what you have heard will determine your score.

Taking notes while listening to a conversation or lecture is allowed. These notes may be used as you prepare your response.

Listen carefully to the directions for each question. The directions will not appear on the screen.

You will have a limited amount of time to prepare a response for each question, as indicated by the clock on the screen. You will be instructed to begin your response once you have no preparation time remaining. Likewise, the amount of response time you have remaining will be shown by a clock on the screen. When you have run out of response time, a message will appear on the screen.

🎧 실전모의고사 08_Q1

Question 1 of 4

When going on vacation, do you prefer to see as many sites as possible or do you prefer to relax as much as possible?

PREPARATION TIME
00: 00: 15

RESPONSE TIME
00: 00: 45

Reading Time: 50 seconds

Dear students,

For this year's summer trip, the biology department will be taking a one-month trip to Australia. The location was chosen because Australia is studied by scientists from all over the world for its enormous wildlife diversity. As the cost of the trip will be higher than last year's trip, students will be required to submit their money for the trip by January 1. This is also much sooner than last year, but the school must have all funding for the trip received before group tickets can be purchased.

Dr. Ellis.

Now get ready to answer the question.

Briefly summarize the announcement stated in the professor's e-mail. State the man's opinion of the announcement and explain the reasons that he gives for holding that opinion.

PREPARATION TIME
00: 00: 30

RESPONSE TIME
00: 00: 60

Reading Time: 50 seconds

Approach-Avoidance Conflict

There are times when a person wants to achieve a specific goal but experiences what is called an approach-avoidance conflict. This means that a person will be drawn to the goal due to the positive aspect of the goal. However, the person will simultaneously try to avoid achieving the goal due to the negative aspects of the goal. This is common in serious life-changing decisions but can also be experienced by young children as well.

Now get ready to answer the question.

Using points and examples from the lecture, explain an example of approach-avoidance conflict.

PREPARATION TIME
00: 00: 30

RESPONSE TIME
00: 00: 60

Now get ready to answer the question.

Using points and examples from the lecture, discuss two risks that companies face when making advertisements.

PREPARATION TIME
00: 00: 20

RESPONSE TIME
00: 00: 60

모범 답안·지문·해석 p.95

goHackers.com

실전모의고사

09

Q1 | Q2 | Q3 | Q4

🎧 mp3는 실전모의고사 09 폴더에 수록되어 있습니다.

Speaking Section Directions

The TOEFL iBT Speaking Section tests your ability to speak about a wide range of subjects. There are four questions, and you must use the microphone to answer each one. Provide complete answers for all questions.

In question one, you will be required to speak about a familiar topic. Your ability to speak clearly and coherently will determine your score.

In questions two and three, you will first have to read a short text. The text will then disappear from the screen, and you will hear a talk on the same topic. You will then have to respond to a question. To answer this question, you must combine details from the text and talk. Your ability to speak clearly and coherently and to accurately convey what you have read and heard will determine your score.

In question four, you will hear part of a lecture. You must then respond to a question about this lecture. Your ability to speak clearly and coherently and to accurately convey what you have heard will determine your score.

Taking notes while listening to a conversation or lecture is allowed. These notes may be used as you prepare your response.

Listen carefully to the directions for each question. The directions will not appear on the screen.

You will have a limited amount of time to prepare a response for each question, as indicated by the clock on the screen. You will be instructed to begin your response once you have no preparation time remaining. Likewise, the amount of response time you have remaining will be shown by a clock on the screen. When you have run out of response time, a message will appear on the screen.

Question 1 of 4

Some people believe that parents should choose what to wear for their young children. Others believe that young children should be allowed to wear whatever they want. Which attitude do you agree with more?

PREPARATION TIME
00: 00: 15

RESPONSE TIME
00: 00: 45

Reading Time: 45 seconds

Quiet Policy in the Library

The school has decided to make a change in the quiet policy in the student library. From now on, students will not be allowed to use their cell phones in the library at all, including sending text messages or using any sort of app. This change is due to the numerous student complaints that we have received about how distracting it is that students use their cell phones. Additionally, any work that needs to be done online can be done on laptops or by using any of the library's public work terminals.

Now get ready to answer the question.

Briefly summarize the change that is mentioned in the school's announcement. State the man's opinion of the change and explain the reasons that he gives for holding that opinion.

PREPARATION TIME
00: 00: 30

RESPONSE TIME
00: 00: 60

Question 3 of 4

Reading Time: 45 seconds

Extinction of Behavior

When an observed behavior is undesirable, it is common for a punishment to be used as a deterrent to future repetitions of the behavior. However, the extinction of behavior model holds that if there is no reinforcement given, neither reward nor punishment, that behavior will begin to fade away and eventually disappear. This is particularly useful in behaviors when a disciplinary action is inappropriate in the immediate situation.

Now get ready to answer the question.

Using points and examples from the lecture, explain an example of extinction of behavior.

PREPARATION TIME
00: 00: 30

RESPONSE TIME
00: 00: 60

VOLUME

Now get ready to answer the question.

Using points and examples from the lecture, discuss how two animals use bioluminescence.

PREPARATION TIME
00: 00: 20

RESPONSE TIME
00: 00: 60

모범 답안·지문·해석 **p.105**

goHackers.com

스타토플 실전 SPEAKING

실전모의고사 10

Q1 | Q2 | Q3 | Q4

🎧 mp3는 실전모의고사 10 폴더에 수록되어 있습니다.

Speaking Section Directions

The TOEFL iBT Speaking Section tests your ability to speak about a wide range of subjects. There are four questions, and you must use the microphone to answer each one. Provide complete answers for all questions.

In question one, you will be required to speak about a familiar topic. Your ability to speak clearly and coherently will determine your score.

In questions two and three, you will first have to read a short text. The text will then disappear from the screen, and you will hear a talk on the same topic. You will then have to respond to a question. To answer this question, you must combine details from the text and talk. Your ability to speak clearly and coherently and to accurately convey what you have read and heard will determine your score.

In question four, you will hear part of a lecture. You must then respond to a question about this lecture. Your ability to speak clearly and coherently and to accurately convey what you have heard will determine your score.

Taking notes while listening to a conversation or lecture is allowed. These notes may be used as you prepare your response.

Listen carefully to the directions for each question. The directions will not appear on the screen.

You will have a limited amount of time to prepare a response for each question, as indicated by the clock on the screen. You will be instructed to begin your response once you have no preparation time remaining. Likewise, the amount of response time you have remaining will be shown by a clock on the screen. When you have run out of response time, a message will appear on the screen.

🎧 실전모의고사 10_Q1

Question 1 of 4

Do you prefer to take classes where teachers frequently communicate with you or classes where teachers do not spend much time with their students?

PREPARATION TIME
00: 00: 15

RESPONSE TIME
00: 00: 45

VOLUME

Question 2 of 4

Reading Time: 45 seconds

Dear fellow students,

I believe that the university should increase the current limit of books that can be loaned out to 20 from the current limit of 8. A lot of students have jobs after their classes and don't have time to check out books at the library. I often check out books for one of my friends for this reason but it also means I can't check out that many books for myself. Also, having a higher book limit means that we can take fewer trips to the library.

Ashley Wiggins

Now get ready to answer the question.

Briefly summarize the proposal that is mentioned in the student's letter. State the woman's opinion of the proposal and explain the reasons that she gives for holding that opinion.

PREPARATION TIME
00: 00: 30

RESPONSE TIME
00: 00: 60

Question 3 of 4

Reading Time: 45 seconds

Chunking

People are required to memorize new things in a variety of situations. This can be increasingly difficult when the amount of information that should be memorized increases. One method of memorization is referred to as chunking. This is the process of breaking a large piece of information into smaller groups of similar things that are easier to remember. Many people find it to be easier to memorize several short pieces of information instead of a single long piece of information.

Now get ready to answer the question.

Using points and examples from the lecture, explain an example of chunking.

PREPARATION TIME
00: 00: 30

RESPONSE TIME
00: 00: 60

Question 4 of 4

Now get ready to answer the question.

Using points and examples from the lecture, explain two benefits of preparing for negative outcomes.

PREPARATION TIME
00: 00: 20

RESPONSE TIME
00: 00: 60

모범 답안·지문·해석 **p.115**

goHackers.com

스타토플 실전 SPEAKING

▎실전모의고사
11

Q1 | Q2 | Q3 | Q4

🎧 mp3는 실전모의고사 11 폴더에 수록되어 있습니다.

Speaking Section Directions

The TOEFL iBT Speaking Section tests your ability to speak about a wide range of subjects. There are four questions, and you must use the microphone to answer each one. Provide complete answers for all questions.

In question one, you will be required to speak about a familiar topic. Your ability to speak clearly and coherently will determine your score.

In questions two and three, you will first have to read a short text. The text will then disappear from the screen, and you will hear a talk on the same topic. You will then have to respond to a question. To answer this question, you must combine details from the text and talk. Your ability to speak clearly and coherently and to accurately convey what you have read and heard will determine your score.

In question four, you will hear part of a lecture. You must then respond to a question about this lecture. Your ability to speak clearly and coherently and to accurately convey what you have heard will determine your score.

Taking notes while listening to a conversation or lecture is allowed. These notes may be used as you prepare your response.

Listen carefully to the directions for each question. The directions will not appear on the screen.

You will have a limited amount of time to prepare a response for each question, as indicated by the clock on the screen. You will be instructed to begin your response once you have no preparation time remaining. Likewise, the amount of response time you have remaining will be shown by a clock on the screen. When you have run out of response time, a message will appear on the screen.

🎧 실전모의고사 11_Q1

Question 1 of 4

Would you say it's better to live in a small place in a fashionable area of a city or in a large place that is in an unknown part of a city?

PREPARATION TIME
00: 00: 15

RESPONSE TIME
00: 00: 45

Question 2 of 4

Reading Time: 50 seconds

University to Close Planetarium

The university has decided to close down its planetarium on campus. The planetarium was intended to increase student awareness of astronomy and was popular for several decades. However, the facility is very old. The machines that are required to run the display have not been maintained and require replacement. Also, the exhibition is no longer as popular with students as it once was. Plans for the area will be discussed during the next faculty meeting.

Now get ready to answer the question.

Briefly summarize the change that is mentioned in the school's announcement. State the man's opinion of the change and explain the reasons that he gives for holding that opinion.

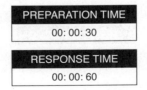

PREPARATION TIME
00 : 00 : 30

RESPONSE TIME
00 : 00 : 60

Question 3 of 4

Reading Time: 50 seconds

Curse of Knowledge

There is idea in psychology that having too much knowledge may become a disadvantage in a variety of situations. The Curse of Knowledge theory holds that a person is unable to consider the perception of others. This person will assume that all people know exactly what they know and is not able to explain information in a way that listeners are able to comprehend. This can often lead to frustration on both the part of the speaker and the listener.

Now get ready to answer the question.

Using points and examples from the lecture, explain an example of the curse of knowledge.

PREPARATION TIME
00: 00: 30

RESPONSE TIME
00: 00: 60

Now get ready to answer the question.

Using points and examples from the lecture, explain two methods that Romans used to make sure they had fire.

PREPARATION TIME
00: 00: 20

RESPONSE TIME
00: 00: 60

모범 답안·지문·해석 p.125

goHackers.com

스타토플 실전 SPEAKING

▌실전모의고사

12

Q1 | Q2 | Q3 | Q4

🎧 mp3는 실전모의고사 12 폴더에 수록되어 있습니다.

Speaking Section Directions

The TOEFL iBT Speaking Section tests your ability to speak about a wide range of subjects. There are four questions, and you must use the microphone to answer each one. Provide complete answers for all questions.

In question one, you will be required to speak about a familiar topic. Your ability to speak clearly and coherently will determine your score.

In questions two and three, you will first have to read a short text. The text will then disappear from the screen, and you will hear a talk on the same topic. You will then have to respond to a question. To answer this question, you must combine details from the text and talk. Your ability to speak clearly and coherently and to accurately convey what you have read and heard will determine your score.

In question four, you will hear part of a lecture. You must then respond to a question about this lecture. Your ability to speak clearly and coherently and to accurately convey what you have heard will determine your score.

Taking notes while listening to a conversation or lecture is allowed. These notes may be used as you prepare your response.

Listen carefully to the directions for each question. The directions will not appear on the screen.

You will have a limited amount of time to prepare a response for each question, as indicated by the clock on the screen. You will be instructed to begin your response once you have no preparation time remaining. Likewise, the amount of response time you have remaining will be shown by a clock on the screen. When you have run out of response time, a message will appear on the screen.

🎧 실전모의고사 12_Q1

Question 1 of 4

Do you think that people become professional athletes because they are highly talented or because they train hard?

PREPARATION TIME
00: 00: 15

RESPONSE TIME
00: 00: 45

Reading Time: 45 seconds

Student Board for Trading or Selling Old Books

The university would like to announce a new section on the school website that will collect and manage information related to buying and selling old books. This will be much more convenient for students as they will only need to look at a single site. Also, this system will be much easier to use for new students who do not yet know all of the sites that students currently use. Though students may still return used books to the campus bookstore, it seems that most students will prefer this new section on the website.

Now get ready to answer the question.

Briefly summarize the change that is mentioned in the school's announcement. State the woman's opinion of the change and explain the reasons that she gives for holding that opinion.

PREPARATION TIME
00 : 00 : 30

RESPONSE TIME
00 : 00 : 60

Reading Time: 45 seconds

Stimulus Discrimination

Organisms have evolved finely tuned senses to help make their way through the world. They use these senses to interpret various stimuli that they receive. Complex organisms have learned the ability to tell the difference between one stimulus and differentiate it from another stimulus that is similar but not exactly the same. This is what is referred to as stimulus discrimination. The ability to discriminate between stimuli requires the presence of a brain large enough to both process and then to compare the stimuli.

Now get ready to answer the question.

Using points and examples from the lecture, explain an example of stimulus discrimination.

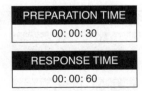

PREPARATION TIME
00: 00: 30

RESPONSE TIME
00: 00: 60

Now get ready to answer the question.

Using points and examples from the lecture, discuss how the harlequin ladybug and the Himalayan balsam have evolved to be successful invasive species.

PREPARATION TIME
00 : 00 : 20

RESPONSE TIME
00 : 00 : 60

모범 답안·지문·해석 **p.135**

goHackers.com

스타토플 실전 SPEAKING

실전모의고사
13

Q1 | Q2 | Q3 | Q4

🎧 mp3는 실전모의고사 13 폴더에 수록되어 있습니다.

Speaking Section Directions

The TOEFL iBT Speaking Section tests your ability to speak about a wide range of subjects. There are four questions, and you must use the microphone to answer each one. Provide complete answers for all questions.

In question one, you will be required to speak about a familiar topic. Your ability to speak clearly and coherently will determine your score.

In questions two and three, you will first have to read a short text. The text will then disappear from the screen, and you will hear a talk on the same topic. You will then have to respond to a question. To answer this question, you must combine details from the text and talk. Your ability to speak clearly and coherently and to accurately convey what you have read and heard will determine your score.

In question four, you will hear part of a lecture. You must then respond to a question about this lecture. Your ability to speak clearly and coherently and to accurately convey what you have heard will determine your score.

Taking notes while listening to a conversation or lecture is allowed. These notes may be used as you prepare your response.

Listen carefully to the directions for each question. The directions will not appear on the screen.

You will have a limited amount of time to prepare a response for each question, as indicated by the clock on the screen. You will be instructed to begin your response once you have no preparation time remaining. Likewise, the amount of response time you have remaining will be shown by a clock on the screen. When you have run out of response time, a message will appear on the screen.

🎧 실전모의고사 13_Q1

Question 1 of 4

Do you agree or disagree with the following statement: **Job interviews that are conducted face-to-face are better than online interviews.**

PREPARATION TIME
00: 00: 15

RESPONSE TIME
00: 00: 45

Question 2 of 4

Reading Time: 45 seconds

Dear administration,

I'd like to request that the copy center on campus be open until at least 10 p.m. Currently, the copy center closes at 6 p.m., which is just too early for a lot of us, especially those of that have night classes. This is very inconvenient because many students need to make copies after dinner time. Also, by keeping the copy center the school will be able to reduce the number of people that are using computers in the lab.

Craig Brewster

Now get ready to answer the question.

Briefly summarize the proposal that is mentioned in the student's letter. State the man's opinion of the letter and explain the reasons that he gives for holding that opinion.

PREPARATION TIME
00: 00: 30

RESPONSE TIME
00: 00: 60

Question 3 of 4

Reading Time: 45 seconds

Commensal Feeding

Many examples of symbiosis exist in nature in which two organisms will mutually benefit in working together to achieve common goals. There is a type of relationship in which only one of the species benefits greatly due to the activities of another species. This is what is referred to as commensal feeding. This is not a form of parasitism as none of the species is taken advantage of or is harmed in any way and there is often little to no direct interaction between the members.

Now get ready to answer the question.

Using points and examples from the lecture, explain how the relationship between humans and dogs is an example of commensal feeding.

PREPARATION TIME
00: 00: 30

RESPONSE TIME
00: 00: 60

Now get ready to answer the question.

Using points and examples from the lecture, discuss ways that farmers can prevent salt accumulation from occurring.

PREPARATION TIME
00 : 00 : 20

RESPONSE TIME
00 : 00 : 60

모범 답안·지문·해석 p.145

실전모의고사

14

Q1 | Q2 | Q3 | Q4

🎧 mp3는 실전모의고사 14 폴더에 수록되어 있습니다.

Speaking Section Directions

The TOEFL iBT Speaking Section tests your ability to speak about a wide range of subjects. There are four questions, and you must use the microphone to answer each one. Provide complete answers for all questions.

In question one, you will be required to speak about a familiar topic. Your ability to speak clearly and coherently will determine your score.

In questions two and three, you will first have to read a short text. The text will then disappear from the screen, and you will hear a talk on the same topic. You will then have to respond to a question. To answer this question, you must combine details from the text and talk. Your ability to speak clearly and coherently and to accurately convey what you have read and heard will determine your score.

In question four, you will hear part of a lecture. You must then respond to a question about this lecture. Your ability to speak clearly and coherently and to accurately convey what you have heard will determine your score.

Taking notes while listening to a conversation or lecture is allowed. These notes may be used as you prepare your response.

Listen carefully to the directions for each question. The directions will not appear on the screen.

You will have a limited amount of time to prepare a response for each question, as indicated by the clock on the screen. You will be instructed to begin your response once you have no preparation time remaining. Likewise, the amount of response time you have remaining will be shown by a clock on the screen. When you have run out of response time, a message will appear on the screen.

🎧 실전모의고사 14_Q1

Question 1 of 4

State whether you agree or disagree with the following statement: **Going to museums is no longer necessary in modern society due to online resources.**

PREPARATION TIME
00: 00: 15

RESPONSE TIME
00: 00: 45

Reading Time: 45 seconds

New Addition to Foley Hall

The university is pleased to announce new plans to attach an additional 300-dormitory extension to Foley Hall. The planned extension will require the removal of parking lot H as the new building will be erected there. The university believes that this will encourage more students to use public transportation as the parking situation on campus is not ideal. Also, there have been an increasing number of applications for on campus housing and this new extension should be able to meet that demand.

Now get ready to answer the question.

Briefly summarize the change that is mentioned in the school's announcement. State the woman's opinion of the announcement and explain the reasons that she gives for holding that opinion.

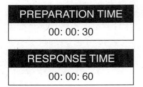

PREPARATION TIME
00: 00: 30

RESPONSE TIME
00: 00: 60

Reading Time: 45 seconds

Behavior Chaining

Learning complex behaviors can be difficult especially in the beginning because the behavior involves the memorization of a sequence of multiple actions. When one action provides a clue to the next action in a complex behavior, this is what is referred as behavior chaining. The sequence of the actions must remain the same in order to allow the person to learn the complex behavior through frequent repetition. This is particularly useful in learning difficult behaviors.

Now get ready to answer the question.

Using points and examples from the lecture, explain an example of behavior chaining.

PREPARATION TIME
00: 00: 30

RESPONSE TIME
00: 00: 60

Now get ready to answer the question.

Using points and examples from the lecture, explain how artists use the subtractive and substitutive methods to produce art.

PREPARATION TIME
00: 00: 20

RESPONSE TIME
00: 00: 60

모범 답안·지문·해석 **p.155**

goHackers.com

스타토플 실전 SPEAKING

실전모의고사
15

Q1 | Q2 | Q3 | Q4

🎧 mp3는 실전모의고사 15 폴더에 수록되어 있습니다.

Speaking Section Directions

The TOEFL iBT Speaking Section tests your ability to speak about a wide range of subjects. There are four questions, and you must use the microphone to answer each one. Provide complete answers for all questions.

In question one, you will be required to speak about a familiar topic. Your ability to speak clearly and coherently will determine your score.

In questions two and three, you will first have to read a short text. The text will then disappear from the screen, and you will hear a talk on the same topic. You will then have to respond to a question. To answer this question, you must combine details from the text and talk. Your ability to speak clearly and coherently and to accurately convey what you have read and heard will determine your score.

In question four, you will hear part of a lecture. You must then respond to a question about this lecture. Your ability to speak clearly and coherently and to accurately convey what you have heard will determine your score.

Taking notes while listening to a conversation or lecture is allowed. These notes may be used as you prepare your response.

Listen carefully to the directions for each question. The directions will not appear on the screen.

You will have a limited amount of time to prepare a response for each question, as indicated by the clock on the screen. You will be instructed to begin your response once you have no preparation time remaining. Likewise, the amount of response time you have remaining will be shown by a clock on the screen. When you have run out of response time, a message will appear on the screen.

🎧 실전모의고사 15_Q1

Question 1 of 4

Do you agree or disagree with the following statement: **A business's success depends on its ability to continuously invest in marketing.**

PREPARATION TIME
00: 00: 15

RESPONSE TIME
00: 00: 45

Question 2 of 4

Reading Time: 45 seconds

New Interview Requirement for Scholarship Applicants

In the past, the school awarded scholarships to students with exemplary grades and their written personal essay. Starting this fall, the university will add a new interview step to the scholarship process. This will give admissions officials a chance to get to know the personality of the person applying for the scholarship. This will be much more personal than a simple essay. Also, this will help to make decisions among applicants that have very similar qualifications as there are many instances when two or more students are very close and the decision is difficult.

Now get ready to answer the question.

Briefly summarize the change that is mentioned in the school's announcement. State the man's opinion of the announcement and explain the reasons that he gives for holding that opinion.

PREPARATION TIME
00: 00: 30

RESPONSE TIME
00: 00: 60

Question 3 of 4

Reading Time: 45 seconds

Dual Process Theory

There is a theory in psychology that states that people make decisions based on the existence of two different systems. Referred to as the dual process theory, this concept holds that a person's mind is divided into system 1 and system 2 thinking, which are responsible for all decision making. In system 1 thinking, a person is influenced by instinct and makes decisions with very little thought. System 1 is an unconscious process and cannot be directly controlled. In system 2 thinking, a person is in control of the process and thinks about a decision rationally.

Now get ready to answer the question.

Using points and examples from the lecture, discuss two examples of dual process theory.

PREPARATION TIME
00: 00: 30

RESPONSE TIME
00: 00: 60

Question 4 of 4

Now get ready to answer the question.

Using points and examples from the lecture, describe two factors that builders consider when choosing where to build telescope observatories.

PREPARATION TIME
00: 00: 20

RESPONSE TIME
00: 00: 60

모범 답안·지문·해석 p.165

실전용/복습용 MP3 · 무료 토플자료 게시판
해커스인강 HackersIngang.com

토플 스피킹/라이팅 무료 첨삭 게시판 · 무료 토플 말하기 연습/쉐도잉 프로그램 · 토플공부전략 무료 강의
고우해커스 goHackers.com

TOEFL/GRE/IELTS/SAT/LSAT
모든 유학시험 **고득점의 꿀 Tip**을 담았다!

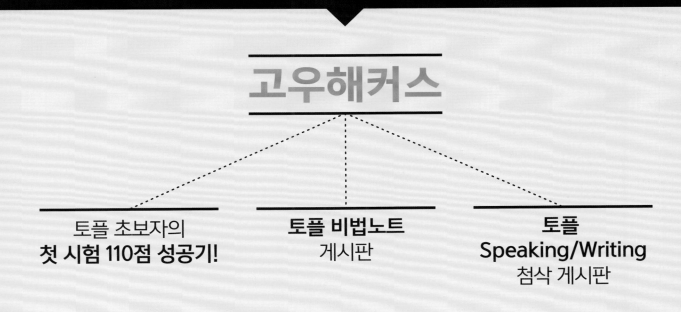

고우해커스

토플 초보자의
첫 시험 110점 성공기!

토플 비법노트
게시판

토플
Speaking/Writing
첨삭 게시판

goHackers.com

토플 시험 대비도 해커스와 함께!
260만의 선택 해커스

강남 토플학원 4곳 중 강사 수 1위!

해커스 토플 성적 공개 후기 작성자 평균 2달 만에 토플 100점 이상 달성!

17년 연속 베스트셀러 1위 해커스 토플교재

사이트 방문자 수 1위! 222만 개 정보 콘텐츠 제공
유학전문포털 고우해커스(goHackers.com)

목표점수 단기달성을 위한
해커스어학원 추천 강의

해커스반

토플 상급 레벨로의 도약을 위한 맞춤 학습

· 과목별 스타강사진의 강의
· 월 2회 Trial Test 실시
· 배치고사 응시 후 같은 레벨의 수강생들로만 구성

컴퓨터 실전 문제풀이반

iBT 토플 실제 시험과 동일한 환경에서 집중 훈련!

· 실전 시험과 동일하게 Test 실시
· 최신 출제경향의 문제로 영역별 실전 트레이닝
· 시간관리 훈련 + 반복되는 실수 교정 + 취약점 분석